Les voies de la puissance

Frédéric Encel

Les voies de la puissance

Penser la géopolitique au XXIe siècle

Odile Jacob

15, rue Soufflot, 75005 Paris

www.odilejacob.fr

ISBN : 978-2-4150-0112-4

À *mon père*

Introduction

> « Qui ne défend la liberté de penser que pour soi-même est déjà disposé à la trahir. »
>
> Georges BERNANOS

> « Je crois à la victoire finale des démocraties, mais à une condition, c'est qu'elles le veuillent. »
>
> Raymond ARON

Annonçant un jour à un ami le titre de cet ouvrage à venir, je l'entendis me demander s'il s'agissait des *voies* avec un e ou des *voix* avec un x. Excellente, la question me poussa à m'interroger sur la congruence des deux… et à conclure qu'elles se confondaient presque systématiquement ! Quand on emprunte les voies de la puissance, on donne de la voix, c'est-à-dire qu'on l'assume. Nous verrons au cœur de l'ouvrage que rares sont les puissances dans l'histoire à s'être gardées de s'exprimer comme telles, de s'en faire valoir et d'en faire valoir les avantages afférents, de façon culturelle, diplomatique ou commerciale sinon militaire le (très fréquent) cas échéant.

Soyons précis : ce livre n'a pas pour vocation de traiter de la puissance en tant que telle, mais des voies qui y mènent, des critères qui la caractérisent, des conditions requises pour espérer l'atteindre, des capacités qu'elle confère, et de la nécessaire appréhension de sa relativité.

Quant aux manifestations de la puissance, elles sont – tout comme ses conditions – nombreuses, diverses, non exclusives entre elles, et correspondent à des natures différentes et non point seulement, comme on le croit trop souvent, à l'emploi coercitif de la force des armes.

Pourquoi rechercher la puissance et à quoi sert-elle ? Pour résumer, nous répondrions : à être ou avoir plus, *toujours plus*[1]. Selon les périodes et les contextes, selon surtout la volonté du pouvoir qui préside aux destinées du collectif dont il a la charge (confiée plus ou moins démocratiquement ou arrachée et conservée par la force brute), la puissance prodiguera plus de prestige, plus de richesses, plus d'indépendance ou plus de pouvoir de coercition, aucun de ces éléments n'étant donc exclusif des autres. Le ressort profond de cette quête de *plus* (dans l'absolu) ou de *mieux* (relativement aux autres) ressortit davantage de l'anthropologie, voire de la psychanalyse, que de la géopolitique qui, elle, le constate, en explicite les modalités, et tente d'en déterminer les conséquences au cas par cas. On peut à bon droit regretter que les individus, les collectifs et les organisations poursuivent quasi invariablement cette course sans fin, quitte à imposer leurs décisions à autrui, mais pas contester cet état de fait si largement partagé au sein de l'espèce humaine.

À l'instar de la frontière et de la nation, la puissance a mauvaise presse chez les progressistes en Occident. Comme si le phénomène était foncièrement négatif qui renvoyait non seulement à la violence – le plus souvent militaire – mais encore à un usage abusif et délétère des rapports de force. C'est en particulier l'État qui userait et abuserait nécessairement de la puissance. Or on confond trop souvent puissance et *hybris* de puissance, puissance et *impérialisme*, ou puissance et « puissancisme », pour créer un néologisme renvoyant aux *-ismes* proactifs ayant souvent dévoyé les concepts s'y rattachant au cours du terrible XXe siècle (social*isme*, national*isme*, etc.). Pourtant, la puissance n'est pas un concept performatif, au sens où elle ne traduit pas intrinsèquement la manière dont on l'emploie. Au fond, elle n'est mauvaise qu'employée à mauvais escient. Certes, comme l'écrivait Abraham Maslow, « si l'unique outil dont vous disposez est un marteau, vous tendrez à voir tout problème comme un clou[2] » ; mais, d'une part, ce penchant pour l'usage

---

1. D'après le titre éponyme de l'ouvrage de François de Closets, *Toujours plus !*, Grasset, 1982.
2. Abraham H. Maslow, *The Psychology of Science. A Reconnaissance*, Gateway Editions, 1966, p. 67.

vindicatif, déraisonné ou abusif de la puissance n'est pas une loi d'airain perpétuelle et universelle, d'autre part, le fait que des acteurs fassent incontestablement et dangereusement œuvre impérialiste ne délégitime pas le concept en soi. On notera du reste qu'au regard de la multiplicité des rapports de force à travers les espaces et les temps depuis les premières cités mésopotamiennes, les hommes se font assez rarement la guerre. En outre, si la montée en puissance peut susciter jalousie ou crainte et ainsi entraîner le rejet par la violence de celui qui s'estime lésé, elle peut aussi s'avérer dissuasive et, par conséquent, contribuer au contraire à éviter les conflits. Combien de conflits en prévint-on ainsi par la dissuasion depuis les premières dynasties pharaoniennes de la haute Antiquité ? Il est strictement impossible de répondre car on ne refait pas l'histoire et l'on ne peut naturellement « rejouer » les scénarios comme dans un *wargame*. Néanmoins, interroger les causes de tel sauvetage de la paix ou de la pérennité de telle autre séquence pacifique renvoie mécaniquement au rôle – éventuellement positif – de la puissance dissuasive. De ce point de vue, le cas d'école contemporain demeure évidemment la guerre froide de la période 1947-1989.

Ce rejet moral de la puissance est d'autant plus virulent et, en un certain sens, paradoxal qu'il tranche avec les temps antérieurs. Tandis que des siècles durant et jusqu'aux décennies 1960 et 1970 la puissance conférait des droits – ceux du plus fort précisément –, c'est la faiblesse – ou plus précisément le statut (accordé ou autoproclamé) de *victime* passée ou présente – qui devrait en conférer aujourd'hui. Aussi bien, depuis le terme du XXe siècle, même des États tout à fait redoutables insistent lourdement sur les préjudices qu'ils auraient subis ou subiraient et s'en prévalent à des fins revendicatrices ; la Russie et la Chine sont notamment passées maîtresses dans l'art de crier au complot, à la vindicte préjudiciable, voire au génocide, pointant du doigt accusateur des États ou des collectifs ridiculement faibles, de la Géorgie en 2008 aux moines tibétains depuis 1959 en passant par les activistes ouïghours. Or, non seulement être ou avoir été objectivement faible ou vaincu n'a jamais empêché de se comporter soi-même en bourreau une fois la puissance recouvrée ou obtenue, mais encore des hommes, des institutions, des entreprises, des associations ou même des États puissants peuvent à l'inverse adopter des attitudes positives ou charitables.

En définitive, prétendre que tout emploi de la puissance serait invariablement illégitime et/ou négatif relève de l'irénisme, sinon du contresens. Réaffirmons-le avec force et vigueur : oui, définitivement oui, il est des *guerres justes* et des usages légitimes, salvateurs et multifacettes de ce que procure la puissance. Après tout, c'est en déployant toute sa panoplie – y compris la plus légitimement brutale au regard de la nature massivement assassine de ses cibles politiques – que furent vaincus le IIIe Reich et le régime ultranationaliste nippon en 1945, et c'est encore par la seule force des armes que chuta le gouvernement génocidaire Hutu Power rwandais en 1994, celle des rebelles du Front patriotique rwandais sauvant *in extremis* quelques dizaines de milliers de malheureux. Rappelons au passage que si l'on arrête souvent une guerre par la diplomatie, on n'arrête un génocide – le crime des crimes contre l'humanité – que par la force.

Qu'est-ce que la puissance ? En 1946, le *Petit Larousse illustré* la définissait ainsi : « Autorité, pouvoir de faire, efficacité, domination, force [...]. Celui qui a beaucoup de pouvoir (souverain puissant). Qui est capable de produire un effet considérable (puissante machine). » En 1972, le même dictionnaire précisait : « Pouvoir de commander, autorité. Domination, empire. Force. [...]. Qui a beaucoup de pouvoir, d'influence » ; tandis qu'en 2013, *Le Petit Robert* proposait pour sa part : « Possibilité. Moyen ou droit grâce auquel on peut. Pouvoir, capacité, force. »

Pour Raymond Aron, « elle est la capacité d'une unité politique d'imposer sa volonté aux autres unités [...], la capacité à faire, produire ou détruire », Serge Sur s'avérant tout aussi convaincant en la définissant comme « la capacité de faire, de faire faire, d'empêcher de faire et de refuser de faire », ce à quoi on pourrait ajouter : à des coûts humains ou matériels admis comme supportables et non rédhibitoires[1].

Nous dirions que la puissance correspond d'abord à la capacité à agir en toute souveraineté, à dissuader efficacement autrui d'entraver cette capacité, et le pouvoir réel et assumé d'imposer, le cas échéant, son autorité ou du moins d'influer dans son intérêt et à son avantage sur l'environnement politique, militaire, économique ou culturel.

---

1. Tannous Manon-Nour, Pacreau Xavier, *Découverte de la vie publique. Les Relations internationales*, La Documentation française, 2020.

Car, pour paraphraser le poète Pierre Reverdy selon lequel « il n'y a pas d'amour mais seulement des preuves d'amour », affirmons qu'il n'y a pas de puissance mais seulement des *preuves* de puissance, c'est-à-dire des *critères*, des *traductions*, des *paramètres* de puissance[1]. Trop souvent galvaudé, le terme – comme du reste celui de « géopolitique », la plupart des observateurs négligeant d'en rappeler les critères – en perd sa substance ; on parlera de la puissance chinoise comme « montante », de la puissance américaine comme « déclinante » ou celle de la France comme « moyenne », sans présenter sérieusement sous quel tamis empirique ou épistémologique et par le truchement de quels éléments objectifs on s'autorise ces qualificatifs. En général, on se contente d'un paramètre facile et fragile comme le produit intérieur brut (PIB) ou, plus rarement mais tout aussi lacunairement, une quantité de barils de brut exportés ou de navires de guerre à disposition. Or, la puissance se distingue toujours par une *conjugaison* évolutive de facteurs.

Naturellement, la puissance n'échappe pas à la réalité selon laquelle tout est relatif. On n'est jamais en capacité dans le seul absolu, et c'est bien entendu au regard et relativement aux capacités des autres acteurs qu'on peut jauger de sa propre puissance. Une « grande » puissance n'est grande que par rapport aux autres puissances. Et quand bien même un pouvoir politique se doterait-il de tous les outils objectivement constitutifs de la puissance, bénéficiant de surcroît d'atouts concédés par la nature (géographie favorable) et/ou de la chance et du hasard (attitude d'acteurs tiers le favorisant opportunément), il ne pourrait prétendre à incarner la *toute*-puissance, ni dans l'espace ni dans le temps. D'abord, les « frictions » clausewitziennes – ces « grains de sable » imprévus, ces coups du sort soudains – ne disparaissent jamais tout à fait du champ des possibles. Ensuite, la puissance consiste à pouvoir entreprendre *en vue de* réussir, et non pas *dans le fait de* réussir[2]. Pour le dire autrement, les clés de la *capacité* ne sont pas celles – inconnues de l'homme – du *succès* en tant qu'il serait absolument garanti *a priori*. Telles débauches de déploiements de force qui auraient logiquement dû incarner de simples promenades militaires en subjuguant l'ennemi nettement plus faible se transformèrent en désastres, quand tant d'initiatives diplomatiques ou

---

1. Cité par Jean Cocteau dans sa préface au *Mystère de la chambre jaune*, de Gaston Leroux, Pierre Lafitte, 2003.
2. Carl von Clausewitz, *De la guerre*, Perrin, 2020.

économiques aisées sur le papier débouchèrent sur des impasses… Pour autant, gare à l'inversion paresseuse du postulat : si la mise en œuvre de la puissance n'assure pas le succès, entreprendre sans puissance mène quasi inexorablement à l'échec. Cette règle d'or vaut sans nul doute pour d'autres secteurs que les relations internationales, à commencer par le monde de l'économie et de l'entreprise.

La puissance, mais de qui ? En tout premier lieu, celle de l'État, cette structure politique extrêmement ancienne ayant évolué au cours des siècles mais conservant sa vocation politique originelle : assumer le « monopole de la violence légitime », selon la formule de Max Weber, et les autres fonctions régaliennes (du latin *rex*, le roi), à savoir conclure la paix, faire justice, battre monnaie, établir et contrôler des frontières à l'intérieur desquelles ce pouvoir s'exerce. L'État, c'est d'abord par définition le politique, la *polis*, la cité où vivent les hommes en collectivité, mais aussi un cadre plus ou moins contraignant d'exercice des rapports de force entre individus d'un même collectif. Précisément, on adoptera dans cet ouvrage le « regard du Prince », en essayant de se mettre à la place des chefs et des équipes pilotant les États et incarnant à ce titre des acteurs déterminants, décidant, ordonnant et orientant une politique, impliquant d'une façon ou d'une autre les institutions et surtout la population dont ils ont en principe la responsabilité. Certes, les gouvernements finissent invariablement par tomber, tout comme les régimes politiques bien qu'à un rythme moins soutenu, mais ce truisme ne peut tenir lieu d'argument invalidant l'importance accordée aux décideurs. Ici-bas, *tout* a une fin, y compris les pouvoirs institutionnels en effet, mais en attendant de chuter, ceux-ci agissent et contribuent largement à façonner l'histoire. Qu'ils soient plébiscités ou pas par l'*opinion publique* – concept aussi anachronique dans les temps anciens que fluctuant et contestable de nos jours – les régimes recherchent généralement la puissance, d'une part en soi, d'autre part afin de ne pas disparaître, ou du moins le plus tard possible.

Nous consacrerons un chapitre entier aux concurrents ou aux rivaux de l'État – forces et structures intra- ou supra-étatiques, parfois les deux – tenant néanmoins le pari suivant contre la tendance en vogue : l'État est et demeurera longtemps la forme privilégiée du déploiement de la puissance. Tous les États n'affichent pas le même degré de puissance, tant s'en faut. Cela dit, *un État faible n'est pas faible en tant qu'il est*

État mais en tant qu'il est faible. Autrement dit, ce n'est pas du fait de leur nature étatique que le Malawi, le Bhoutan, Nauru, les Comores ou la Bolivie apparaissent vulnérables face à d'autres acteurs puissants tels que des firmes multinationales, les Gafam, les groupes terroristes ou encore des cataclysmes naturels, mais parce qu'ils ne disposent pas, de façon générale, d'instruments de puissance considérables. États-Unis, Russie, Chine et même France peuvent, au contraire, se défendre vigoureusement contre ce type d'acteurs ou de fléaux ou les conséquences de leurs activités, du fait justement qu'ils sont des États puissants. *En d'autres termes, la puissance étatique est par sa nature plus redoutable que celle des puissances non étatiques.*

Cela dit, évitons la perception de l'État molosse, nécessairement « le plus froid de tous les monstres froids », selon Friedrich Nietzsche[1]. Il en va de l'État moderne – organisme créé par l'homme et pour régir l'homme – comme de la plupart des autres acteurs : un surcroît de puissance signifie en général défendre ou renforcer sa souveraineté, c'est-à-dire sa capacité à agir (le plus) librement (possible), à ne pas (trop) subir d'influences ou de pressions extérieures. En principe, dans un monde hobbesien, plus l'on est puissant, moins l'on prend le risque de se voir imposer de volonté, *a fortiori* si on l'estime illégitime.

Enfin cet ouvrage – comme tous les précédents – s'inscrit dans une filiation intellectuelle, celle de mon maître en géopolitique et directeur de thèse, devenu coauteur et ami, Yves Lacoste. Le fondateur de la géopolitique contemporaine n'a eu de cesse de rétablir l'importance fondamentale de la géographie dans les rivalités de pouvoir et les rapports de force, a introduit l'observation des niveaux d'analyse, et a forgé le formidable outil de la *représentation*, cette perception à la fois identitaire et collective sur des « temps longs » chers à l'historien Fernand Braudel. Je pense qu'on ne fait pas de géopolitique sérieusement sans tenir compte de la géographie et des représentations ; les guerres ne se mènent pas sur des ronds, des triangles et des bananes tracés à la craie ni sur des surfaces parfaitement planes, nonobstant l'existence d'armes excessivement destructrices et/ou technologiquement avancées que les supergrands, de toute façon, évitent d'employer afin de surseoir à l'apocalypse. À l'est du Congo, les armes de destruction massive des

1. Friedrich Nietzsche, *Ainsi parlait Zarathoustra*, Flammarion, 2006.

décennies 1990-2010 furent bien plus sûrement la machette et le viol que n'importe quel armement sophistiqué, et l'immense forêt équatoriale joua un rôle tactique et militaire manifeste. Autre illustration paradigmatique de cette irréductible réalité : à l'automne 2020, les forces militaires azerbaïdjanaises vainquirent nettement les forces arméniennes en tenant compte d'une géographie bien particulière (montagneuse), employant des armements adaptés à celle-ci (drones), pétries qu'elles étaient de représentations antagonistes à celles de leur ennemi (sur une terre ancestrale), des représentations bien spécifiques *d'autres* représentations *d'autres* armées actives sur *d'autres* territoires. Chaque conflit est singulier, chaque théâtre d'opérations également, mais dans tous les cas demeure l'importance primordiale de la géographie et des représentations.

Nombre de toutologues et autres militants font de la géopolitique comme Monsieur Jourdain faisait de la prose. C'est dommageable, et je tiens que cette discipline mérite d'autant mieux qu'elle est dorénavant matière élective par les lycéens de France.

PREMIÈRE PARTIE

Critères, moyens et instruments de la puissance

Il en va de la puissance comme d'autres réalités ; contrairement à ce que notre époque d'accélération, de parcellisation et de galvaudage constants semble croire, tout ne change pas du tout au tout sous prétexte que nos portables nous permettent en quelques secondes de savoir (une partie seulement, et si imparfaitement !) ce qui se déroule aux antipodes. Constantes et tendances lourdes demeurent à l'œuvre qui accompagnent sans nécessairement s'effacer des modifications parfois – et parfois seulement – effectivement substantielles. À cet égard, nous autres contemporains aurions bien tort de nous représenter les dirigeants politiques sous l'Antiquité comme de naïfs et archaïques individus dénués de sens commun, de stratégies ou de connaissances. En termes de pensée politique, de pratiques commerciales, et d'action militaire, ceux-là conceptualisèrent presque tout, ne nous laissant presque rien. Ce *presque*, c'est-à-dire les véritables nouveautés dans la quête et l'obtention de la puissance – de la poudre à l'atome en passant par l'imprimerie, l'électricité, le pétrole et les moteurs à explosion –, mérite néanmoins d'être pris en considération.

On trouvera ici les différentes dimensions dans lesquelles s'inscrit la quête de puissance, qui sont autant d'instruments ou de prérequis. À commencer par l'essentiel, ce qui n'est pas quantifiable mais existe depuis toujours, ce qui relève non de l'économique ou du militaire mais du mental, du sensible, de l'émotionnel, du culturel et de l'identitaire : les représentations susmentionnées.

CHAPITRE 1

Représentations d'un soi collectif

Soi implique l'altérité. Se penser signifie penser autrui. Se penser collectivement comme un *nous* impose de penser les autres collectifs comme *eux*. Or, ce *nous* prévaut systématiquement – les hommes ne vivent pas seuls, les Diogène et autres saints Siméon le Stylite sont excessivement rares, et Mowgli et Tarzan n'ont existé qu'en légende – et ce n'est pas parce qu'une population est bigarrée et composée de gens d'origines ou d'appartenances diverses qu'elle ne se représente pas comme un *nous*, soit au quotidien, soit à la faveur de circonstances exceptionnelles tel qu'un péril extérieur. Mais, qui dit péril extérieur dit bien *représentation* de celui-ci par ce *nous* intérieur. Dire « nous », en rejetant ce qui le distingue d'*eux*, n'a guère de sens, du moins dans une analyse géopolitique. Aussi bien, vouloir abolir les frontières et les différences consiste à abolir le *nous*. On peut parfaitement souhaiter un monde dans lequel les distinctions auront en effet été abolies et avec elles, croit-on logiquement, les motifs de querelles. Sauf que cela ne se peut pas car les hommes ne sont pas (encore) des clones. Et quand bien même un sortilège permettrait de faire des humains des quasi-semblables, ceux-ci dénicheraient encore très probablement de quoi se constituer et se distinguer en nouveaux collectifs sur de nouvelles bases, et, partant, trouver matière à s'affronter...

La nécessaire unité intérieure

Sans paix à l'intérieur, pas de puissance à l'extérieur. Il en va de cette règle pour toute institution et tout collectif. Pour projeter une puissance commerciale, diplomatique et militaire, un collectif doit se présenter devant les autres avec un minimum d'unité, avec un leadership – de gré ou de force – exonéré de trop lourdes entraves internes, et en pleine possession de ses moyens d'action. Cela vaut aussi sur le plan militaire, et pas seulement dans les domaines institutionnel et social. Le calamiteux bourbier espagnol a incité l'Autriche à bâtir une nouvelle coalition militaire contre Napoléon Ier en 1809. Ce fut également le cas pour les régimes totalitaires bellicistes – fasciste et nazi notamment – qui réprimèrent leurs « ennemis intérieurs » et ouvrirent des camps de travail forcé et de concentration bien avant de projeter leur puissance guerrière à leurs frontières – mais pas seulement. Après tout, l'État belge, authentique démocratie libérale, a fait la guerre en Libye en 2011 (que ce fut sous l'égide de l'ONU et dans le cadre d'une coalition emmenée par la France et le Royaume-Uni ne change rien) et, de surcroît, sans même disposer d'un gouvernement autre que celui sortant censé expédier les affaires courantes !

Les six cas de figure historiques suivants étayent, parmi bien d'autres, cette réalité dichotomique :

1) au cours de la guerre de Cent Ans, les phases de replis et de défaites respectivement françaises et anglaises épousent assez fidèlement les phases de guerre civile et/ou de vacance du pouvoir de part et d'autre de la Manche au xve siècle, à l'image de la lutte entre Armagnacs et Bourguignons sur fond de folie de Charles VI de Valois, et de la guerre des Deux-Roses en Angleterre ;
2) l'une des variables explicatives de la très cruelle répression menée en Vendée par les armées révolutionnaires, en 1793-1794, tient à la nécessité de broyer toute contestation du régime qui pourrait grever la puissance de l'État nouvellement républicain, en particulier dans une région ouverte sur une puissance maritime traditionnellement hostile, l'Angleterre ;
3) le républicain Adolphe Thiers fait impitoyablement écraser la Commune au printemps 1871 afin d'éviter la contagion

révolutionnaire (même si certains communards sont eux-mêmes républicains, tel Charles Delescluze), et ainsi restaurer au plus vite l'État en stabilisant son nouveau régime républicain postimpérial, restauration conditionnée à son unité et bien vue par la Prusse/Allemagne victorieuse ;

4) en janvier 1919 à Berlin, les révolutionnaires spartakistes de Karl Liebknecht et Rosa Luxembourg sont anéantis par les corps francs et des forces nationalistes, mais avec la bienveillance d'un nouveau pouvoir de centre-gauche souhaitant redresser l'État – dans son nouveau cadre républicain – grâce à un accord avec les puissances victorieuses et le retour à la stabilité ;
5) l'Angola du président José Eduardo dos Santos, bien que miné par une guerre civile pluridécennale entre 1975 et 2002, a, certes, pu continuer à exporter son pétrole, mais dans la seule mesure où les gisements de cette manne se situaient en pleine possession du régime. Et encore, si l'État angolais a survécu à cette crise endémique, il n'a pu en aucun cas projeter une quelconque puissance au-delà (d'une partie seulement) de son territoire ;
6) en Syrie, si le régime de Bashar el Assad n'a effectivement pas chuté (ni même évolué constitutionnellement ou idéologiquement d'un iota) après une décennie de guerre civile extrêmement destructrice, l'État a perdu à peu près toute capacité d'interaction extérieure, lui qui avait successivement réussi à menacer militairement Israël (1973), à envahir, contrôler et piller durablement le Liban (1976-2005), et à mener des campagnes terroristes d'envergure contre la France et les États-Unis jusqu'à se faire admettre à tort comme incontournable au Proche-Orient…

Réfléchir sur l'unité intérieure d'un État, c'est poser la question de l'allégeance à celui-ci, et donc observer, là encore, des représentations. Pour rester sur le cas syrien, évoquer une « guerre fratricide » entre 2011 et 2021 prête à confusion, sauf à admettre que dix-huit millions d'individus, sur la seule base de leur possession d'une carte d'identité syrienne, se représentent peu ou prou comme des frères ou à tout le moins des compatriotes. Existe-t-il une conscience nationale spécifiquement syrienne ? Peut-être, mais les Druzes de Syrie ne se représentent-ils pas prioritairement comme des Druzes ? Et les Arméniens comme des Arméniens (gagnant d'ailleurs pour beaucoup Erevan lorsque grandit le péril) ? Et les Alaouites au pouvoir – même s'ils se défendent de l'exercer en tant que tels, eux qui ne représentent que 10 % de la population – depuis l'avènement de Hafez el Assad en 1970, comme des Alaouites ? Et les sunnites, ultramajoritaires mais exclus du pouvoir depuis cette date, se perçoivent-ils comme tels ou comme des musulmans ? Tous ces collectifs intra- ou extra*nationaux* ont existé bien avant la création par la France quasiment *ex nihilo* de la Syrie contemporaine entre 1922 et 1945. Si c'est bien officiellement comme syrien et au nom de la nation Syrie (*Bilad al Sham*) que le régime prétend combattre, c'est au nom de l'islam (et de l'*Oumma*, communauté des croyants musulmans, dont la Syrie fait partie) que ses opposants islamistes, par exemple, mènent pour leur part la lutte. D'autres cas de figure sont très éloquents et traduisent une grande diversité de situations. Ainsi en Afghanistan, État dont les frontières furent tracées suite au « grand jeu » anglo-russe de la fin du XIXe siècle, la conscience nationale relève du théorique ; l'allégeance de chacun revient tout prioritairement à son clan et à son collectif ethnolinguistique (Tadjiks, Ouzbeks, Pachtounes, etc.). Aux États-Unis, en revanche, pendant la guerre de Sécession (1860-1865), nordistes comme sudistes se représentent comme américains, et c'est à ce titre, et dans la conviction respective d'être plus respectueux que l'adversaire de ce que signifie être américain, qu'on le combat. La guerre civile russe de 1917-1922 présente un schéma différent encore : les Russes blancs combattent primordialement comme russes pour la Russie dans ses dimensions à la fois religieuse (en l'espèce chrétienne orthodoxe), nationale, voire civilisationnelle (langue, traditions, folklore...) – tandis que les bolcheviks combattent comme révolutionnaires internationalistes, au nom de l'humanité entière et à la manière de son avant-garde. Ces derniers préfèrent du reste céder à l'Allemagne de larges et riches pans de territoires ukrainiens et biélorusses en contrepartie d'un traité de paix (Brest-Litovsk, 1918) afin de mieux faire la guerre *à l'intérieur* et ainsi de sauver leur nouveau régime.

En définitive, qu'il s'agisse de guerres civiles au sein d'institutions politiques (des cités et empires antiques aux États modernes en passant par les duchés et comtés féodaux) ou de déchirements internes au sein de familles, de tribus ou de clans régnants, le déploiement de la puissance du collectif en pâtit gravement. C'est vrai des fractures au sein de la population, entre le pouvoir et la population, mais aussi *au sommet* du pouvoir (luttes de succession, révolutions de palais, coups d'État). Décidément, souvent soucieuse, voire organisatrice, de divisions affaiblissantes chez les autres, la puissance exige à l'inverse une grande stabilité chez soi… Mais sur quelles bases fédératrices l'établir ?

Collectif religieux : le plus ancien (et l'un des plus solides !)

L'affinité spirituelle ou religieuse, sans nécessairement incarner le ciment le plus fréquent des cités et groupements de cités antiques, ne pouvait pas être complètement absente. Partager une même divinité, vénérer un même récit mythique, et procéder au même dispositif cultuel et liturgique rapprochent naturellement et permettent au pouvoir de tendre le ressort des énergies, y compris guerrières. Un régime disposant d'un collectif relativement uni sur le plan confessionnel pourra en effet l'instrumentaliser à souhait contre l'autre devenu ennemi de confession différente, et cela même si, d'une part, l'objet du conflit échappe à toute considération religieuse, et, d'autre part, les collectifs opposés sont plus ou moins sécularisés. Entre Israël et la Syrie (depuis 1948), entre l'Arménie et l'Azerbaïdjan (depuis 1991), les conflits prévalent entre États, certes distincts sur le plan confessionnel, mais assez sécularisés, et sans rapport direct avec des éléments ou des espaces d'importance réellement théologique. Louis XIV, bien que petit-fils de prince protestant (Henri IV), joua à fond de la corde religieuse en renforçant la nature profondément catholique de son royaume au détriment de sa composante protestante, fût-elle loyale. Bigot, le Roi-Soleil pensait néanmoins sans doute autant à la puissance de l'État qu'à son propre destin dans l'au-delà… Ce faisant, il affaiblit en réalité le royaume de France en poussant à l'exode plusieurs centaines de milliers de protestants industrieux qui allaient enrichir la Suisse, les principautés d'Allemagne, les Provinces-Unies (futurs Pays-Bas notamment) et l'Angleterre puis indirectement les États-Unis, la France y perdant dramatiquement sur des temps longs. Notons deux autres cas, fort différents, d'États qui s'appauvriront considérablement en ressources créatives, commerciales et scientifiques : l'expulsion par les Rois Catholiques des Juifs d'Espagne puis du Portugal refusant la conversion en 1492, et le fanatisme antisémite (de nature bien plus raciale que religieuse) du IIIe Reich quatre siècles et demi plus tard impliquant le départ forcé de nombreux ingénieurs juifs dans les années 1933-1939.

Pour autant, les monothéismes présentent quelques caractéristiques propices à structurer cités, empires et nations, et à penser l'espace, le temps, la guerre et la paix ou encore l'économie. Le plus ancien ouvre la voie : ainsi le judaïsme se fonde-t-il sur un texte très politique au sens où les affaires d'une cité et d'un peuple y sont toutes narrées et commentées. Cela dit, depuis au moins la rédaction du Talmud aux premiers siècles de l'ère chrétienne, le judaïsme, d'un côté, a renoncé au prosélytisme et à l'exogamie, de l'autre, s'est concentré sur sa propre eschatologie syncrétique de nation/confession. Le sionisme comme mouvement politique européen du XIXe, bien que non seulement laïc et anticlérical mais largement athée à ses débuts, a généreusement puisé dans ce que le corpus biblique lui offrait d'expérience ou d'exemplarité politique mais aussi agraire ou encore institutionnel – voire, lorsque naîtra le fruit politique du sionisme, l'État d'Israël –, militaire et stratégique. Aujourd'hui, poser la question de savoir si, pour l'État d'Israël, le judaïsme constitue un attribut de puissance expose à une réponse complexe et ambivalente. D'abord, désincarné de la dimension à tout le moins politique et culturelle (linguistique notamment) du judaïsme, cet État verrait sa raison d'être pour partie questionnée. Ensuite parce qu'au moins un courant religieux, celui des *haredim* (craignant-Dieu, ou ultraorthodoxes) ne s'assume pas sioniste, méprise l'État-nation israélien comme hérésie pré- et antimessianique quand il ne le défie pas ouvertement, rejetant son système de conscription, sa diplomatie, son socle institutionnel démocratique et les droits de l'homme. Or, comme cette population, représentant déjà plus de 15 % des Juifs israéliens, accuse le plus fort taux de fécondité (soit le nombre d'enfants par femme en âge de procréer) au monde, 7,5, elle double tous les vingt ans… En revanche, on peut admettre qu'un autre courant religieux, sioniste-nationaliste celui-là – d'où provient le Premier ministre successeur de Benyamin Netanyahou, Naftali Bennett –, a déjà contribué à la montée en force de Tsahal (l'armée israélienne), et, en particulier, de ses unités d'élite. De façon générale, pour les 80 % de Juifs d'Israël qui le vivent comme une religion nationale, et vraisemblablement aux yeux d'une part importante des sept millions de Juifs de diaspora, le judaïsme, quels que soient ses pratiques et définitions, demeure une identité structurante et souvent mobilisatrice dans les crises[1].

Le christianisme et l'islam, religions prosélytes et à vocation universelle pour leur part, ont souvent rempli leur rôle de structurants clanique, ducal, califal, royal, impérial ou/puis national, dans leurs variantes catholique, orthodoxe, réformée, sunnite ou chiite respectives. Pour autant, comme avec le judaïsme en Israël, il n'apparaît pas certain que l'emploi politique de ces confessions par le pouvoir séculier (soit ne pas suffisamment *rendre à Dieu ce qui lui appartient* quand on est *César*...) ait toujours constitué un instrument pourvoyeur de puissance. Comme toujours, tout dépend de la façon dont la population s'approprie et accompagne cette instrumentalisation théologique, des bénéfices sociaux (*tsedaka*, *zakat*, aumône) ou consolatoires et de la cohérence identitaire qu'elle procure, des encouragements ou justifications sacraux à la guerre qu'elle livre, sachant que les querelles liturgiques ou théologiques provoquent assurément un affaiblissement du collectif qui en pâtit, au moins jusqu'à la victoire réelle d'un camp spirituel sur un autre. Depuis les années 1980, des États musulmans combattent violemment des groupes islamistes radicaux au nom de l'islam... et *vice versa*, un schéma intraconflictuel qu'avait connu auparavant la chrétienté à maintes reprises et jusqu'aux combats fratricides entre chrétiens maronites libanais en 1990.

On eut tort de croire que l'avènement des idéologies nationalistes et marxistes ainsi que leurs dérivées diverses, dès le second XIXe siècle et tout au long du XXe, avaient relégué les appartenances religieuses de façon pérenne sinon définitive. Il n'en a rien été et le retour du religieux – et donc de son corollaire, l'instrumentalisation à des fins politiques – s'est avéré massif sur une grande partie de la planète. Dieu était peut-être « mort » comme le pensait Nietzsche, mais certainement pas ses oracles. La recherche de puissance par le truchement de la cohésion identitaire du collectif passe à nouveau (et parfois, comme en Inde, bien davantage qu'autrefois) par le religieux, sinon le mystique, y compris en Occident, des États-Unis de Donald Trump (2017-2021) à la Pologne du parti ultraconservateur Droit et Justice PiS en passant par le Brésil de l'évangélique Jair Bolsonaro.

1. Je renvoie le lecteur à mon *Atlas géopolitique d'Israël*, Autrement (5e éd.), 2019.

La nation : le plus récent

Parmi les grands concepts politiques et les représentations collectives, la nation est l'un des plus récents. Avant la Révolution française, le terme était certes employé en France, mais par les autorités royales surtout et pour désigner des groupes religieux ; on parlait alors de la nation protestante ou de la nation juive, au sens contemporain de communautés de fidèles sans que le terme recouvre autre chose qu'un état/statut de naissance (*natio*). C'est sur le champ de bataille de Valmy, le 20 septembre 1792, lorsqu'un général acquis à la Révolution, François Christophe Kellermann, harangue ses troupes au cri de « Vive la nation ! », que le concept prend une nouvelle acception, politique et non plus culturelle, *inclusive*, voire universaliste, plutôt qu'*exclusive* car on peut théoriquement rejoindre cette nation française, et principalement fondée sur l'acceptation de principes philosophiques. Une nation qui, comme le dira le 11 mars 1882 Ernest Renan en Sorbonne lors de son fameux discours, est « une âme, un principe spirituel [...], un plébiscite de tous les jours[1] ». Plus besoin d'être d'une confession, d'une région, d'une classe sociale ni surtout d'une race particulière pour appartenir à la nation. Représentation forgée par la France des républiques mais aussi, dans une large mesure, par celle des empires et monarchies du XIXe siècle (même la Charte de Louis XVIII la mentionne, au début de la Restauration !), la nation s'exporte et fait florès aux quatre horizons, y compris en Allemagne où elle renvoie davantage au sang qu'au sol, et jusqu'aux peuples colonisés d'Afrique et d'Asie, et plus tard dans les États officiellement communistes. On notera que *watan*, la « nation » en arabe, connaîtra ainsi un grand succès lors des deux premiers tiers du XXe siècle dans le monde arabe, portée par le puissant parti politique laïc et panarabe Baas créé en 1943 et officiellement assumée par de prestigieux leaders tel Gamal Abdel Nasser, tout comme la *nación* guidera des peuples d'Amérique latine dont les dirigeants offriront des variantes et substantifs à la nation (ex. : le péronisme en Argentine), celle de Kemal Atatürk en Turquie postimpériale ottomane, et en Afrique subsaharienne avec Kwame N'kruma ou Thomas Sankara.

1. Renan Ernest, « Qu'est-ce qu'une nation ? », *Discours et conférences*, 1887.

Avec la nation, les pouvoirs politiques disposent d'un puissant instrument fédérateur : en principe, puisque chaque citoyen est admis comme un membre à part entière du *collectif*, il est tenu de participer à l'effort *collectif* et doit se sentir directement impliqué dans les affaires de l'État, y compris dans sa nécessaire montée en puissance. Mais l'un des « matériaux » les plus solides correspond sans doute aux symboles évocateurs auxquels a fatalement recours le pouvoir national : il s'agit de pallier l'absence de liens familiaux, claniques et religieux par des mythes compensatoires et des symboles visuels ou sonores en quantité et en qualité afin de susciter ou renforcer l'adhésion du plus grand nombre de citoyens. Couleurs, hymnes, espaces mémoriels (lieux de mémoire) et agenda commémoratif et célébratif, en convoquant les héros du temps jadis à la hauteur des exploits desquels il conviendra de se hisser.

On pourrait nous objecter à bon droit que la nation mène facilement au nationalisme, cette tendance chauvine, exclusive, belliciste, qu'on a vu à l'œuvre destructrice plusieurs fois au XXe siècle et qui demeure vivace dans les familles politiques d'extrême droite de maintes contrées. Or, d'une part, cette dérive ne concerne pas seulement le concept de nation, d'autre part, elle n'entrave pas l'augmentation de la puissance que lorsqu'elle attire par ses outrances des forces supérieures qui la rognent ou la détruisent (Italie, Allemagne et Japon, 1945). Autrement dit, comme souvent, il convient de découpler les dimensions morale et stratégique ; un État pourra renforcer sa puissance en dépit de – ou plutôt grâce à – son agressivité de nature nationaliste. La politique impérialiste du chancelier Bismarck réussit au-delà de toute espérance car pensée pragmatiquement et, au fond, assez prudemment ; celle du Kaiser Guillaume II, téméraire et jugée infantile, s'achèvera dans la catastrophe de 1918.

Plus encore peut-être que le cultuel et le religieux, la langue – parfois liée à l'appartenance confessionnelle – participe de la cohésion du collectif et le soude. Le IIe et le IIIe Reich, sur une base et avec des objectifs naturellement différents, s'appuyèrent sur les communautés linguistiques germanophones réparties en Europe comme de leviers respectivement nationaux puis raciaux. Garibaldi a largement bâti l'unité italienne sur la langue. Dans les trois pays baltes et en Ukraine, les tensions avec la Russie portent notamment sur le retour comme langues officielles et parfois uniques l'estonien, le letton, le lituanien et l'ukrainien au détriment du russe. La IIIe République française confia à ses hussards noirs l'apprentissage scrupuleux de la langue et écrasa les langues régionales, propageant par ailleurs dans l'empire, en Afrique et en Indochine, l'apprentissage du français et encourageant son usage vernaculaire, mais sans chercher à annexer la Wallonie, le Luxembourg ou la Suisse romande, ni à conquérir le Québec. Malgré cette « retenue », la France a développé une politique très proactive, de Charles de Gaulle à Jacques Chirac au moins, y compris sur le plan militaire, dans les États du champ (ou le « pré carré »), c'est-à-dire les anciennes colonies francophones auxquelles on ajouta le Zaïre (future République démocratique du Congo), le Rwanda et le Burundi francophones car anciennement colonisés par une Belgique ayant renoncé à son statut de puissance globale. François Mitterrand et son entourage accordèrent du reste tant d'importance à la francophonie qu'elle incarna une variable explicative prépondérante de prise de décision de soutenir politiquement et militairement, entre 1990 et 1994, le régime raciste rwandais de Juvénal Habyarimana. Depuis les années 2000, si l'Organisation mondiale de la francophonie demeure un instrument diplomatique non dénué d'intérêt encore que bien pauvre en moyens, on ne peut néanmoins prétendre qu'elle constitue toujours un facteur de puissance considérable pour la France. Les principaux alliés stratégiques de Paris dans le monde sont et resteront sans doute longtemps anglophones pour les plus importants (États-Unis, Royaume-Uni) et arabophones dans une moindre mesure (Émirats arabes unis, Égypte, Maroc…), les autres non francophones s'exprimant de toute façon aussi en anglais (Inde). Autrement dit, l'effet d'entraînement stratégique lié à l'usage du français demeure assez faible, contrairement à ce que fut par exemple l'allemand au XIXe siècle et au début du XXe ; il faut dire qu'il s'agissait alors de populations européennes et non pas ultramarines anciennement colonisées, et que le mouvement s'articulait avec la construction d'une nation puis d'un nationalisme « *Völkish* » dont la langue était l'élément constitutif majeur d'un « peuple » allemand de l'Alsace à la Volga en passant par les Sudètes. Plus récemment, Moscou a pu jouer sur l'emploi vernaculaire du russe en Ukraine orientale et en Crimée en justification à un déploiement de forces, avec un certain succès car nombre de russophones d'Ukraine se représentent finalement russes davantage qu'ukrainiens.

On nuancera cependant. Si les querelles linguistiques ont accompagné un nombre important de conflits quand elles n'en constituaient pas l'essence même, y compris dans l'Europe en principe apaisée du second XXe siècle (Flamands et Wallons, Basques et Catalans, Baltes et Russes, etc.), ici la langue ne constitua pas un clivage primordial – voir le cas irlandais où l'on pratique la même de part et d'autre de la mer et des murs du quartier –, là l'État parvint à « faire nation » malgré tout, comme en Espagne et en Belgique. En ex-Yougoslavie, la guerre qui sévit dans les années 1990 portait, quant à elle, bien moins sur des appartenances linguistiques que cryptonationales, confessionnelles, et mafieuses. Hors du continent européen, on trouve aussi plusieurs exemples d'États-nations non seulement solides mais montant en puissance en dépit d'une multiplicité de langues vernaculaires, à l'image de l'Inde.

La supranation

Pour paraphraser le prix Nobel de la paix Elie Wiesel, on peut être *pour* la nation, *contre* la nation, mais pas *sans* la nation, du moins depuis le début du XXe siècle tant le concept politique s'est puissamment imposé dans les relations... *internationales*[1]. Ainsi, par-delà la représentation de la nation, existent des représentations supranationales qui peuvent s'inscrire dans des espaces de grandeur et surtout de nature très différentes, à commencer par deux ensembles conceptuels aussi immenses que flous : l'Occident et le Sud.

Les tenants du premier s'inscrivent dans deux traditions. D'abord des chrétiens conservateurs qui le confondent en le fantasmant avec, justement, la chrétienté, qui serait agressée ou envahie par des masses orientales (le « péril jaune » dans les décennies 1960-1970, l'« invasion musulmane » depuis les années 1970-1980). Ensuite, les démocrates progressistes faisant coïncider l'Occident avec la démocratie dans une superposition sympathique mais imparfaite ; sans même remonter avant 1945, nombre d'États d'Europe (à l'est du continent, jusqu'à la chute du mur de Berlin) et d'Amérique latine (années 1960-1980) échappèrent

1. « Je me suis élevé contre Dieu mais je ne l'ai jamais renié », propos recueillis par Charles Wright, *La Vie*, 25 janvier 2012.

au monde démocratique, tandis que des États non occidentaux tels le Japon, la Corée du Sud, l'Inde, Singapour ou encore le Sénégal ou le Ghana incarnent des démocraties plus ou moins authentiques. Les tenants du Sud, ceux qui s'y identifient, s'inscrivent plutôt dans une logique antiaméricaine ou plus globalement anti-impérialiste, elle-même issue d'une sensibilité particulière liée à la colonisation et/ou à l'esclavage. Par exemple, sur la définition du terrorisme que l'ONU tenta de proposer lors de la réforme (échouée) de 2005-2006, les pays du Sud – y compris les démocratiques d'entre eux comme le Brésil et l'Inde – s'opposèrent aux termes défendus par les États occidentaux, en réalité du Nord ; le clivage dépassait donc bien la nature démocratique ou autoritaire des régimes en place. Peut-on mobiliser sur ces concepts collectifs aussi gigantesques et divers en leur sein respectif ? Difficilement, même s'il convient de rappeler qu'au cours de deux guerres relativement oubliées (du moins en… Occident !), celle de Corée (1950-1953) et celle, civile, du Liban (1975-1990), des combattants européens et nord-américains avaient rejoint le « front » au nom de la défense de l'Occident, et que, dans un autre registre, le président américain George Bush fils avait donné le sentiment – évoquant une « croisade » [antiterroriste] – de prendre la tête d'un Occident civilisé face à des barbares des confins d'un Orient violent et arriéré. Au sud, dans plusieurs États très revendicatifs comme l'Afrique du Sud post-Nelson Mandela, des régimes politiques surjouent régulièrement cette appartenance – souvent sur le ton et le monde des ex-non-alignés de la guerre froide. La Chine a ainsi recours à cette corde sensible en apparaissant comme protectrice de ce Sud qui serait méprisé par l'Occident…

Plus mobilisatrice est la représentation de type continental, en tout cas s'agissant de l'Europe et de l'Afrique. Même s'il a fallu plusieurs décennies de construction essentiellement interétatique portée par les équipes dirigeantes bien davantage que par un engouement populaire, l'Europe incarne aujourd'hui une idée au nom de laquelle des associations, partis et gouvernements affirment agir, parfois avec succès ou, du moins, sans préjudice politique. En France, malgré un faible enthousiasme proeuropéen, le candidat Emmanuel Macron l'emporta en 2017 à la présidentielle en ne taisant rien de son profond attachement au projet européen, lequel recueille aussi l'adhésion massive et récurrente de larges majorités en Allemagne, au Benelux, en Italie et dans la péninsule Ibérique. Du reste, même difficilement (« non » danois au traité de Maastricht de 1992, « non » français à celui constitutionnel de 2005), la plupart des sociétés européennes suivent les avancées institutionnelles des États, et le Brexit (2018-2020) ne fit pas d'émules hors de la stricte Angleterre. On pondérera néanmoins ce constat ; les sociétés est-européennes s'avèrent de plus en plus – et de plus en plus *souvent* – critiques à l'encontre des principales valeurs démocratiques prônées par l'Europe des fondateurs (mœurs, liberté d'expression), et, en outre, rares sont les gouvernements à tenter de convaincre leurs opinions des sacrifices à faire au nom d'une cohésion et d'une solidarité européennes, comme on le constate sur la question migratoire comme sur le combat anti-islamiste en Syrie ou au Mali.

L'Afrique comme représentation semble progresser également, peut-être même davantage : dans les tribunes et les rues d'Occident, de plus en plus de discours et de pendentifs, de pochoirs muraux ou de motifs vestimentaires à l'effigie du continent promeuvent une « africanité ». Mais n'est-ce pas finalement l'expression extérieure d'une sorte de captation identitaire ? Car sur le terrain, hormis les discours de certains chefs d'État subsahariens incitatifs mais dont les politiques demeurent arc-boutées sur leurs États-nations, on a peine à déceler la montée en force d'une représentation africaniste ou panafricaine ; tant de conflits claniques, tribaux, ethniques et linguistiques et religieux excessivement violents (conjugués souvent à des rivalités sociales, quand ils ne s'y substituent pas) continuent à faire rage qu'on peut difficilement arguer d'une « africanité » des cœurs et des esprits. Nous y reviendrons : il existe bel et bien *des* Afrique, complexes et diverses. Par ailleurs, en dépit d'une quasi-uniformité linguistique entre sociétés latino-américaines, il ne semble pas qu'une représentation identitaire commune soude les centaines de millions de citoyens de ce continent, sauf ponctuellement et dans les milieux marxisants face aux États-Unis. Une réelle représentation identitaire panasiatique s'étendant de la Méditerranée au Japon, ou nord-américaine du Canada au Mexique, prévaut moins encore, et celle reliant les sociétés insulaires et archipélagiques d'Océanie reste à démontrer.

En revanche, l'appartenance à un collectif arabe est plus prégnante, chère à Gamal Abdel Nasser et à tous les dirigeants arabes peu ou prou nationalistes, des premières indépendances des années 1930 à nos jours.

La fameuse « nation arabe », *watan arabi* (parfois *oumma al arabiyya*), s'est néanmoins beaucoup illustrée à la manière d'un instrument rhétorique à usage de masses arabes frustrées de victoires contre Israël ou l'Iran ou de réelle indépendance stratégique vis-à-vis de Washington ou de Moscou. Non seulement, comme pour l'ensemble africain ou spécifiquement subsaharien, les rivalités et haines n'ont jamais disparu – tant à l'échelle de l'ensemble arabe qu'au sein d'États aux frontières essentiellement issues d'anciens partages impériaux européens – mais encore clanisme, ethnicisme et confessionnalisme sévissent en Libye, en Somalie, au Yémen, en Syrie, en Algérie, au Soudan, en Irak, en Égypte et au Liban, accompagnant des présences berbères et kabyles, druzes, yézidies, coptes et autres. De surcroît, l'islamisme n'a cessé de miner, sinon le panarabisme officiel d'*en haut*, du moins la représentation populaire arabe d'*en bas* ; ainsi dans la décennie 2020, la représentation d'appartenir à un monde islamique prévaut manifestement sur celle d'appartenir à un monde arabe, sachant que les deux se confondent sans cesse davantage avec l'exil forcé ou volontaire de nombreux chrétiens d'Orient. De fait, jamais il n'y eut de véritable pression populaire massive pour créer cette unité arabe par-delà des frontières qui, nombreuses (la Ligue arabe compte vingt-deux États), furent ou demeurent si souvent fermées, voire hostiles (Maroc/Algérie, Qatar/Arabie saoudite, Syrie/Irak, etc.).

Dans un registre différent, au-delà de la nation mais pas forcément à son opposé, s'imposa tout au long du XXe siècle la *classe sociale*. La fraternité y est moins nationale, linguistique ou religieuse que socio-professionnelle. Quand Marx haranguait les « Prolétaires de tous les pays », il transcendait évidemment la nation mais aussi la religion, le clan et les autres types collectifs d'appartenances, appelant à les dépasser au profit de celui opposant des classes sociales. Jusqu'en 1935, Staline n'exige-t-il pas des partis communistes d'Europe la stratégie de l'affrontement classe contre classe ? Le thème de la classe est à la fois très mobilisateur pour les prolétaires et tous ceux qui s'y apparentent ou se considèrent comme tels, qui introduit une dimension de justice des faibles contre l'injustice des puissants, et cela partout, depuis toujours et à jamais. Ce messianisme athée (mais parfaitement clérical !) permet à un régime politique prétendument ou réellement communiste de mobiliser bien au-delà non seulement de crises conjoncturelles puisqu'il poursuit un combat de toute éternité, mais aussi de ses frontières étatiques puisque ce combat transcende les autres clivages. Avec le collectif prolétaire, la nature de l'allégeance change radicalement. Sauf qu'empiriquement, dans presque tous les cas, les « camarades » finissent par devenir des « frères » (cf. discours de Staline du 3 juillet 1941, en pleine débâcle), la classe sociale se confond avec le peuple (Chine), le Parti communiste finit nationaliste (Cuba, Éthiopie, Russie postsoviétique) et dans tous les cas extrêmement souverainiste (Chine).

Frontières menacées et communauté de destin traumatique et victimaire

Le *nous* politique fait presque toujours référence à un sol quand il ne le sacralise pas, celui des aïeux, des prophètes, de Dieu, de combats héroïques, etc. Et qui dit sol national dit intrinsèquement frontières. Or, des frontières, ça se défend collectivement, ça s'utilise comme un instrument unificateur, parfois comme un dérivatif à des tensions internes fortes. Quant à l'État, il lui est carrément consubstantiel ; pas d'État reconnu sans territoire souverain sur lequel il s'étend, applique ses lois, y déploie ses symboles, son économie, son administration et ses forces. Le droit international ne reconnaît du reste des États qu'à cette condition, d'où le cas intéressant de la Palestine, admise par les Nations unies en 2012 comme État *non membre* faute de pouvoir exercer sur son territoire une véritable souveraineté et non seulement une autonomie.

Seulement, afin de convaincre la population de l'importance à défendre des frontières, faut-il encore que, d'une part, une forte proportion de citoyens se les représente comme réellement menacées et, avec elles, une partie du pays, de sa richesse, de son honneur et de son intégrité, et, d'autre part, qu'elles soient dignes de dépenses, voire de sacrifices. Quantité d'États arborent des frontières tracées naguère par des régimes institutionnels lointains et, en Afrique subsaharienne, dans le monde arabe, en Asie du Sud et même dans les Amériques, par les colonisateurs européens. Une frontière établie par d'autres sur des critères ne correspondant en rien aux réalités tribales, claniques, linguistiques, religieuses ni traditionnellement commerciales (transhumances, routes caravanières) ne suscitera pas nécessairement autant d'aura qu'une frontière issue d'un rapport de force entre ses propres aïeux et des voisins. Quand Daesh effaça au bulldozer un tronçon de la frontière syro-irakienne fixée entre Paris et Londres un siècle auparavant, sur des motifs politiques mais aussi religieux (la *fitna*, la discorde et la division, est strictement interdite au sein de l'*Oumma*), il ne se trouva guère de mouvements d'opinion pour s'en offusquer ; la population locale détestait ce groupe islamiste pour sa barbarie, pas pour sa volonté de modifier de vieilles frontières lointaines, désertiques et « étrangères ». Un site du champ des Merles (bataille de Kosovo de 1389), une ligne bleue des Vosges ou un toponyme biblique constituent des pourvoyeurs ou des accélérateurs de ferveur, donc de puissance.

La crainte aussi est généralement fédératrice et mobilisatrice. Quand un pouvoir politique endosse, (ré)habilite, suscite et/ou diffuse la peur de l'autre collectif (intérieur ou extérieur des frontières du reste), c'est qu'il choisit de mobiliser. Deux cas de figure interviennent. Dans le premier, celui d'un gouvernement peu ou prou pacifique, la prise de conscience – grâce aux renseignements des espions et des diplomates notamment – de la dangerosité impérialiste objective d'un État voisin, impose d'informer les citoyens (surtout s'il est démocratique), sachant que deux questions se posent : d'abord, sauf préparatifs évidents et immédiats de l'ennemi potentiel, comment jauger précisément de ses intentions et moyens ? ; ensuite, doit-on tout révéler, au risque de provoquer soit la panique, soit une *hubris* belliciste, et de donner, en outre, un signal à l'adversaire potentiel désigné ? Dans le second cas, celui d'un gouvernement en quête de mobilisation populaire à des fins belliqueuses (généralement autoritaire mais pas toujours, cf. George Bush fils en 2003), on va inventer ou au moins surjouer la menace afin de faire avaliser sa volonté de projeter sa puissance et d'en faire acquérir davantage à l'État. D'autres craintes sont de nature différente ; existentielles et sur des temps longs braudéliens, portées par l'entretien du souvenir d'exils forcés, de tueries ou d'un génocide, elles agissent tels des ciments dont on bâtit les édifices, ainsi du cas arménien. Certes, un gouvernement pourra, à un instant T, en jouer pour fédérer la population sur une initiative précise mais, de toute façon, cette crainte ancestrale lui échappe et lui survivra, qu'il en use ou pas. C'est cette crainte de l'anéantissement qui contribue à l'énergie du désespoir – éloquente expression consacrée – qui permit aux forces israéliennes de vaincre en 1948 et en octobre 1973 ou aux forces arméniennes de l'emporter en 1991-1994 ; dans la représentation commune des soldats, c'était finalement vaincre ou (à nouveau) mourir collectivement, et peut-être cette fois sans espoir de résurrection.

À l'image de la crainte, la haine peut fédérer et mobiliser. Néanmoins, son déchaînement par un régime se retourne si souvent contre lui tel un golem démiurgique qu'on ne la retiendra pas ici comme un atout ; l'Allemagne nazie et le pouvoir hutu rwandais de 1990-1994, auxquels on pourrait peut-être ajouter Daesh dans la décennie 2010, portèrent à telle incandescence un corpus de haine raciale et/ou religieuse qu'après avoir « réussi » à détruire et à vaincre provisoirement, ils furent anéantis et non seulement vaincus. Fi d'angélisme ; c'est moins par humanisme que par nécessité d'éviter leur hégémonie fanatique et inconciliable que leurs vainqueurs successifs les ont abattus, mais ils l'ont fait jusqu'à leur capitulation sans condition ou leur destruction politique et militaire complète et non en se contentant de les affaiblir. Au fond, si re- ou sursacraliser un territoire ou sursusciter la crainte comprend déjà des risques potentiellement supérieurs au gain politique immédiatement escompté en termes de surcroît de mobilisation populaire et donc de projection de puissance, sursolliciter la corde sensible de la haine représente un péril plus considérable encore. Insistons : l'outil brûlant des forges de l'enfer finit parfois soit par échapper au pouvoir qui l'en a extrait, soit par provoquer un cataclysme dans lequel il chutera lui-même. Les coalitions de la peur sont souvent redoutables, d'autant plus lorsque c'est le fanatisme d'un ennemi qui les réunit.

Presque toujours nourri de peur et de haine recuite, le ressentiment – au sens de la rancœur – constitue un moteur d'une puissance terrifiante et d'une capacité mobilisatrice exceptionnelle pour qui sait en jouer habilement et cyniquement. Il s'agit d'appeler les populations à se venger des ennemis, non seulement intérieurs (bouc émissaire) mais extérieurs, tout en confiant cette vengeance au pouvoir qui en rappelle *ad nauseam* la réalité, les meurtrissures passées et encore palpables, la dangerosité à venir. En Occident, le cas le plus emblématique restera celui du nazisme dont les chefs et propagandistes hors pair surent faire feu de tout bois revanchiste sur la France, les Anglo-Saxons, les communistes, les capitalistes et les Juifs comme (futur) point Godwin de tous les malheurs de l'Allemagne, chaque ennemi correspondant par ailleurs à une nature profonde différente devant être « traité » en fonction. Déjà au terme du XIXe siècle, le zoologiste et géographe nationaliste allemand Friedrich Ratzel avait stigmatisé une géographie allemande dont les aspects ingrats auraient été « imposés » par les puissances extérieures. Prenons quelques autres cas très contemporains et distincts mais emblématiques de l'usage politique massif d'une mémoire collective liée à des humiliations. En Chine, le pouvoir use du ressentiment du « siècle des humiliations » qui commença avec la première guerre de l'opium en 1835 pour s'achever en 1949 avec l'arrivée au pouvoir à Pékin du Parti communiste chinois (PCC). Au Rwanda, le régime hutu parvenu aux affaires dès 1959, juste avant l'indépendance officielle du pays en 1962 et la proclamation de la Ire République, va constamment surjouer cette rancœur antitutsi jusqu'à réinventer un victimisme binaire afin de se maintenir au pouvoir et, à partir de 1990, la porter à incandescence jusqu'au génocide de 1994. En Algérie, la caste des généraux qui domine l'État sans discontinuer (ni partager) depuis 1965 use et abuse d'une rente de rancœur à l'endroit de l'ancien colonisateur français pour masquer son impéritie caractérisée.

Qu'on nous entende bien : tout n'est pas faux dans la réalité humiliante et/ou meurtrière d'une vindicte passée ; un siècle durant, la plupart des grandes puissances (Russie puis Japon compris) se comportèrent en prédateurs en Chine, un certain nombre de cultivateurs hutu rwandais avaient pu se sentir humiliés et négligés par l'alliance entre la puissance coloniale belge et une certaine élite des éleveurs tutsi dans les années 1920-1950, et la conquête puis la période coloniales avaient en effet été très meurtrières pour les populations musulmanes d'Algérie. Mais, au-delà de la légitime sensibilité des citoyens, la quête *politique* de puissance par l'unité et la mobilisation populaires à l'intérieur des frontières exige d'exacerber le désir de vengeance, puis, selon les circonstances, le maintenir à feu constant et plus ou moins doux (à propos de l'Alsace-Moselle, « y penser toujours, n'en parler jamais ») ou au contraire battre le fer tant qu'il est chaud et porter rapidement la dévastation dans un maelstrom de violence (IIIe Reich). L'entretien par un régime politique d'une mémoire collective douloureuse peut tout aussi bien incarner un instrument pacifique qu'une arme par destination.

Se représenter comme puissance, l'assumer, en bénéficier, en redemander...

On ne devient pas puissant par hasard. Même quand les autres États puissants vous enrichissent de s'entretuer en contractant auprès de vous des dettes mirobolantes à base d'achats massifs et lucratifs de vivres et de matériels, vous ne serez puissants qu'en assumant un nouveau rôle. Un État nouvellement riche n'est pas nécessairement nouvellement puissant. De 1920 à 1940, les États-Unis rejetèrent le statut de grande puissance que leur avait conférée leur richesse récemment acquise et – ne l'oublions pas – leur rôle déterminant dans la dernière année de la Première Guerre mondiale. Leur isolationnisme aurait du reste des conséquences majeures et excessivement funestes. En amont, il y a une volonté ; en aval seulement viennent les objectifs, des stratégies au service de ces objectifs, et des tactiques dans le cadre de ces stratégies.

Certaines sociétés valorisent davantage le métier des armes et la fonction de guerrier que d'autres. Nulle caricature dans ce constat empirique ; les raisons profondes qui poussèrent des sociétés à s'orienter vers cela s'avèrent diverses et parfois mystérieuses. Pourquoi cet engouement manifeste des Spartiates pour les armes et leur métier ? Est-ce parce qu'ils furent toujours menacés par la majorité musulmane sunnite leur déniant la qualité de musulmans que les Druzes ont conçu au fil des siècles cette valorisation, partagée par d'autres collectifs comme certains clans montagnards d'Asie du Sud (tels les Pachtounes), des tribus bédouines de péninsule Arabique (les Saoud) ou certains clans sahéliens (comme chez les Zagawa du Tchad) ? L'expérience ne fait toutefois pas tout, et souvent la nécessité vitale crée la fonction qui crée à son tour l'organe. Comment expliquer autrement la fulgurante montée en puissance des armes juives, elles qui avaient disparu depuis dix-huit siècles et l'écrasement par les légions romaines de l'ultime révolte de Judée en 135, faute d'autorisation en islam et en chrétienté ? En à peine quelques décennies d'autodéfense désarmée contre des pogromistes russes (1881-1922), de rixes et d'échauffourées en Palestine turque ottomane puis mandataire britannique (1920-1948), des milliers de jeunes Juifs non armés, puis sous-armés et dépenaillés ont donné naissance à une force militaire redoutable, aujourd'hui de loin la première d'un grand Moyen-Orient à l'acception très large. Dans la même démarche non déterministe mais soucieuse des observations contextuelles sur des temps longs, rappelons à ceux qui penseraient par simplisme, comme ces intellectuels américains néoconservateurs des années 2000, tel Robert Kagan, que « les États-Unis proviennent de Mars et l'Europe de Vénus », ou par paresse intellectuelle, à la manière de ces observateurs contemporains constatant la multiplicité des conflits proche- et moyen-orientaux, que si l'on excepte à certaines époques la Chine et les Mongols, c'est bien sur le continent européen que se constituèrent et s'affrontèrent, des siècles durant, la plupart des plus titanesques armées lors des guerres successives du Péloponnèse, de Rome, des puissances pré- et postwestphaliennes, de Napoléon Bonaparte et évidemment des deux guerres mondiales[1].

Par ailleurs, être puissant est une chose, se choisir la légitimité de sa puissance en est une autre, et il s'agit de ne pas confondre représentations et stratégies. Un régime ou un gouvernement peuvent décider d'activer une représentation collective, ou de la réorienter, ou encore de la reléguer derrière une autre, plus mobilisatrice à un moment donné. Les Iraniens sont majoritairement persanophones et ceux-là se représentent comme perses. Le shah d'Iran, chef d'État nationaliste laïc, jouait de cette fibre sensible pour conforter la dynastie Pahlavi à l'intérieur mais aussi afin d'asseoir sa puissance à l'extérieur. L'ayatollah Khomeyni, parvenu au pouvoir à sa chute en février 1979, était tout aussi perse mais sa conviction profonde le poussait à se représenter prioritairement comme musulman et, au sein de l'islam, comme chiite. Et, de fait, la majorité des Iraniens sont bel et bien chiites, une appartenance confessionnelle n'épousant pas strictement celle de la *persanité* (il y a des Azéris chiites au nord-ouest, à Tabriz, des Kurdes à l'ouest, des Baloutches sunnites à l'est, etc.). La République islamique d'Iran va donc inscrire son action internationale non plus prioritairement dans un cadre national mais dans une dimension plus large, panchiite, et cela avec une vigueur nouvelle due à la réorientation khomeyniste d'un chiisme ne laissant plus au seul sunnisme le soin d'assumer l'exercice du pouvoir et de la guerre. D'où la création d'un Hezbollah (parti de

1. Une idée développée notamment par Robert Kagan dans *La Puissance et la faiblesse*, Plon, 2003.

Dieu) au Sud-Liban, un soutien à des partis chiites traduisant la majorité chiite en Irak, des clans chiites au Yémen, ou encore au collectif hazara chiite en Afghanistan. Aucun d'eux n'est perse ni persanophone. Changement de représentation, changement de stratégie…

En Inde, le parti du Congrès au pouvoir de l'indépendance de 1947 au tournant du XXIe siècle ne mettait pas en avant l'hindouisme comme identité fédératrice, l'Hindutva, mais plutôt la nation indienne en son Union (dénomination officielle de l'État), tandis qu'au Pakistan voisin (très officiellement une république islamique), on convoquait régulièrement l'appartenance à l'islam dans la rivalité avec l'Inde, notamment au Cachemire disputé. Depuis, le Bharatiya Janata Party (BJP) nationaliste fait en revanche systématiquement référence à l'hindouisme à des fins mobilisatrices et volontiers vindicatives. Un changement de paradigme s'était déjà retrouvé de façon spectaculaire dans le discours radiodiffusé de Joseph Staline déjà évoqué, ce 3 juillet 1941, quand les troupes soviétiques reculaient partout devant la fulgurante invasion allemande ; le premier secrétaire du parti communiste de l'Union soviétique et successeur du chef révolutionnaire Lénine s'adressa pour la première fois aux Soviétiques en leur donnant du « mes frères » et non plus le « mes camarades » habituel et officiel. Il s'agit, au bord du gouffre, de raffermir les énergies contre l'imminent et mortel péril nazi en jouant d'une fibre plus puissante car charnelle et incarnée qu'idéologique, d'autant que l'idéologie en question était excessivement sévère, exigeante et souvent détestée. Le communiste Staline exprimait soudain une allégeance de nature ethnonationaliste qui garantissait depuis vingt ans le goulag à n'importe quel « camarade » d'URSS qui l'aurait exprimée, une fraternité de race plutôt qu'une fraternité de classe, avec succès. Il faut dire que la sauvagerie esclavagiste et exterminatrice des nazis ne laissait guère de choix entre peste et choléra. Au-delà des stratégies identitaires adoptées par des pouvoirs en place, certaines représentations populaires bien ancrées sur des temps longs peuvent également et assez spontanément évoluer très vite, au sein de certains collectifs. Ainsi, dans la destinée du peuple juif, ne plus se représenter l'emploi de la force et l'usage éventuel de la guerre comme infâme, et même théologiquement prohibé (de toute façon, ils ne pouvaient prétendre au statut d'officier et parfois de simple soldat en terres chrétienne et musulmane comme rappelé plus haut), introduit une nouvelle réalité, le sionisme et son fruit politique étatique rejetant tout type de faiblesse et prônant un ethos combattif.

Assumer la puissance équivaut aussi pour un État à admettre la nécessité de s'inviter, le cas échéant, dans les affaires intérieures des voisins proches ou lointains. Puissamment armée à des fins exclusivement défensives, la Confédération helvétique a durablement décidé au début du XVIIIe siècle d'une neutralité pleine et entière. Son armée redoutablement équipée et entraînée lui a-t-elle épargné des tentatives d'invasion ? Peut-être. La Belgique, géographiquement très différente, était neutre depuis 1935, mais le IIIe Reich ne l'épargna guère en 1940. La neutralité seule ne prémunit pas contre l'appétit des grands, et le relatif retrait au sein même d'une puissante alliance militaire vous retranche aussi des grandes négociations ; c'est moins au Canada que s'adressait l'URSS jadis quand il s'agissait de protester contre telle initiative de l'OTAN ou procéder à une rencontre au sommet qu'aux États-Unis et à leur président. La puissance géopolitique se traduit et s'illustre par un proactivisme et la quête de gains en termes d'influence, de territoires, de ressources, de prestige et non seulement par la défense de soi-même, en principe intrinsèque à l'État et à presque tout corps social institutionnel ou biologique. L'Afrique du Sud intervint à maintes reprises dans les affaires intérieures de tous ses voisins namibien, zambien et au-delà pendant la guerre froide, y compris par le truchement de ses armes comme en Angola. Dès lors que le régime s'amenda et que le peuple porta au pouvoir le militant antiapartheid et anti-impérialiste Nelson Mandela, Pretoria adopta une posture, sinon neutre, du moins réservée, renonçant notamment à acquérir la bombe atomique et à lancer des expéditions militaires.

CHAPITRE 2

Démographie et géographie

Ni la démographie ni la géographie physique n'expliquent tout, ensemble ou séparément. Une évolution démographique ou un contexte géographique ne constitueront que des variables explicatives à tel mode opératoire militaire d'un État et à son engouement ou sa défiance pour les activités agraires pastorales, à la hantise d'un collectif de disparaître ou son acceptation au sacrifice de soldats en grand nombre. On accorde trop souvent trop d'importance à la première, on oublie ou l'on néglige trop souvent la seconde.

Des citoyens nombreux mais pas trop, concentrés mais pas n'importe où

Il est peu de critères de puissance aussi relatifs et aléatoires que ceux ayant trait à la démographie, peu de données assénées de façon aussi paresseuse que celles démographiques pour prétendre démontrer la force ou la faiblesse, prédire en amont – ou expliquer en aval – la victoire ou la défaite. Il ne s'agit pas de nier l'importance de celle-ci, bien que rarement décisive, dans les rapports de puissance, mais d'en appeler à l'observer avec prudence et pondération, l'articulant à d'autres réalités.

À entendre les commentateurs dont la boussole géopolitique principale est la démographie non dégrossie, Israël était voué depuis sa création à disparaître sous le nombre des naissances arabes, le Nigéria à diriger l'Afrique ès qualités de « géant » ou « poids lourd » africain, la Russie postsoviétique à céder son statut de grande puissance à cause de ses taux de natalité calamiteux, et les masses sud-asiatiques des anciennes Indes britanniques à déferler sur l'Occident comme « prédit » dans un roman à succès de Jean Raspail, *Le Camp des saints*[1]. Plus récemment et de façon à peine moins fantasmée, Jared Diamond expliquait *a posteriori* le génocide des Tutsi rwandais de 1994 par de trop fortes densités en zone d'agriculture vivrière. Or l'assassinat de huit cent mille personnes en trois mois avec une gestuelle et une rhétorique raciales, après plusieurs répétitions générales, y compris hors des collines, avait d'autres ressorts infiniment plus politiques et identitaires, anciens et puissants, que le manque de parcelles agricoles[2] ! On constate un même simplisme sur le plan économique : une population importante n'implique pas mécaniquement un PIB élevé, en témoignent entre autres exemples le Nigéria, le Bangladesh ou encore l'Indonésie. Par ailleurs, en matière démographique, il convient d'articuler « combien ? » avec « qui ? » et « où ? ». Car *le plus* de citoyens n'est pas toujours *le mieux*. Certes, dans l'absolu, une entité politique préétatique ou étatique comptant un nombre important d'habitants par rapport aux voisins détient un atout ; plus d'agriculteurs jadis, de producteurs et de consommateurs, plus de soldats le cas échéant, etc. Mais l'absolu n'existe pas. Quel est l'état d'esprit de ces gens ? Sont-ils loyaux et fidèles à la cité prioritairement à d'autres allégeances ? Quels sacrifices seraient-ils prêts à consentir pour elle et le collectif qu'elle encadre et administre ? Quel est leur niveau d'éducation et de technicité ou de formation pour les civils, d'entraînement pour les militaires ? Où vivent-ils par rapport aux frontières et aux ressources naturelles névralgiques du pays ? Enfin et surtout, la cité (son régime, sa géographie) est-elle capable de les nourrir convenablement et de les mettre globalement à l'abri des disettes ? Autant de questions dont les réponses sont à mettre naturellement en relief avec les réponses propres aux États voisins, concurrents, alliés ou ennemis. Quand les réponses laissent apparaître d'évidentes béances, une masse démographique forte et une natalité en expansion ne sont pas des accélérateurs de puissance mais des freins à celle-ci.

Les cas d'école égyptien et israélo-palestinien. Le cas de l'Égypte contemporaine est à cet égard éloquent : cent millions de citoyens pour

1. Jean Raspail, *Le Camp des saints*, Robert Laffont, 1973. Le livre fut immédiatement primé et devint un best-seller.
2. Jared Diamond, *Effondrement*, Gallimard, 2006.

une natalité qui continue de croître de plus de 3 % par an – pour un taux de fécondité dépassant encore 4 tandis que la moyenne du monde arabe a chuté à 2,5 depuis les années 2000, et que ceux de l'UE, de la Russie et de la Chine ne dépassent pas 1,5 – concentrés sur moins de 7 % du territoire national correspondant au delta du Nil élargi (à titre comparatif, 15 % du territoire français, soit environ 80 000 km²) dont la moitié vivant avec moins de 3 dollars par jour, seuil de pauvreté établi par l'ONU. Quant à l'état général du pays, rien ne laisse espérer une explosion high-tech, ni un plan Marshall quelconque, pas davantage qu'une série de grands chantiers susceptibles d'absorber une part au moins des millions de jeunes Égyptiens désœuvrés. La conclusion de ce bref survol en matière de puissance est le suivant : non seulement la démographie déjà forte et galopante de l'Égypte, la première du monde arabe et du Proche-Orient, ne lui est d'aucun secours dans les rivalités économiques actuelles – le PIB par habitant (PIB/h) est trop faible et la part de la rente trop considérable (pétrole, transit du canal de Suez) –, et ne lui en serait d'aucun en cas de conflit armé car on ne l'emporte plus en faisant déferler de grandes masses de soldats, mais elle représente *a contrario* un handicap du fait de l'instabilité sociale et politique chronique produite par cette situation structurelle générale. Enfin, une diminution de la natalité à court ou moyen terme est rendue très hypothétique, comme dans d'autres pays musulmans tels que Mali, Niger ou Bangladesh, par le poids des traditions et surtout l'accentuation de la pression sociétale islamiste.

Et ce n'est pas tout. Telles quelles, une densité de population et une courbe évolutive du taux de fécondité n'indiquent rien de l'emplacement des hommes de la cité. Or, en termes de puissance, l'emplacement des populations s'avère souvent déterminant, comme en témoigne le cas Anouar el-Sadate. Le président égyptien (1970-1981) avait compris ce que seul un chef d'État intelligent et pragmatique pouvait comprendre : politiquement, la large supériorité du taux de natalité égyptien sur celui israélien pèserait à terme moins que l'implantation constante de citoyens israéliens dans le Sinaï conquis par l'État hébreu en 1967. Autrement dit, le raïs inversait le postulat à l'époque dominant selon lequel le temps jouait irrémédiablement en faveur de l'Égypte, considérant avec raison qu'avec le *statu quo*, l'opinion israélienne s'habituerait à « l'israélianité » de ce territoire, à ses colons-pionniers enjoués et courageux, aux bulletins météorologiques quotidiens l'incluant dans la carte du pays, aux voyages faciles dans cette géographie somptueuse, à l'absence de problème moral puisque – sauf quelques dizaines de milliers de Bédouins tout à fait accueillants – aucune population ne peuplait ce sol aride. À terme, un gouvernement israélien, même de bonne volonté, pourrait ne plus disposer d'une majorité à la tête de cet État démocratique pour faire retrait. Alors, l'option militaire s'imposerait sachant que les millions de bébés égyptiens nés entretemps n'en pourraient mais face à la puissance technique d'Israël à la natalité nettement inférieure ! Par un faux paradoxe, Sadate savait donc que démographiquement le temps jouait en faveur et non en défaveur d'Israël... En cela, il fut visionnaire puisque dans un schéma différent mais de nature similaire, le plateau du Golan ne sera sans doute jamais récupéré par la Syrie dont la dynastie régnante des Assad n'eut pas sa finesse d'analyse, et auquel les Israéliens sont dorénavant indéfectiblement attachés.

Une fois établies les courbes et cartes des nombres et des emplacements, il convient d'en suivre scrupuleusement les évolutions parfois rapides et considérables. Aux démographes comme aux géopolitologues, sollicités par les pouvoirs politiques comme par les simples citoyens, échoit la délicate mission de prévoir l'avenir s'agissant des nombres d'humains. N'étant pas devins, ils tracent des perspectives et tentent de dégager des tendances sur une base empirique et proposent des projections hautes, basses, médianes, en pressentant ou observant des comportements familiaux, modes sociétales, pressions religieuses, exodes ruraux et autres hausses des niveaux de vie en linéaments ou déjà établis. Il arrive qu'on assiste à des phénomènes démographiques brutaux et quasiment imprévisibles dont on ne tentera l'explication qu'*a posteriori* mais aux conséquences géopolitiques cruciales. Ainsi de la démographie arabe qui s'est caractérisée à l'aube du XXIe siècle par une chute vertigineuse du taux de fécondité, et cela sans révolution sexuelle façon « 68 » (surtout pas en pleine lame de fond islamiste !), sans pressions gouvernementales de nature libérale ou libertaire, sans industrialisation ni augmentation rapide du pouvoir d'achat. Le fait est qu'en moins de deux générations, le taux de fécondité des femmes arabes a chuté en moyenne de 6,5 à 2,5, soit l'une des évolutions les plus brutales de l'histoire, hors cataclysme[1]. Ce qui correspond à une bonne nouvelle pour des régimes en proie au chômage et à

1. Central Bureau of Statistics, *Statistical Abstract of Israel*, n° 70, 2019.

la menace de contestation sociale se révèle désastreux pour le mouvement national palestinien. Des décennies durant, son leader historique, Yasser Arafat, filait la métaphore militaire en brandissant « le ventre des femmes palestiniennes » comme « arme suprême », prédisant qu'Israël serait submergé plus sûrement par les enfants venus au monde que par des soldats au front, et devrait cesser de prétendre incarner un État juif puisque les Juifs y deviendraient minoritaires ; cela valait à plus forte raison pour la Cisjordanie et Gaza, l'ensemble de l'espace Méditerranée/Jourdain devant devenir à moyen terme – d'après toutes les projections – majoritairement arabe. Or, voilà que, d'une part, les Palestiniennes d'Israël (ou Arabes israéliennes) ne donnent plus naissance qu'à 2,9 enfants en moyenne, soit moins que leurs concitoyennes juives qui, elles, sont passées de 2,5 à 3 au cours des deux premières décennies du siècle, mais encore les Israéliennes implantées en Cisjordanie (Gaza n'étant plus occupée par Israël depuis le retrait unilatéral complet de 2005) affichent le même taux de fécondité que les Palestiniennes. Une nouvelle réalité démographique probablement amenée à durer sous la conjonction de deux facteurs : la promotion par les Juifs religieux (traditionalistes et orthodoxes) d'une natalité maximale pour des motifs religieux impérieux, et le souhait croissant des jeunes femmes palestiniennes (et arabes de façon générale comme l'a amplement démontré le Printemps arabe de 2011) de poursuivre des études plus longues et obtenir davantage d'indépendance. Aussi, le camp nationaliste israélien argue-t-il de cette nouvelle tendance démographique lourde pour stigmatiser la peur et le pessimisme qui hanterait la gauche et reporter *sine die*, sinon rejeter, la solution des deux États indépendants. Si la politique palestinienne de Benyamin Netanyahou (1996-1999, et 2009-2021) ne puisait bien sûr pas exclusivement au croisement de deux taux de fécondité, il va de soi qu'elle s'en inspirait pour partie.

Regarde les hommes bouger…

Certains choix politiques et militaires s'assument au regard d'une évolution démographique donnée. Ainsi, État de loin le plus peuplé du continent européen lorsque meurt Louis XIV en 1715, la France connaîtra deux siècles durant une natalité nettement plus faible que celles de ses voisins, à telle enseigne que la IIIe République portera le service militaire à trois ans en 1889 afin de pouvoir rivaliser avec les masses allemandes en cas de conflit. Quelques décennies plus tard, après l'hémorragie de 1914-1918 (la pire d'Europe proportionnellement à la population), la France n'affiche toujours pas de retour à une forte natalité, ce qui fera dire au ministre des Affaires étrangères Aristide Briand, face au camp nationaliste le critiquant pour sa politique d'apaisement avec l'Allemagne de Weimar entre 1925 et 1932, « je fais la politique de notre natalité[1] ». Cette problématique de la masse critique en armes se posera tout au long du second XXe siècle à des États comme Israël, la Libye ou Singapour, bien plus modestes que la plupart de leurs voisins. En revanche, au-delà d'un certain seuil critique (centaines de millions de citoyens) et au regard du remplacement des masses de soldats par des armes de haute technologie très destructrices, cette préoccupation pèse moins ou disparaît.

Orienter, limiter, implanter. Urbain II lance ce qui deviendra la première croisade en 1095 au moment où les hommes de l'Occident chrétien sont nombreux puisque aucune peste, invasion, famine ni guerre d'envergure n'est venue ponctionner son lot de sang depuis plus de deux siècles. Or, en même temps, les progrès agricoles n'ont pas progressé au même rythme et le partage des terres se fait moins aisément, ce qui entraîne une multitude de querelles intestines à la chrétienté (non orthodoxe) dont le vicaire du Christ est garant de l'unité. Dans ce cas de figure, on peut affirmer sans crainte que la dimension démographique a pu constituer l'une des variables explicatives dans la prise de décision papale de projeter de la puissance, notamment afin que les puînés – fort nombreux parmi les chevaliers qui s'ébranlent vers Jérusalem – tournent leur ardeur et leurs frustrations vers un ailleurs d'autant plus attirant qu'il est prestigieux et potentiellement lucratif. Une stratégie au service d'un objectif : le maintien en paix relative d'une chrétienté ainsi plus puissante. Les conséquences morales et politiques des huit croisades qui s'échelonneront jusqu'au milieu du XIIIe siècle (le dernier croisé quitte Saint-Jean-d'Acre en 1291) pèseront sur des temps longs et finalement jusqu'à nos jours, absolument considérables. Ironie du sort ; c'est notamment du fait de l'extrême faiblesse démographique des croisés en Terre sainte que Saladin et ses successeurs ayyubides et les

1. Cité *in* Gérard-François Dumont, « La Géopolitique de la France face aux enjeux démographiques », *Diplomatie*, Les Grands Dossiers n° 44, avril-mai 2018.

mamelouks parviendront à anéantir la présence politique de ces derniers. Ces mêmes mamelouks qui, bien que plus… nombreux que les Français de Bonaparte, seront définitivement défaits cinq siècles plus tard.

Quand Mao proclame la république populaire de Chine le 1er octobre 1949, il considère que la masse démographique chinoise, gigantesque à l'échelle des nations (mais pour une densité finalement moyenne si l'on inclut les immensités quasi dépeuplées du Tibet, du Xinjiang et de Mongolie-Intérieure), peut incarner un atout en termes de puissance, même si les campagnes sont pleines et que menace la disette. En revanche, son successeur instaurera en 1979 la politique ultrarépressive de l'enfant unique, Deng Xiaoping décidant de suivre le modèle singapourien et de faire de la Chine communiste un État développé dans l'acception occidentale du terme. Puis le paradigme change et, quatre décennies plus tard, son successeur Xi Jinping, constatant en toute logique le rapide vieillissement de la population et son lot de problèmes inhérents (faibles pensions pour les anciens et mécontentement des familles, manque de main-d'œuvre dans les zones industrielles, rattrapage par le grand rival indien, importance du marché intérieur dans le PIB, etc.), décide d'autoriser et même d'encourager le deuxième enfant. Frein à la puissance naguère, accélérateur de celle-ci désormais.

En revanche, au Tibet, au Xinjiang et en Mongolie-Intérieure, on tente toujours de limiter les naissances par des politiques tout aussi autoritaires, mais pour des motifs bien davantage ethniques que socio-économiques. Limiter et implanter… Ainsi la Chine des Han, l'ethnie ultramajoritaire, peuple-t-elle à marche forcée ces immenses régions, bien moins pour les mettre en valeur ou pour désengorger la côte des mégapoles que pour « diluer » les populations locales, Tibétains bouddhistes, Ouïghours musulmans et Mongols, soupçonnées de déloyauté et résidant de surcroît dans des régions frontalières de l'Inde rivale, de l'Asie centrale (Kazakhstan) potentiellement dangereuse du fait des pénétrations islamistes, et de la Russie. Que l'État chinois dispose à la fois des moyens de coercition et de la masse démographique (des dizaines de millions de Han) nécessaires à la modification radicale de la composition démographique de zones stratégiques est un incontestable facteur de puissance. Tous les États ne peuvent y prétendre. La modeste Arménie, auteure d'une victoire chèrement acquise contre l'Azerbaïdjan en 1994 pour le contrôle du Karabakh, n'eut ni la capacité financière ni la masse critique démographique (tout en se refusant à une coercition despotique) propres à bâtir des infrastructures destinées à accueillir sur ce petit territoire déshérité et à peine peuplé par 150 000 âmes des citoyens en grand nombre, et ainsi tenter de décourager une revanche azerbaïdjanaise. À l'inverse, l'Azerbaïdjan victorieux en 2020 a immédiatement décidé d'implanter des citoyens, notamment les déplacés ayant fui la guerre précédente. En Russie, se contenter de pointer le désastre que représente un taux de fécondité de 1,5 depuis presque un demi-siècle – avec déjà pour conséquence depuis les années 2000 une diminution nette du nombre de citoyens, plusieurs centaines de milliers par an – est juste mais ne suffit pas. À moyen et long terme, la crainte du régime russe porte sur la Sibérie orientale dont les riches immensités sont déjà plus peuplées de Chinois que de Russes. Lorsque le ratio sera de 1 pour 10 et que la Chine représentera une puissance plus considérable encore, n'exercera-t-elle pas des pressions sur Moscou pour renégocier les traités inégaux du XIXe siècle perçus – avec raison – comme spoliateurs ? Cette répartition a, du reste, toujours guidé les souverains russes, tant vers le sud, par la création de villes en Asie centrale et l'implantation de Russes dans le Caucase et en Ukraine par le truchement des Cosaques, que le grand nord à travers des villes de relégation, voire le système du Goulag. Le cas de la Crimée correspond parfaitement à cette stratégie de répartition démographique. Les tsars successifs y implantèrent des Russes (chrétiens et russophones admis comme loyaux) aux côtés des Tatars (musulmans et turcophones à la loyauté perçue comme aléatoire) afin de souder à l'empire cette presqu'île essentielle à la présence de l'escadre russe près des mers chaudes. L'annexion et le référendum décrétés par Vladimir Poutine en 2014 ne procèdent pas d'une autre logique. La question, pour être théorique, n'en demeure pas moins pertinente : qu'eussent été l'avenir et le sort politique des futurs Canada et États-Unis si la France y avait dépêché davantage de colons, au XVIIIe siècle ?…

Reléguer et expulser. Lorsqu'on se méfie d'une population ou que l'on cherche à la châtier comme déloyale ou hostile, on la déplace parfois de force ou on l'assigne à résidence. Ainsi de la zone de résidence dans laquelle les Juifs de l'Empire tsariste se trouvèrent contraints de vivre, incluant un espace occidental s'étendant de Vilnius à l'extrême nord à Odessa à l'extrême sud mais qui excluait les métropoles de Moscou et Saint-Pétersbourg. Les Tatars de Crimée, quant à eux, furent déplacés en masse en 1944 par Staline en Asie centrale soviétique après le reflux de la Wehrmacht avec laquelle ils avaient prétendument collaboré. En 1991, sous prétexte des opérations militaires du Front patriotique rwandais tutsi à la frontière nord, le pouvoir hutu rwandais déplace des dizaines de milliers de ses propres citoyens tutsi de seconde zone vers une région aride et déshéritée, le Bugesera. Dans un registre similaire, on pourrait évoquer longuement les diverses relégations plus ou moins massives – parfois extrêmement violentes – des Amérindiens par les Américains d'origine européenne dans les deux Amériques, notamment au XIXe siècle (États-Unis, Patagonie, etc.). Enfin certains États expulsent en masse. Toutes les expulsions collectives ne traduisent pas une volonté stratégique de modifier la densité ou la composition de l'entité politique de nature stratégique, mais le cas de figure prévaut. En 1945, des millions d'Allemands de Prusse-Orientale et surtout des Sudètes de Tchécoslovaquie sont chassés *manu militari* vers ce qui deviendra la nouvelle double Allemagne ; Russes et Tchèques peupleront respectivement ces territoires. En 1972, l'Ouganda d'Idi Amin Dada expulsait des dizaines de milliers de travailleurs indiens et leurs familles. Bien plus violemment, la Birmanie chassait en 2017 les Rohingyas au Bangladesh voisin. Juifs et Maures d'Espagne, eux, eurent parfois le choix entre la conversion – auquel cas ils pouvaient demeurer en Espagne et sans même être relégués dans une zone particulière – et l'expulsion. Là, les Rois Catholiques n'agirent donc pas seulement *négativement*, c'est-à-dire par mépris ou haine de ces collectifs en tant que tels, mais aussi « positivement », c'est-à-dire afin de faire de la péninsule Ibérique une puissance exclusivement chrétienne.

Tout au bout de la logique relégatoire, dans le pire des cas, on assassine ici ponctuellement dans le but de faire fuir les autres membres du collectif honni, là massivement, afin de modifier définitivement la composition démographique de l'État, politique qu'on affublera au terme du XXe siècle de l'affreux qualificatif de « nettoyage ethnique » et dont le ressort peut ainsi s'avérer tout aussi stratégique qu'idéologique.

Instrumentaliser, encore… Enfin, l'une des dernières armes en date consiste à laisser librement des migrants gagner un État voisin qui n'en veut pas. En 2016, l'UE signait avec la Turquie un accord décrié impliquant d'échanger la rétention par la Turquie sur son sol (ou au diable vauvert !) de millions de migrants d'origine syrienne, irakienne ou autre souhaitant gagner l'Europe, contre la somme rondelette de 6 milliards d'euros. En mai 2021, l'enclave espagnole souveraine de Ceuta, sur le continent africain, vit plusieurs centaines de migrants affluer soudainement en masse par voie maritime depuis le Maroc voisin ; jusque-là, les gardes-frontières du Royaume chérifien empêchaient les migrants de s'approcher de la barrière, mais cette fois ils s'en abstinrent. L'explication fut à chercher du côté de bisbilles politiques entre Rabat et Madrid. À l'automne de cette même année, la Biélorussie incita plusieurs milliers de réfugiés ayant fui l'Irak et la Syrie à gagner son territoire par avion, sur la fausse promesse qu'ils pourraient franchir la frontière polonaise… Quant au colonel Kadhafi, moqué ou détesté par les Occidentaux, il avait au moins à leurs yeux une qualité, celle d'entraver toute migration africaine vers l'Europe *via* la Méditerranée. Or, plus les crises sociales, politiques et climatiques s'aggraveront et s'additionneront en Afrique subsaharienne et au Moyen-Orient, plus la Turquie, la Biélorussie (soutenue par Moscou lors de la crise de novembre 2021) et les États du Maghreb pourront agiter face aux gouvernements européens le spectre d'un afflux qui incarne presque unanimement leur cauchemar. Utiliser des migrants, quels que soient leurs statuts, à des fins politiques, n'est pas l'apanage des pourtours européens contemporains ; ici, dans le Golfe, on a déjà menacé en guise de rétorsions de chasser des travailleurs dont les salaires nourrissent leurs familles demeurées au pays ; là, au Rwanda, on a emmené de force en otages humanitaires des millions de pauvres hères hutu vers le Zaïre ; ailleurs, on a tenté de submerger de réfugiés de la faim des États voisins. Partout, les États accueillant des camps de réfugiés sollicitent des aides financières de l'ONU et/ou d'États proches en menaçant de les démanteler en cas de réponses insatisfaisantes.

Relais diasporiques

On vient d'observer les hommes de l'intérieur. Qu'en est-il de ceux de l'extérieur, autrement dit des diasporas, lesquelles jouent un rôle parfois essentiel, soit sur le plan socio-économique par le biais des transferts d'argent à la famille demeurée au pays, soit sur le plan politique en soutenant – ou en contestant – le pouvoir en place dans leur pays d'origine ou de cœur.

Pour la Turquie du président Erdogan, « s'assimiler [au pays d'accueil] est un crime contre l'humanité[1] ». L'AKP (Parti de la justice et du développement) islamo-nationaliste au pouvoir depuis 2002 tente à toute force d'enrégimenter les ressortissants turcs ou originaires de Turquie, en Allemagne en particulier, l'État de loin économiquement le plus puissant de l'UE et celui abritant la plus forte communauté d'origine turque. En France, ce sont les fidèles et les officiers du culte qui se sont vu assigner la mission de prendre en main l'islam de France. Le cas de la Chine est différent, certaines communautés expatriées – en Afrique notamment – étant très directement reliées au pouvoir en place à Pékin, d'autres, sans s'assimiler rapidement aux pays d'accueil, n'entretenant plus de liens politiques avec un pays davantage perçu comme lieu et berceau d'une culture (et toujours respecté comme tel) que comme une métropole à servir ou représenter. Pour leur part, les Iraniens vivant à l'extérieur ne constituent pas une diaspora instrumentalisable, pour deux raisons : ce sont des opposants plus ou moins systématiques de la République islamique d'Iran (surtout en Californie), et ils s'assimilent grâce à un haut niveau socioprofessionnel aux États occidentaux d'accueil. Sans revenir aux Russes blancs des années 1920, intégrés depuis longtemps en Occident et en France notamment, la diaspora russe contemporaine est peu nombreuse et surtout de nature économique, comme celle des États d'Europe orientale et balkanique. Aussi Moscou ne la sollicite-t-elle pas particulièrement, moins en tout cas que ses lobbyistes politiques non russes. L'Afrique du Nord présente un cas encore différent : si un certain attachement culturel ou symbolique perdure chez nombre de citoyens français d'origine maghrébine à l'égard du pays natal de leurs parents ou grands-parents, la tentative de les instrumentaliser est constante dans ces États, en particulier par le biais des institutions religieuses. Ainsi la rivalité géopolitique lourde entre Maroc et Algérie se prolonge-t-elle en France. La diaspora libanaise ne peut soutenir le Liban car il n'y a pas de politique libanaise proprement dite, si tant est qu'il y ait seulement un État digne de ce nom. Comme dans quantité de schémas diasporiques, les rejetons de chacune des principales communautés ayant choisi l'exil envoient occasionnellement des fonds à leurs familles respectives

1. Nathalie Versieux, « Berlin s'indigne des propos du Turc Erdogan », *Libération*, 15 février 2008.

demeurées au Liban, et parfois font construire ou restaurer une demeure familiale. Cependant, on peut d'autant moins parler de lobbying que la majorité des Libanais exilés en France, en Australie ou dans les Caraïbes s'y établissent et s'y intègrent pour y demeurer définitivement. Rares sont les retours au pays. La diaspora rwandaise, avant la guerre et le génocide de 1994, était essentiellement tutsi, issue de l'exil massif de 1959 et opposante à la dictature hutu de Juvénal Habyarimana. Depuis la prise de pouvoir par le parti majoritairement tutsi du major Paul Kagamé, les deux communautés se « partagent » la diaspora, surtout au Canada, en Belgique et en France, Kigali encourageant un soutien de ses supporters comme naguère le faisait l'ancien régime.

Cas israélien et arménien. Dans le cas israélien/juif, il y a ambivalence. D'un côté, en tant qu'État intrinsèquement sioniste puisque fruit du sionisme lui-même, Israël encourage officiellement les Juifs du monde entier à « revenir à la maison » (BaBayit), autrement dit à devenir citoyens en vertu de la Loi du Retour de 1950 en effectuant leur *aliya* (littéralement : « montée » [en terre d'Israël]). De l'autre, les gouvernements israéliens sollicitent plus ou moins discrètement les Juifs de diaspora (sept à huit millions, soit bientôt moins que les Juifs d'Israël) à soutenir politiquement le pays. Naturellement, cette seconde orientation concerne surtout les États-Unis dont la surpuissance et la politique pèsent considérablement sur le destin de l'État hébreu et de tout le Moyen-Orient. Pour sa part, depuis l'indépendance de la Seconde République d'Arménie en 1991, l'importante diaspora arménienne (environ onze millions de personnes, soit quatre fois la population arménienne) se mobilise économiquement dans des projets d'aide sociale et infrastructurelle – parfois à vocation stratégique telle la réfection et le goudronnage du corridor de Lachine reliant l'Arménie *stricto sensu* au Karabakh (route désormais coupée par les forces azerbaïdjanaises depuis leur victoire militaire de novembre 2020) – et politiquement en soutien à l'Arménie aux prises mémorielle, politique, voire militaire, avec l'Azerbaïdjan et la Turquie. La différence entre ces deux cas procède surtout de leur politique démographique. Autant le régime postsoviétique arménien n'a jamais sérieusement tenté d'enrayer par des mesures fiscales et sociales la faiblesse chronique de la natalité, ni de retenir les jeunes souhaitant quitter le pays (afin d'échapper aux risques de contestation populaire ?), et pas davantage d'accueillir en masse des

Arméniens de diaspora, autant l'État juif a toujours recherché le (re) peuplement du pays, quitte à créer et/ou organiser les conditions du retour et de l'accueil comme dans le cas des vagues d'immigration yéménite, irakienne, marocaine, éthiopienne et soviétique/russe.

Éléments géographiques de puissance

On trouve aux confins des géographies humaine et physique, parmi les bonnes fées se penchant sur le berceau de la puissance, l'insularité stratégique, aussi rare qu'extrêmement précieuse. Il ne s'agit pas nécessairement d'insularité au sens géographique premier du terme – encore que le Royaume-Uni, par exemple, en ait bénéficié des siècles durant, échappant successivement à des invasions espagnole, française et allemande – mais d'une situation locale et régionale où la géographie humaine (peuplement substantiel face à des peuplements moindres) et physique (ressources énergétiques, espaces protecteurs) contribue à sanctuariser le pays contre de mortelles invasions, et où parfois de ce fait l'environnement politique est durablement apaisé et inoffensif. À cet égard, le cas des États-Unis est paradigmatique : vastes étendues protégées par deux océans, un immense État quasiment vide et devenu rapidement ami et allié au nord, un État affaibli et devenu tardivement ami et allié au sud – aucun d'eux n'étant menacé de surcroît par un État tiers –, c'est ce qu'on appelle une insularité stratégique chimiquement pure ! L'alliance de Cuba avec l'URSS et l'installation de missiles nucléaires sur l'île à 420 km de Miami en 1962 l'aurait gravement remise en cause. Précisions que cette insularité stratégique n'inclut pas la dimension *tactique* au sens où un 11-Septembre peut parfaitement se produire...

D'autres États peuvent prétendre disposer de cet atout, y compris la Russie. Non que ses voisins soient rares – ils furent et demeurent nombreux, surtout à l'ouest, et parfois très agressifs – mais son immensité et l'âpreté de son climat ont permis à ses pouvoirs successifs d'échapper à plusieurs reprises à une invasion complète. Sans même remonter aux Mongols de la Horde d'Or, Suédois, Français et Allemands échouèrent à en conquérir la masse critique. Quant à la Russie comme fédératrice de l'URSS et du bloc communiste, elle faisait réellement face à un ennemi potentiel extrêmement puissant, l'OTAN, et à un sérieux rival asiatique, la Chine de Mao. Néanmoins, outre sa géographie, sa force de dissuasion était telle qu'elle la rendait « insulaire » au sens de la sanctuarisation. Envahir un aussi gigantesque territoire était rédhibitoire, s'attaquer à une puissance nucléaire l'était davantage encore, mais s'attaquer à un État disposant de ces deux atouts eût relevé de la démence !

Avec quelques moyens et un certain volontarisme, on peut certes modifier pour partie la géographie ; les humains le font depuis des millénaires, encadrés, incités ou forcés par les régimes politiques dont ils sont les sujets, les citoyens ou les esclaves. Mais on ne peut pas tout. Les ressources naturelles, à commencer par l'indispensable eau douce, celles commercialisables comme le charbon, le pétrole puis le gaz, et celles précieuses comme l'or, le fer, le cuivre, les diamants – sans oublier naturellement les terres fertiles sans l'abondance desquelles la famine guette constamment – demeurent convoitées. Ajoutons l'accès aux fleuves, aux mers et aux océans qui permet non seulement l'exploitation des ressources halieutiques mais aussi la libre navigation en haute mer dès lors qu'on ne se contente plus de caboter. Enfin, si la terre est aussi protectrice que nourricière, opposant ses obstacles naturels aux invasions – impénétrables massifs forestiers, zones désertiques, hautes montagnes, marécages –, on peut alors parler d'idéal stratégique.

Modifier la géographie du territoire que l'on contrôle dans le sens d'une montée en puissance, sans attendre de piller les ressources des voisins, c'est creuser afin de trouver des pierres, des métaux et des combustibles, drainer des marais et irriguer des zones arides, déforester ou reboiser, ramasser, tailler et amasser des pierres en guise de remparts et de digues, couper du bois pour en faire des palissades et des navires, irriguer et fertiliser le sol afin qu'il produise, puis choisir ses productions agricoles destinées à l'exportation, araser les mamelons des collines pour y construire des tours de guet et des routes circulaires, etc. Plus tard, on tentera de faire pleuvoir en mitraillant des nuages porteurs de pluie de particules argentées, de rafraîchir un quartier de ville par la projection d'innombrables gouttelettes au moyen de tuyaux suspendus, ou d'endiguer la malaria en plantant des forêts d'eucalyptus. En fonction des choix stratégiques, des gouvernements privilégieront telle ou telle transformation de leur géographie selon leurs moyens.

CHAPITRE 3

Force armée

Pour le chancelier prussien/allemand Bismarck, redoutable stratège, la diplomatie sans les armes, c'est la musique sans les instruments. De fait, il faut faire un sort à l'idée fausse selon laquelle on pourrait vaincre sans force armée. Il ne s'agit pas nécessairement de l'employer, et notamment pas à tort et à travers ou agressivement, mais au moins de la posséder en quantité et en qualité crédibles. Face à celui qui en dispose et compte bien s'en servir à des fins peu louables, la sécurité et la paix sont à ce prix. C'est très concrètement ce qu'on appelle la dissuasion, et peut-être bien davantage encore l'idée de soi, de la valeur qu'on accorde à ses principes, à la souveraineté, à la vie.

La qualité

C'est un truisme : sur le plan militaire comme dans les autres domaines, la qualité prime la quantité. En premier lieu, il y a celle des hommes. Un haut degré d'entraînement et d'expérience constitue depuis toujours l'un des atouts les plus précieux d'une armée, indépendamment et en amont de toute autre considération tactique, tout comme une discipline de fer – pourvoyeuse de sang-froid et préconisée dès le IVe siècle av. J.-C. par le prince des stratèges, le Chinois Sun Tzu – qui permet aux troupes numériquement moins nombreuses que leurs ennemies de l'emporter : fantassins d'Alexandre devant les Perses à Gaugamèles, soldats de Bonaparte face au déferlement des intrépides (et invaincus) cavaliers mamelouks en 1798 à la bataille des Pyramides, Anglais à Waterloo (et dans presque toute circonstance militaire !), Nordistes à Gettysburg, etc. Quant à la motivation, Bonaparte et avec lui la plupart des stratèges lui conféraient un poids déterminant, voire une condition *sine qua non* de la victoire, le vainqueur d'Austerlitz affirmant qu'un homme motivé en valait plusieurs[1]. En second lieu, il y a les matériels. Des siècles durant, hormis quelques nouveautés très notoires comme les épées de fer se substituant à celles en bronze, les arbalètes, les armes à feu ou les bateaux à voiles de tissu plutôt que de cuir – rapidement adoptées par les adversaires –, l'efficacité des armes et des matériels varie relativement peu, et souvent, seule la quantité fait la différence. Avec la progression phénoménale des rayons d'action et destructivités des armes modernes, en particulier les plus explosives d'entre elles, un surclassement technique coûte la victoire ou préserve de la défaite. En 1973, des canons de chars de meilleure précision et à abaissement d'angle permettent à Tsahal de résister *in extremis*, à 1 contre 15, à une offensive de blindés syriens proportionnellement aussi puissante que celle, dantesque, de Koursk (1943), et les drones azerbaïdjanais contribuent à écraser les combattants arméniens dans le Karabakh, en 2020. Les poitrines des fantassins français offertes aux balles des mitrailleuses allemandes, en août 1914, laisseront sans doute à la France le pire souvenir de son histoire militaire si – comme on doit l'espérer – il ne se produit plus de conflits sur son sol. Les matériels doivent être solides et performants mais surtout déployés et employés à bon escient. Sait-on assez que les premiers chars allemands de 1938-1940 étaient en réalité assez piètres – du moins pas meilleurs que les français – et que c'est leur emploi novateur en meutes pénétrantes face à l'impéritie tactique française et appuyé par des bombardiers légers en piqué qui contribua à procurer une aussi fulgurante victoire à la Wehrmacht ?

1. Sur son souci constant de la motivation de ses soldats, lire Jean Tulard, *Napoléon chef de guerre*, Tallandier, 2015.

La masse critique

Dans une confrontation de type stratégique, le nombre de citoyens et/ou de soldats ne constitue pas en soi un facteur déterminant, à condition toutefois que, d'une part, l'écart numérique entre protagonistes ne soit pas trop longtemps trop considérable, d'autre part, que la masse critique soit atteinte pour le plus modeste. Le grand-duché du Luxembourg n'avait en 1914 ni en 1940 la masse critique nécessaire pour pouvoir jouter entre titans français et allemand, au contraire de la Belgique voisine qui avait démontré amplement la sienne en 1914-1918. Si des États modestes ou lilliputiens comme le Liechtenstein, l'Islande, le Lesotho, le Costa Rica, Tonga ou Malte n'entretiennent pas véritablement d'armée (quitte à appartenir néanmoins à des alliances militaires), ce n'est pas uniquement par pacifisme. Leur masse critique démographique serait insuffisante à dissuader un envahisseur, et moins encore à le vaincre. Établir un seuil objectif n'est pas possible – tout dépend de la géographie, des armements à disposition, des objectifs de l'agresseur – mais on peut raisonnablement avancer que, dans le monde du XXIe siècle, un État de moins d'un demi-million d'âmes ne remplit aucune condition pour espérer vaincre un adversaire crédible et déterminé.

Trois cents Spartiates peuvent bien se sacrifier héroïquement afin de ralentir vingt mille Perses au défilé des Thermopyles – le temps que passe le gros de leurs alliés athéniens – mais pas *vaincre* l'armée perse. Les archers anglais de Henry V peuvent bien réaliser l'exploit consistant à vaincre de redoutables chevaliers français trois fois plus nombreux qu'eux ; une fois la bataille gagnée, ils sont trop faibles pour poursuivre leur campagne militaire en terre hostile et doivent rembarquer. Plus globalement, le modeste royaume d'Angleterre, sur les temps longs, ne possédait pas assez de troupes pour tenir solidement l'ensemble du vaste et peuplé royaume de France. Ce facteur explique, parmi d'autres, que ce premier perdit finalement la guerre de Cent Ans. Napoléon peut bien rivaliser de prouesses tactiques lors de la campagne de France, en 1814, renouant en cela avec ses plus belles victoires de la première campagne d'Italie, il n'a plus assez d'hommes face à la Sixième Coalition européenne pour renverser stratégiquement la table. Du reste, l'aurait-il emporté à Waterloo le 18 juin 1815, le problème de fond serait demeuré.

Tsahal a pu subjuguer plusieurs fois des armées arabes nombreuses et coalisées mais n'aurait pu contrôler les vastitudes des États ennemis, ni vaincre l'ensemble de leurs armées, si, en un même lieu et concomitamment, elles avaient pu s'agréger.

On nous fera remarquer que les colonisateurs européens ont pu, avec des effectifs parfois squelettiques, s'imposer devant des forces potentiellement bien plus nombreuses et en dépit de géographies pour eux très inhospitalières. Mais devant les conquistadors au (futur) Mexique, comme face aux Amérindiens en Amérique du Nord puis aux royaumes africains – en Algérie, la conquête française fut bien plus difficile –, deux facteurs se conjuguèrent pour renverser le rapport de force : d'abord, l'usage destructeur des armes à feu méconnues, méprisées ou indisponibles chez les autochtones, ensuite l'existence de graves querelles affaiblissant ces derniers ; guerres intestines au sein des royaumes précolombiens (mayas notamment), conflits entre royaumes sahéliens, luttes dynastiques dans l'Afrique des Grands Lacs, etc. Les colonisateurs surent en profiter en divisant pour mieux régner. En cela, ils n'inventèrent pas grand-chose…

Capacités de projection

La puissance, ça se projette. La puissance sans la capacité pour l'État qui la revendique de l'exercer hors de ses frontières perd singulièrement en crédibilité, donc en authenticité. Si la Confédération helvétique, eu égard à son statut librement choisi de pays neutre depuis le XVIIIe siècle, si l'Allemagne et le Japon, du fait des traités d'après-guerre qui régissent constitutionnellement leur recours à la guerre et limitent leurs armements (interdiction du nucléaire), disposent d'armées redoutables, le fait que celles-ci ne se projettent pas (sauf exceptions dérogatoires accordées par les alliés) leur interdit d'être admises comme des puissances globales. Projeter des forces loin de ses frontières contribue à les protéger. Le cas d'Israël vient immédiatement à l'esprit au regard de son environnement géostratégique particulier depuis 1948, mais la plupart des puissances étatiques qui s'assument établissent des lignes rouges par-delà leur territoire souverain *stricto sensu*. L'Afrique du Sud, jusqu'à l'arrivée au pouvoir de Nelson Mandela en 1994, considérait la

Namibie comme zone tampon avec l'Angola travaillé par la guerre civile et, à ce titre, déployait son armée. Israël a de longue date fixé comme « frontière » stratégique orientale non pas le Jourdain frontalier d'avec la Jordanie, mais bien la frontière jordano-irakienne, nettement plus à l'est. Le Pakistan a toujours considéré l'Afghanistan comme son arrière-cour en guise de zone de repli en cas de guerre avec l'Inde et y déploie ses redoutés services de renseignements (Inter-Service Intelligence) en y soutenant ses alliés tribaux locaux, à commencer par les talibans. Pour l'URSS, le bloc de l'Est représentait un glacis et non seulement un ensemble de « frères » en idéologie marxiste-léniniste. Plus de cinq mille militaires français guerroient au Mali et dans des zones limitrophes depuis l'opération Serval de 2013 (puis Barkhane, 2014) afin de protéger son sol national des djihadistes. En mer Rouge, lieu de passage étroit entre mer Méditerranée et océan Indien (golfe Arabo-Persique compris), une dizaine d'États dépourvus de toute façade maritime dans la zone (États-Unis, France, Royaume-Uni, Turquie, Russie, Chine) dépêchent constamment des bâtiments de guerre, officiellement afin de lutter contre la piraterie maritime, plus prosaïquement pour défendre leurs propres navires empruntant cette route commerciale importante, et, peut-être davantage encore, dire leur volonté de jouer un rôle politique dans cette zone instable.

Toutefois, la dimension la plus concrète du déploiement de puissance demeure l'existence de bases militaires. Dès le premier XVIIIe siècle, l'Angleterre passe maîtresse dans l'art de créer des points d'appui pour ses flottes, qui sont presque autant de comptoirs commerciaux lucratifs, de postes avancés contre d'éventuels ennemis, de têtes de pont par temps de pénétration coloniale. Fasciné par la puissance et la longévité de l'Empire britannique, l'amiral américain Alfred Thayer Mahan, fondateur de la doctrine navale américaine moderne, assimilait la mer au désert ; îles et côtes en étaient les salutaires oasis, et les posséder grâce à des véhicules rapides, autonomes et puissants tels des camélidés assurant les navettes entre la métropole et elles permettait de contrôler les mers bien plus sûrement qu'en y laissant de lourdes troupes divaguer au cœur d'étendues vides et dangereuses. De fait, les États-Unis prendront, bientôt, le relais du Royaume-Uni.

La puissance se déploie aussi dans la dimension diplomatique – ainsi de fort modestes États comme les îles Fidji ou le Népal, grâce à leur envoi fréquent de casques bleus en contingents importants, gagnent des « tours » de présence au Conseil de sécurité – mais aussi dans celles économique et technologique ; aides techniques à un État fragile, intrusions paralysantes dans les systèmes informatiques, civils ou militaires, d'un État jugé plus ou moins hostile, etc. Contrairement aux interventions diplomatiques par définition publiques, sauf en cas de pourparlers secrets, et militaires (ici assumées, là difficiles à cacher), les cyberinterventions – comme les coups de force de services secrets du reste – ne sont jamais revendiquées. Pour ne citer que deux occurrences spectaculaires et parmi les premières de cette ère qui s'ouvre, ni le puissant virus informatique Stuxnet contre les installations nucléaires iraniennes en 2010, ni les déstabilisations lors des campagnes électorales américaine, britannique, voire française des années 2017-2020, ne furent revendiqués. Les menées dans le cyberespace prennent aussi, naturellement, la forme du renseignement. En 2021, les Pays-Bas accusèrent ainsi explicitement l'entreprise chinoise Huawei d'espionnage.

Cependant, être présent militairement aux quatre points du globe n'a d'intérêt stratégique réel qu'à la condition de pouvoir non seulement y menacer des ennemis potentiels mais aussi y protéger des alliés. De la même façon qu'on ne prête qu'aux riches, la puissance intéresse ceux qui en sont ou s'en sentent dépourvus face à des périls réels ou supposés. Pouvoir répondre à la demande de protection d'un État tiers offre prestige, bases militaires potentiellement multitâches, soutien diplomatique et, le cas échéant, contrats lucratifs. Une fois l'alliance établie, la respecter à tout prix peut coûter cher en hommes et en matériels (au Tchad, opérations françaises Manta et Épervier), surtout si le « protégé » est erratique et belliqueux (l'Autriche-Hongrie par l'Allemagne, juin 1914), mais ne pas l'honorer coûtera bien davantage encore. Ainsi de l'une des pires aberrations stratégiques modernes : dans la décennie 1929-1939, traumatisés par la saignée de 1914-1918, les gouvernements français optent à la fois pour l'alliance de revers derrière l'Allemagne avec les modestes États de la Petite-Entente et le repli derrière la si coûteuse ligne Maginot et le relatif délaissement de l'arme aérienne. Contradiction fondamentale : comment voler au secours d'alliés en se barricadant derrière ses propres frontières dans un positionnement essentiellement défensif ? Les calamiteux accords de Munich de septembre 1938 découleront logiquement de cette impéritie, et leur conséquence s'avérera cataclysmique. Ne pas honorer son alliance, c'est s'exposer, quoi qu'il en soit par ailleurs, à perdre gravement en crédibilité.

Les victoires militaires sont toujours possibles… et utiles !

L'assertion en vogue selon laquelle on ne remporte plus de victoires militaires est romantique mais factuellement fausse. Sans même remonter à l'avant-guerre, on s'autorisera ce bref inventaire à la Prévert : le Viêt-Minh s'impose à Điện Biên Phủ (1954) ; Israël remporte largement plusieurs guerres contre les armées arabes (1948, 1956, 1967, 1973) ; l'armée chinoise bat l'armée indienne (1962) ; l'armée indienne repousse l'armée pakistanaise (1972) ; l'armée vietnamienne chasse les Khmers rouges génocidaires (1979) ; le Royaume-Uni défait l'Argentine (1982) ; le Front patriotique rwandais subjugue l'armée rwandaise (1994) puis ses résidus au Congo (1996-1998) ; les forces arméniennes supplantent les forces azerbaïdjanaises au Karabakh (1994) avant que ces dernières les supplantent à leur tour (2020) ; les troupes russes défont les troupes géorgiennes (2008) ; l'armée sri lankaise vainc la puissante rébellion des Tigres tamouls (2009). Ce ne sont là que des victoires d'armée conventionnelle à armée conventionnelle ? Assurément, mais on peut tout aussi bien mentionner des armées face à des guérillas ou des guérillas entre elles : les talibans l'emportent sur l'armée afghane et différents groupes combattants tribaux en Afghanistan (en 1996, puis à nouveau en 2021) ; le Mouvement populaire de libération de l'Angola (MPLA) conserve le pouvoir après vingt-sept années de guerre civile (2002) ; l'armée péruvienne vient à bout du Sentier lumineux maoïste (1980-2011) ; Tsahal défait les groupes armés palestiniens de la Seconde Intifada (2000-2005) ; le Maroc finit par vaincre en deçà des murs de sable le Front Polisario (années 2010). On peut ergoter sur l'ampleur, sinon la nature, de chacune de ces victoires, pas sur leur authenticité ni sur leur diversité. Ici, la rébellion l'emporte ; là, la puissance étatique classique subjugue la guérilla ou une armée conventionnelle. Ailleurs c'est une guérilla qui en bat une autre (est du Congo), ailleurs encore deux États faibles se jettent à la gorge, et, dans d'autres occasions enfin – moins nombreuses – le conflit s'achève en effet sur un bilan authentiquement « nul » et un retour à la case départ, comme dans le cas Iran/Irak entre 1980 et 1988. *Chaque cas apparaît différent, aucune loi d'airain n'en ressort, et certainement pas celle de la « puissance impuissante » où le Gulliver étatique serait forcément défait par les lilliputiens guérilleros et/ou terroristes.* Alors, pourquoi cette insistance – très occidentale, et pour cause – à éluder ou nier la réalité de la victoire militaire ? Trois prismes déformants brouillent sans doute les critères de la victoire ou les modifient.

Le premier puise aux échecs objectifs des grandes puissances étatiques conventionnelles dans le second XXᵉ siècle : France en Indochine, États-Unis au Vietnam et dans une moindre mesure en Irak, Union soviétique en Afghanistan, sont des cas emblématiques auxquels on pourrait ajouter Israël au Liban, voire l'Arabie saoudite au Yémen. Sauf que, d'une part, la mise en difficulté ou en échec d'une armée moderne et puissante face à des guérilleros n'est pas un phénomène nouveau, comme en témoigne la calamiteuse expédition de Napoléon Iᵉʳ en Espagne, en 1808, d'autre part, les conséquences sont de nature extraordinairement diverse. Si l'URSS sombre littéralement avec le désastre afghan, la France sortira plutôt renforcée du terme mis à ses guerres coloniales, Israël se relevant finalement assez bien de son désastre libanais. À ce stade, deux questions se posent : d'abord, sur des séquences longues, Américains, Français et Israéliens n'ont-ils finalement pas… *gagné* de leurs échecs militaires respectifs, en termes de leçons générales, de gains diplomatiques ou d'économies budgétaires ? Ensuite, sur quelle durée doit-on établir qu'une victoire est authentique, complète, ou décisive ? Au terme de la bataille proprement dite, d'une décennie, d'un siècle, d'un processus de négociations menant à un traité de paix ? Et dans ce cas, combien de temps de respect de l'accord de paix faut-il attendre pour scander « *game over !* » et déclarer solennellement la victoire de jadis comme définitive ?

Le deuxième prisme déformant tient dans le regard rétrospectif porté sur des batailles qui, en effet, furent non seulement tranchées nettement en faveur d'un vainqueur assumé et reconnu au soleil couchant, mais encore décisives, du point de vue de la campagne militaire globale, sinon même de la guerre tout entière. S'agissant de la France, on citera les paradigmatiques batailles d'Azincourt ou de Sedan pour la défaite, de Marignan ou d'Austerlitz pour la victoire. Pourtant, ce « rétroviseur » est trompeur. Si Austerlitz met effectivement fin – de manière militairement remarquable et tactiquement superbe – à un conflit, la guerre reprend à peine quelques mois plus tard et, à l'aune de l'ensemble des guerres napoléoniennes, elle ne s'avère finalement qu'une péripétie d'une journée et sans grand lendemain à l'échelle de l'Europe et de l'histoire. On pourrait multiplier les exemples. Sauf que pour des raisons liées aux foultitudes de combattants jetés sur des fronts gigantesques, le mode de la guérilla dans des « géographies qui servent d'abord à faire la guerre » (Yves Lacoste), les nouveaux armements employés (moins épuisants à manier qu'une lourde épée sous un harnachement de métal), ou encore à un code d'honneur auquel s'est substitué le principe d'efficacité absolue, il est en effet devenu plus difficile de remporter des victoires aussi nettes et décisives qu'autrefois[1]. Or, ce n'est pas parce que des guérillas hostiles au pouvoir birman subsistent depuis des décennies – celle des Karen notamment – que l'État de Birmanie (Myanmar) en est réellement affaibli. En témoigne l'expulsion excessivement violente des Rohingyas en 2017. Si l'Angola, le Tchad, le Pérou ou encore la Colombie ont pâti de rébellions et de guérillas pluridécennales de diverses natures, ils ne se sont pas effondrés et incarnent toujours des États pouvant même occasionnellement projeter une certaine puissance, à l'image des forces angolaises au Congo-Kinshasa (ex-Zaïre et future République démocratique du Congo) lors de la « guerre mondiale africaine » de 1998.

Davantage encore que cette dyade explicative, le troisième prisme déformant tient dans le changement radical de *représentation* de la victoire qui contribue à expliquer que celle-ci soit moins manifeste en quantité comme en qualité. Quel prix humain et matériel est-on prêt à consentir pour vaincre l'ennemi à un instant T, sur tel champ de bataille et pour tel enjeu ? Au fond, telle est la question essentielle, comme celle qu'on se posa du reste sur des jeux de plateau simulant de véritables confrontations et fréquentées par les adolescents des années 1970-2000. Si l'un des protagonistes, du fait de l'état de ses finances, de son histoire, de sa démographie, de ses valeurs éthiques et/ou de son opinion

1. On lira avec grand profit Yves Lacoste, *La géographie, ça sert d'abord à faire la guerre*, Maspero, 1976 (rééd. 2013).

publique, n'est pas prêt à assumer les sacrifices réclamés pour espérer raisonnablement l'emporter, il s'interdira de le faire. Et s'il est objectivement plus fort sur le papier, on dira qu'il a perdu. L'autre cas de figure perdant relève de l'échec à atteindre son objectif affiché. Là encore, comme dans un contrat annoncé en amont d'une partie de cartes ou d'un *wargame*, le critère principal établissant un bilan ne sera plus, aux yeux de l'opinion, les réalités militaires sur le terrain après le choc, mais bien l'écart entre l'annonce et le bilan ; si cet écart existe, le protagoniste s'étant engagé sera considéré comme le perdant, quand bien même le « vainqueur » se sera fait étriller sur le terrain.

On ajoutera que la réflexion géopolitique contemporaine, marquée par un retour d'intérêt bienvenu pour les réflexions essentielles de Clausewitz dans son fameux ouvrage déjà mentionné *De la guerre*, n'autorise plus l'absence du politique dans les affaires militaires, un peu comme si chaque bataille devait avoir été conçue de longue date au plus haut niveau et dans le cadre d'un objectif politique précis et manifeste. Or, il arrive qu'une victoire militaire purement tactique ne trouve que tardivement et indirectement son prolongement politique, voire qu'elle le *crée* par sa simple survenue ou son ampleur. La conquête israélienne du plateau du Golan les 9 et 10 juin 1967 n'avait pas été préparée puisque même pas envisagée quelques heures avant son déclenchement, et elle ne présentait qu'un objectif tactique et militaire limité face à la seule Syrie. Ce n'est qu'à partir des accords israélo-égyptiens de Camp David (1978) qu'elle intégrera une dimension effectivement politique. De même pèche-t-on par absence de représentation des antagonistes par eux-mêmes. Quand un drone occidental abat un djihadiste, ses proches se convainquent qu'il a rejoint la vraie vie aux côtés d'Allah, promis puisque mort en *chahid* (« martyr ») à un paradis éternel aux soixante-douze vierges et au jardin des délices. En était-il bien certain en son âme et conscience de son vivant ? La question n'a aucun intérêt. Le fait est qu'il a concrètement agi en ce sens, recherchant cette mort qui, à ses yeux, correspondait davantage au terme d'une vie de *zina* et de *takfir* – de fornication et de pourriture –, celle que tous les non-djihadistes appellent ici-bas, c'est-à-dire du vivant biologique, une vie-test au cours de laquelle il devait démontrer à Allah qu'il méritait la *vraie* vie, l'autre, celle d'après le trépas. On notera au passage que dans ces cas de figure où, comme le disait Sénèque dès le Iᵉʳ siècle, « celui qui méprise sa propre vie dispose de la tienne », menacer les terroristes djihadistes de la peine de mort est, au mieux, naïf, au pire, parfaitement inepte[1].

Les défaites, elles, peuvent être de nature différente. En voici quelques cas emblématiques.

Sans appel aux conséquences considérables. La défaite militaire soviétique en Afghanistan est sans appel et cataclysmique. Non seulement l'ordre n'est pas rétabli en faveur du régime allié communiste de Babrak Karmal, et les États-Unis tirent profit de leur soutien actif aux combattants antisoviétiques (apaisant ainsi leur trauma vietnamien à peu de frais et sans sacrifier un seul soldat), mais les pertes de militaires tués ou captifs sont lourdes, la crédibilité intérieure et extérieure de l'URSS s'effondre, et l'état des finances publiques vire au rouge. À telle enseigne que cette défaite accélère la chute du régime soviétique établi en 1922 et quasi unanimement perçu comme indéboulonnable seulement cinq ans auparavant et, au-delà, du pacte de Varsovie tout entier. Depuis, rien ne plaide pour une relativisation de ce désastre militaire, puisqu'on n'a enregistré ni retour en grâce de la Russie, ni alliance prorusse en Afghanistan, et moins encore résurrection de l'empire. Seul motif de consolation cynique pour Moscou : l'échec de l'administration Clinton à comprendre que les nouveaux maîtres talibans de Kaboul et leurs complices d'Al-Qaida se retourneraient à terme contre l'autre « grand Satan » ! De fait, entre 2001 et 2021, la coalition américano-otanienne mise en place après le 11-Septembre n'aura guère brillé en Afghanistan, on appréciera ce doux euphémisme. Pour autant, la Russie comme grande puissance est-elle condamnée, du fait du calamiteux précédent afghan, à s'embourber de toute éternité à chaque sortie de char ou d'avion de ses frontières ? Certes pas. En 2007, la rivalité avec Tbilissi tourne immédiatement à la débâcle pour la Géorgie dont l'armée russe occupe toujours, quinze ans plus tard, plusieurs portions du territoire devenues par son truchement des États « indépendants » (Ossétie du Sud, Abkhazie). En 2014, dans le Donbass d'Ukraine orientale, les « hommes verts » sans galons ni drapeaux, en réalité des soldats russes, bousculent aisément l'armée ukrainienne et établissent les républiques fantoches de Donetsk et de Loubiansk. En 2015, l'aviation russe appuyée au sol par des troupes mercenaires (Wagner) auxiliaires de l'armée syrienne et de

1. Sénèque, *Lettres à Lucilius*, Fayard/Mille et une nuits, 2002.

ses alliés chiites écrase les rebelles anti-Assad. On ajoutera que Moscou aura imposé, seule et autoritairement, le cessez-le-feu entre armées arménienne et azerbaïdjanaise dans le Karabakh en 2020, avant de le garantir, toujours sans partage, militairement. Ces cas de figure sont-ils fort différents de l'Afghanistan ? Admettons, mais *chaque* cas est distinct des autres et un constat tautologique ne constitue pas un argument.

Défaite grave mais aux conséquences limitées. Au Vietnam, incontestablement, bien que le Viêt-Cong ait perdu plusieurs centaines de milliers de combattants (et tant de civils vietnamiens...) contre « seulement » cinquante-neuf mille dans l'armée américaine, l'échec est total. Non seulement les États-Unis se retirent du champ de bataille sans avoir détruit la rébellion communiste, mais piteusement, très affaiblis pendant les pourparlers de Genève (1972) dont l'issue ne sera pas franchement respectée par la partie nord-vietnamienne, et sans avoir atteint le moindre de leurs objectifs. La pression du Nord-Vietnam reste forte sur le Sud-Vietnam au terme des combats et des bombardements, et celui-ci s'effondre militairement en quelques semaines en 1975 pour y être définitivement rattaché. Sans compter le profond trauma au sein de la société américaine et de la durable dégradation de l'image du pays traduite en France par *Adieu Gary Cooper* de Romain Gary[1]. Et pourtant, à y regarder de près, les conséquences géopolitiques du cuisant échec militaire américain au Vietnam sont bien plus limitées que celles de l'Afghanistan pour les Soviétiques. Non seulement les États-Unis demeurent après le Vietnam à la fois un État institutionnellement très stable et la première puissance mondiale, disposant toujours d'alliés solides et nombreux, mais, à la faveur du « Vietnam soviétique », reprennent vite du poil de la bête sous l'égide de deux présidents fermes et pragmatiques, Ronald Reagan et George Bush père. Cerise sur le gâteau : moins d'un demi-siècle après la fuite humiliante des derniers soldats de l'ambassade US à Saigon, le Vietnam se rapproche des États-Unis et pourrait bien, à terme, demander leur protection face à la menace de l'expansionnisme chinois ! Entretemps, la déplorable expédition irakienne de 2003 aura discrédité une administration (celle de George Bush fils) et coûté encore plusieurs milliers de tués et centaines de milliards de dollars, mais là encore, sans conséquences apocalyptiques pour les

1. Romain Gary, *Adieu Gary Cooper*, Gallimard, 1969.

États-Unis. On rappellera au passage que le nouveau régime en place à Bagdad se veut toujours, en 2022, l'allié de Washington...

Défaite mutuelle. Du Liban, Israël entend chasser l'OLP afin d'y démanteler le Fatahland en lançant la puissante opération Paix en Galilée le 6 juin 1982. Du point de vue de l'objectif originel, la victoire est totale puisque Yasser Arafat et ses troupes quittent en effet Beyrouth quelques semaines plus tard pour un lointain exil tunisois. Mais si l'on prolonge la séquence de six mois, cette victoire militaire tourne au désastre. Le principal allié d'Israël, le nouveau président Béchir Gemayel, est abattu en septembre et les massacres maronites de Palestiniens à Sabra et Chatila – perpétrés en zone de contrôle de Tsahal – ternissent l'image d'Israël et aggravent l'instabilité politique dans le pays. Surtout, des attentats fréquents provoquent la mort de plus de huit cents soldats en quelques mois. Au terme de cette seconde séquence, l'affaire libanaise est donc perçue comme un cuisant échec. Mais si l'on inclut une troisième séquence chronologique comprenant les accords d'Oslo de 1993, on relativise l'échec car, au fond, si l'OLP d'Arafat n'a d'autre alternative que de négocier (en position de grande faiblesse) avec l'État juif, c'est bien parce que ce dernier l'avait durablement chassée de la région. Or ces accords apporteront progrès économique et diplomatique à Israël, en dépit même de leur effondrement en 2000. Enfin, si l'on ajoute encore vingt années, que constate-t-on sinon que le camp palestinien est affaibli, divisé, abandonné par les « frères arabes » lors des accords d'Abraham de 2020, incapable de rivaliser sérieusement avec l'État hébreu dans aucun domaine, et que l'État palestinien honni par Menahem Begin et ses lointains successeurs Benyamin Netanyahou et Naftali Bennett demeure dans les limbes ? Certes, un Hezbollah pro-iranien autrement redoutable que l'OLP de jadis campe toujours au Liban, mais à la fin des fins, ses coups sont moins fréquents et meurtriers que les incursions des fedayin de l'ancien Fatahland démantelé par Israël en 1982.

Reposons les questions : quand donc doit-on établir la « fin de partie » ? Combien de temps doit-il se dérouler après la campagne militaire proprement dite pour établir un bilan global ? Quel événement, date symbolique, changement institutionnel, mort d'un dirigeant ou éclatement de conflit constitue l'infaillible bilan où l'on décide de la victoire et de son ampleur ? Au risque de paraître provocateur, qu'en est-il de la victoire britannique entre 1940 et 1945, à la fois contre l'Allemagne nazie, l'Italie fasciste, le Japon et quelques-uns de leurs alliés ? En termes d'image de soi, et sans doute aux yeux de nombre de peuples de l'époque, il s'est agi d'un triomphe de ténacité, d'efficacité et d'héroïsme. Concrètement, sur l'ensemble, le Royaume-Uni subit un désastre. D'abord, les Britanniques – sauf au cours du Blitz et, au commencement, en Afrique du Nord et dans le Sud-Est asiatique où ils furent quasiment et désespérément seuls – auront été à la fin de la guerre l'auxiliaire des États-Unis et, sans eux et sans le second front ouvert à l'est en 1941, n'auraient jamais pu espérer l'emporter, même accompagnés par les maigres troupes du Commonwealth. De fait, de Yalta à Potsdam, en passant par les capitulations de l'Axe, leur puissance est nettement reléguée derrière celle du grand allié américain. Ensuite, auréolé de gloire militaire, le pays est extrêmement appauvri et l'essentiel de son empire s'effondre définitivement en quelques années à peine, souvent dans des conditions humiliantes comme en Palestine et aux Indes. Leçon amère : une authentique victoire militaire sans appel peut ne pas entraîner de conséquences politiques positives et même coûter politiquement et économiquement très cher. Autant la Première Guerre mondiale ne fut jamais, pour les coalisés franco-britanniques, une grande victoire claire et nette avec capitulation ou écrasement objectif de l'ennemi en 1918, autant, au sortir de la Seconde Guerre mondiale, le IIIe Reich et tous ses alliés sont politiquement et militairement anéantis. Pourtant, c'est bien après cette victoire-là que les tickets de rationnement s'imposent et perdurent au Royaume-Uni et que se disloque l'empire. Que serait-il advenu si Londres n'avait pas entrepris – au faîte de sa puissance impériale – sa politique d'apaisement avec l'Allemagne nazie à la fin des années 1930, c'est-à-dire *sans* cette guerre calamiteuse ? On ne refera pas l'histoire « avec sa grande hache » (Georges Perec), mais lorsqu'on analyse les voies de la puissance, le débat devient rapidement théorique et finalement assez stérile : le Royaume-Uni, incontestablement, aura remporté une série d'héroïques victoires tactiques mais bel et bien subi une cinglante et irréversible défaite stratégique.

Exemplarité, dissuasion, déblocage, guerres justes, etc.

En géopolitique, démonstration de force vaut force. Ne pas remporter de victoire éclatante sur le terrain ne signifie pas ne pas remporter de victoire, moins spectaculaire mais autrement lucrative en termes de contrats d'armements. Après tout, pour un État acquéreur d'armes sophistiquées, en observer l'efficacité sur des simulateurs peut s'avérer moins convaincant que de les voir à l'œuvre sur le champ de bataille. Or, les temps étant à l'âpreté gestionnaire bien davantage qu'à la geste idéologique grandiloquente, quitte à se priver d'un chatoyant soleil d'Austerlitz, des États se contentent fort bien d'engranger de juteux contrats de vente d'armements dans un marché terriblement concurrentiel en déployant leurs aéronefs et autres missiles. Jusqu'à incarner parfois l'une des variables de prises de décision d'entrer en conflit.

Dissuader. Pouvoir dissuader procède fondamentalement de la puissance. Par définition, quand on a dissuadé l'Autre par la menace d'une riposte cinglante, la guerre n'a pas eu lieu et les sceptiques ne prennent pas en considération cet événement pourtant essentiel : le non-éclatement d'un conflit possible ou probable. L'exemple paradigmatique de cette dissuasion nous a été offert par la guerre froide qui se caractérisa précisément par l'absence de guerre ouverte entre géants dont la dimension nucléaire aurait mené à l'apocalypse. « Monter aux extrêmes » (Clausewitz) avec des épées, des fusils, des canons et des blindés est une chose ; monter aux extrêmes dans une guerre d'anéantissement prend un sens différent et, en réalité, définitivement antinomique. Ne pouvant là non plus refaire l'histoire, on ne peut démontrer scientifiquement et preuve irréfragable à l'appui que c'est bien la possession partagée d'armes atomiques qui convainquit les dirigeants américains et soviétiques d'éviter de s'en servir. Inversons la logique : il apparaît certain que sans ce facteur de puissance incarné par la capacité à dissuader, un État sera très logiquement plus faible, tous dans l'histoire n'ayant pas eu la fortune d'évoluer au Benelux ou en Scandinavie au début du XXIe siècle… L'Allemagne nazie envahit sans coup férir le Danemark (et, auparavant, du fait de l'incurie française, la Rhénanie puis la Bohême-Moravie), et l'Irak attaque et annexe sans autre forme de procès le modeste Koweït en août 1990, croyant ne pas susciter de riposte internationale. Pour le pouvoir impérialiste mais un rien pragmatique, la question n'est pas de savoir si l'initiative militaire est morale mais si elle porte à conséquences graves et se pose en substance dans ces termes : si le risque est mesuré par rapport au gain espéré, pourquoi ne le ferais-je pas ?

Débloquer. Le choix d'une guerre perdue en contrepartie d'une bataille gagnée, ou le syndrome Anouar el-Sadate. En 1973, le raïs égyptien sait pertinemment ne pas pouvoir l'emporter face à Israël, y compris aux côtés de son puissant allié syrien et soutenu par Moscou. En revanche, le *statu quo* le prive durablement du Sinaï perdu en 1967 et d'une paix avec Washington qu'il souhaite ardemment. Face au blocage, l'unique solution est la guerre. Elle sera perdue militairement mais la première victoire, celle du franchissement du canal de Suez, suffira à effacer la double humiliation de 1956 et 1967 dans le monde arabe, et convaincra Israéliens et Américains qu'avec un peu de sérieux dans le commandement, la formation et les armements soviétiques, l'armée égyptienne peut infliger de cruelles pertes à Tsahal. Au terme de trois semaines de conflit de haute intensité, Israël a largement remporté la victoire militaire mais l'Égypte a d'ores et déjà à moitié recouvré sa souveraineté sur la péninsule perdue. Sans cette première victoire (fort modeste sur le plan strictement tactique et sans grand danger pour l'État juif), le blocage aurait persisté et rien n'eut été possible. Dans ce cas de figure, qui a gagné la guerre ? Au 8 octobre 1973, l'Égypte. Au 1er décembre 1973, Israël. Au 1er décembre 1978 – après les accords de paix de Camp David –, les deux. Ce qui n'invalide pas – bien au contraire – le fait qu'on peut encore bel et bien gagner des guerres sur le terrain. À l'inverse, on peut décider de mener une bataille quasiment perdue d'avance pour mieux remporter la guerre. L'offensive du Têt de 1968 menée par le Viêt-Cong est un échec militaire prévisible, mais ce qu'elle traduit est retentissant et contribuera à la victoire finale : la capacité à organiser secrètement et à grande échelle une offensive, l'implacable détermination de dizaines de milliers de soldats en guenilles, sous-alimentés et sous-équipés, et par voie de conséquence des coûts exorbitants à venir pour les États-Unis face à un tel ennemi.

Guerre juste. Enfin, ne peut-on parler de victoire indirecte quand des soldats tombent au champ d'honneur afin de préserver des vies ? Au-delà de l'usuel argument de propagande, n'y a-t-il réellement jamais de cas où l'intervention de militaires sur un théâtre d'opérations a manifestement permis de sauver des civils ? En cas de réponse affirmative, et au regard du rôle protecteur depuis toujours conféré aux hommes (armés ou à armer) de la tribu, de la cité puis de la nation, on doit sans doute élargir le concept de victoire à la préservation relative de « l'arrière ». Pour le dire autrement, une victoire militaire hors des frontières qui laisserait ou n'empêcherait pas un ennemi de détruire tout ou partie de la population ou des ressources de l'entité politique ayant dépêché ces troupes, ne serait-elle pas, typiquement, une victoire à la Pyrrhus ? La question renvoie à celle, sempiternelle depuis au moins Augustin au IVe siècle et surtout Thomas d'Aquin au XIIIe siècle, de la guerre juste. En quoi la justesse, la légitimité, la nécessité morales d'un conflit accroissent-elles la puissance de l'État qui le mène ? Le soutien diplomatique des autres acteurs ? Encore faut-il qu'ils accordent foi à la justesse de ce conflit, ou, bien plus prosaïquement, qu'ils l'approuvent partant de leurs intérêts respectifs. La plupart des chefs de guerre et *condottieri* du Moyen Âge et de l'époque moderne, avant donc la conscription et l'État-nation, motivaient leurs écorcheurs et autres mercenaires en leur faisant miroiter des pillages, viols et beuveries une fois les campagnes et villes conquises. Beaucoup les désertaient, un grand nombre suivaient. Bonaparte, lui, haranguait ses troupes en leur promettant la gloire de « libérer leurs frères de la tyrannie ». Quasiment aucun ne désertait, et presque tous suivaient à un rythme et avec une motivation relevant de l'exception, d'Arcole à Waterloo presque vingt ans durant. Bien entendu, la motivation du soldat tient à plusieurs facteurs (le prestige et l'autorité du chef y jouent), tout comme l'acceptation de la guerre par « l'arrière ». Mais quand on lui confère du sens – et le sens ne peut en l'occurrence que coïncider avec justesse et légitimité –, elle motive et le régime qui l'entreprend y gagne doublement en puissance : *pro domo* bien sûr, mais aussi en capacités accrues de déploiements de puissance futurs.

Dans tous les cas, il semble difficile de prendre la mesure d'une victoire si l'on n'inverse pas le postulat. Certes, on ne peut prélever dans le passé révolu un « échantillon de réalité » à des fins comparatives, mais ne pas mettre en relief et en contexte les conflits, c'est s'interdire de jauger *a posteriori* l'ampleur des victoires comme des défaites, sinon leur nature même. Ainsi, la France ne se déployant pas au Sahel en janvier 2013, *quid* de la crédibilité de Paris vis-à-vis de ses alliés à travers le monde, de la défense de sa zone d'influence au Sahel, sinon de notre sécurité sur le sol national même, autrement dit sur nos intérêts fondamentaux ? Attention à « l'illusion rétrospective de la fatalité » critiquée par Raymond Aron : aucune guerre n'était perdue d'avance, pas même celles ayant finalement donné lieu aux pires défaites, et affirmer le contraire comme une évidence ne présente aucun intérêt démonstratif quant aux conflits en cours ou à venir[1].

Moyens et budgets

Conditionner l'éventualité du déploiement de force par un État à ses moyens financiers n'a guère de sens et peut s'avérer dangereux pour le voisin visé, et cela pour deux raisons. D'abord, on sait quand et comment commence une guerre, jamais quand et comment elle s'achèvera ; en 1914, laquelle des puissances européennes a objectivement les moyens d'entrer dans un conflit dantesque et de tenir quatre années de guerre totale ? Si, en abdiquant le 9 novembre 1918, le Kaiser Guillaume II, vaincu, avoue publiquement qu'il n'a « pas voulu cela », c'est notamment car il n'imaginait pas une telle issue – y compris en termes de coûts matériels et financiers finalement insupportables – quatre ans et demi auparavant... Tant d'États menèrent des hostilités au cours des siècles en situation d'endettement chronique, de banqueroute et/ou de chômage ou d'inflation ! Le royaume des premiers Valois est-il prêt à s'engager à fond dans une guerre majeure avec le royaume d'Angleterre ? La question vaut davantage encore pour ce dernier, bien plus modeste en ressources et en hommes, sachant que la guerre de Cent Ans ne s'achèvera tout à fait (entrecoupée de longues séquences pacifiques, il est vrai) qu'un siècle et demi plus tard.

1. Pierre Hassner, « Raymond Aron – *Dimensions de la conscience historique* », *Revue française de science politique*, 1963, p. 197.

Louis XIV a-t-il les moyens, après plusieurs conflits ruineux et meurtriers, d'engager une énième guerre, celle de Succession d'Espagne, contre une énième coalition ? Pas sur le papier. Pourtant ce nouveau conflit a lieu et il a bien fallu équiper et payer la solde des *soldats* ayant mené campagne. Plus près de nous, en presque un demi-siècle, la France est intervenue militairement au Zaïre, au Liban, au Tchad, en Irak, au Rwanda, en Afghanistan, en Côte d'Ivoire, en Centrafrique, en Irak à nouveau puis au Mali, en maintenant par ailleurs des budgets de défense considérables et tandis que les voyants économiques du pays étaient au rouge ! Encore pourrions-nous remonter aux années d'immédiat après-guerre – quand le pays était ruiné par quatre années de pillage en règle de l'occupant nazi et que la population des villes était encore rationnée – avec un engagement en Indochine non seulement aberrant politiquement mais ruineux économiquement. Quant au processus ultrabudgétivore d'acquisition de l'arme atomique, ce sont ladite France exsangue mais aussi des États alors aussi fragiles et/ou pauvres que la Chine, Israël, l'Inde et le Pakistan qui l'enclenchent respectivement dans les années 1950-1960. Cela n'est pas sans rappeler la jolie sentence souvent attribuée à Mark Twain : « Ils ne savaient pas que c'était impossible, alors ils l'ont fait. »

Nécessité faisant loi, dès lors qu'on perçoit comme une priorité d'engager troupes et matériels y compris par temps de vaches maigres, les coûts deviennent contingents et l'on escompte que « l'intendance suivra ». Dans un État puissant et organisé comme la France, les coûts d'une opération extérieure, si longue soit-elle (Épervier, Noroît, Barkhane, etc.), ne se répercutent pas sur la population, ou alors marginalement et discrètement puisque aucune ligne d'impôt solidarité « défense » ou « guerre » n'apparaît sur les avis d'imposition… Donc, sauf cas de grave disette (et encore !) et, naturellement, d'incapacité à équiper et armer un tant soit peu les soldats, aucune considération pécuniaire n'empêche théoriquement d'entrer en guerre. De fait, dès lors qu'un pouvoir politique décide fermement d'agir, le seuil en deçà duquel l'État (ou la cité antique, ou l'entité féodale) ne peut réellement pas et d'aucune manière crédible entrer en guerre avec quelque espoir de l'emporter s'avère décidément bien élastique et souvent très élevé, les froides statistiques et rigoureux tableaux à double entrée contemporains n'étant que purement indicatifs. Dans une authentique démocratie parlementaire, la prise de décision d'allouer davantage de budgets à la défense (jadis on disait *la guerre*) appartient à l'exécutif, celui-ci devant obtenir l'aval du législateur. Le poids politique du ministre de la Défense, ceux des autres ministères préoccupés par un arbitrage qui leur deviendrait défavorable en raison des dépenses de défense, l'état de l'opinion, etc. ; tout cela existe mais, en définitive, la perception de la priorité sinon de l'urgence demeure déterminante. Dans les démocraties française et américaine, les présidents disposent de telles prérogatives régaliennes qu'ils peuvent se passer de certains freins parlementaires en cas d'urgence… déclarée par eux-mêmes. Mais sous des régimes autoritaires, la question ne se pose guère ; le chef de l'État – ou de la caste, du clan – au pouvoir ordonne de ponctionner les fonds nécessaires au déploiement des forces, quitte à grever considérablement les finances publiques.

Ajoutons en guise de faux paradoxe qu'il n'est rien de plus dangereux qu'un État économiquement aux abois dont le gouvernement se trouve acculé par une contestation sociale forte ; c'est justement car ses caisses sont vides et qu'il doit détourner l'attention que le pouvoir en place fera œuvre d'aventurisme (selon une formule inadaptée car l'initiative est en l'occurrence bien pesée), jouant le tout pour le tout ou la politique du pire, à la manière d'un général-dictateur argentin Jorge Videla en 1982 aux Falkland (Malouines) britanniques. En outre, certains conflits ont pour objectif prioritaire ou secondaire de rétribuer suffisamment l'entité politique qui la décide pour, au moins, couvrir les frais de guerre (Bonaparte, le général comme l'empereur, se fait toujours payer les frais de guerre et d'occupation sur les vaincus), au plus, permettre un gain substantiel, une fois captées les richesses de la victime. Ainsi l'Irak envahit le Koweït en 1990 pour se payer de sa longue guerre ruineuse contre l'Iran.

État d'hostilité. S'affirmer en état d'hostilité est une chose, y consacrer une part substantielle de sa puissance et prendre des risques objectifs de confrontation en est une autre. Il y va de l'hostilité comme de l'alliance ; on se paie de mots creux à les constater ou les proclamer sans réalités concrètes. Le cas israélo-iranien est à cet égard éclairant. L'Iran serait, de l'avis quasi unanime des observateurs, en état de guerre larvée avec Israël depuis l'arrivée au pouvoir à Téhéran de l'ayatollah Khomeyni en 1979. Mais si l'on excepte les scansions de slogans antisionistes hebdomadaires qui lassent les Iraniens eux-mêmes et auxquels fort peu d'entre eux accordent foi (pas même les « manifestants » rétribués par le régime pour brûler des drapeaux israéliens ou les fouler aux pieds en place publique), et les diatribes hallucinées et négationnistes d'un ancien président fascisant admis comme simplet, que reste-t-il objectivement de cette hostilité ? Le Hezbollah chiite pro-iranien fondé au Sud-Liban par la jeune République islamique en 1982 ? Il constitue, certes, un levier potentiel contre l'État juif, mais répond surtout à un agenda intralibanais visant à promouvoir la communauté chiite délaissée et méprisée par le pourvoir central et, avant l'indépendance récente du pays, par le condominium chrétiens-maronites/musulmans-sunnites sur la région. La possession de missiles ? Jusqu'à présent ils furent surtout employés contre des cibles (pétrolières) saoudienne et américaine (une base abandonnée) en janvier 2020, et le seraient contre le Pakistan voisin en cas de guerre dans la région frontalière contestée du Baloutchistan, le cas échéant. La course à la bombe ? Si tant est qu'elle ne représente pas avant tout un moyen d'obtenir la levée des sanctions financières, ne servirait-elle pas surtout à sanctuariser le pays contre un Irak, une Arabie saoudite ou un Pakistan réellement voisins et plus ou moins constamment hostiles ? On pourrait aussi rappeler que pendant la guerre Iran/Irak, les Israéliens armèrent discrètement le premier belligérant, le réacteur nucléaire irakien d'Osirak étant même anéanti par l'aviation israélienne en 1981. Quand, en 2006, Tsahal pilonnait le Hezbollah – une guerre stupide enclenchée sur des malentendus et des causes politiques internes bien plus sûrement que sur ordre iranien –, l'Iran n'est pas intervenu. Quand Tsahal bombarde des positions iraniennes au sud-ouest de la Syrie en guerre civile, le Hezbollah ne riposte pas. De quelle hostilité parlons-nous ? Celle des mots ? Oui, mais la rhétorique belliqueuse n'est qu'un critère qui, seul, est fort insuffisant à conclure à un conflit entre États. En définitive, sans contentieux historique ni même religieux et encore moins frontalier entre la Perse/Iran d'une part, le collectif juif/Israël d'autre part, la population iranienne refuserait de s'engager massivement dans une guerre coûteuse contre l'État hébreu qu'elle sait l'instrument fédérateur du régime à des fins politiques régionales et panislamiques. Plus prosaïquement, on pourrait même évoquer la rivalité soviéto-américaine au cours de cette guerre froide qui se caractérisa, rappelons-le, par l'absence totale de combats entre soldats des deux supergéants ou, plus localement, celle entre Maroc et

Algérie. Efficacité de la dissuasion, volonté de s'en tenir à une instrumentalisation à usage interne, les deux en même temps… ; quantité de conflits n'éclatent pas ouvertement qui voient leurs protagonistes ne pas y consacrer tous leurs moyens.

CHAPITRE 4

Diplomatie et renseignement

Si la puissance ne se passe pas des armes, elle ne s'en contente pas non plus. Dans sa triade, constituée de la force armée, de la diplomatie et de l'ingénierie exportable, on pourrait penser que la seconde a perdu en importance, ou du moins que ceux qui la servent et l'incarnent – les diplomates professionnels – ont cédé une *part* de leur influence, notamment parce que les chefs d'État, de gouvernement et de diplomatie communiquent davantage entre eux. Il est effectivement loin le temps où Napoléon Ier dépêchait Caulaincourt en calèche auprès du tsar Alexandre Ier. Aujourd'hui, du téléphone rouge à Twitter en passant par les autres réseaux sociaux, on passe outre les ambassadeurs à satiété. La multiplication des acteurs internationaux retire à l'État sa primauté d'antan et relativise par conséquent le poids de ses hauts fonctionnaires, phénomène partiellement compensé par une quantité record d'États, par leurs interactions, ainsi que par les relations entre États et acteurs non étatiques. Néanmoins, la diplomatie demeure un authentique facteur de puissance. Autant est erronée l'idée selon laquelle l'emploi de la force armée ne confère plus de victoires, autant les autoproclamés « réalistes » prétendant qu'elle seule confère un surcroît de puissance se fourvoient.

Des mots pour le dire, des gestes pour l'exprimer

La diplomatie, ce sont d'abord et avant tout des mots et leur choix. Des mots, pas seulement pour proposer, flatter, menacer ou insulter mais pour nommer. Quand les hérauts des temps médiévaux nommaient des batailles qui venaient de se produire, les diplomates des temps modernes cherchent souvent à imposer à l'opinion par le truchement des journalistes des toponymes ou des chrononymes satisfaisant le prestige de leur État et la légitimité de ses revendications. Face à une annonce ou une initiative politique d'un État qui compte, selon qu'un chef d'État ou un ministre des Affaires étrangères (le choix du niveau de réaction n'est déjà pas anodin) « prend acte », « déplore », « critique » ou « condamne fermement », il n'enverra évidemment pas le même message. Certaines traditions diplomatiques poussent plutôt à la pondération (UE), d'autres à l'emploi de toute la palette rhétorique animalière (Chine), d'autres encore pratiquent l'injure ; quand Recep Tayyip Erdogan insulte Emmanuel Macron, quand Jair Bolsonaro s'en prend à Brigitte Macron, il va de soi qu'ils cherchent à exprimer, ici, de la crainte (de voir l'OTAN, durement critiquée par le président français dans une interview, affaiblie), là, du dépit ou de la colère à la suite des critiques de Paris sur l'irresponsable déforestation de l'Amazonie. Soit dit en passant, l'injure révèle davantage une faiblesse qu'une force, et, lorsque les temps changent (l'élection de Joe Biden, désastreuse pour Ankara), le proférateur doit piteusement se dédire… Parfois, les insultes sont plus intéressantes qui traduisent une stratégie de fond, voire une nature de représentation géopolitique. Ainsi, en 2016, le prince saoudien Mohammed ben Salman traitait le président iranien de « nouvel Hitler », ce dernier qualifiant le premier de « simple d'esprit »[1]. De fait, l'héritier du trône à Riyad exprimait une crainte profonde et très ancrée du monde bédouin de la péninsule Arabique vis-à-vis du monde irano-perse, en tentant de mobiliser l'Occident (Israël compris) par l'invocation de son Lucifer référentiel absolu, le chef d'État iranien

1. Siavosh Ghazi, « Entre l'Iran et l'Arabie saoudite, les insultes fusent et la pression monte », Radio France international, 7 septembre 2016.

exprimant pour sa part un mépris culturel entretenu de longue date en Perse vis-à-vis des voisins arabo-bédouins, tentant de le disqualifier sur le même mode de la dangerosité, mais plus irresponsable que criminelle. Dans les deux cas, l'Occident et la Russie sont pris à témoin. Donc, acteurs…

On a vu que des communautés de destin existaient, soudées par le ciment d'un passé souvent long et cruel de victime. Se représenter comme telle est une chose, l'intégrer dans la diplomatie en est une autre. Précisément, sans doute plus sérieuse et efficiente que la diplomatie des sports et des gourmandises, celle ayant pour objet la mémoire monte en puissance sans discontinuer depuis l'extrême fin du XIXe siècle, poussée d'un côté par le retour en force des nationalismes, de l'autre par un victimisme se substituant à la force pour la revendication et l'obtention de droits politiques. De fait, on accuse sans cesse davantage les adversaires d'avoir commis le pire. Depuis deux décennies au moins, le terme de génocide a fait florès et quantité de gouvernements le brandissent à la manière d'un slogan accusatoire et donc d'une arme diplomatique tranchante. La Chine rappelle le massacre de Nankin de 1937 contre le Japon après chaque bisbille autour des îles disputées Senkaku (Diaoyu en Chine), le Rwanda met en avant la démission de l'ONU lors du génocide de 1994, des États anciennement colonisés évoquent ou incriminent leurs anciens colonisateurs, y compris les États-Unis célébrant leur indépendance chèrement acquise face au Royaume-Uni, même si celui-ci est depuis un siècle son allié très privilégié.

L'échelon supérieur dans la manifestation de la « mauvaise humeur » consiste à expulser un ou plusieurs diplomates, officiellement pour espionnage, pratique extrêmement courante notamment entre Moscou et Washington pendant la guerre froide et réactivée au tournant des décennies 2010-2020. Plus rarement, on prend en otages des personnels d'ambassade. En 1979, pour le nouveau régime iranien dit des ayatollahs, il s'agit de jouer la politique du faible au fort face aux États-Unis – allié privilégié du shah et de la dynastie Pahlavi depuis le coup d'État de 1953 – accusés de vouloir entraver l'avènement de la République islamique d'Iran.

Dans les cas extrêmes, des États hostiles peuvent organiser le meurtre d'ambassadeurs, tel Louis Delamare, en poste au Liban, assassiné à Beyrouth le 4 septembre 1981 par des spadassins aux ordres du dictateur syrien Hafez el-Assad. Moins violemment, ne pas nommer d'ambassadeur dans un pays (ou ne pas l'y baser s'il est itinérant), en nommer un clairement dépourvu de compétences, de connaissances ou d'appétence pour le poste, ou ne nommer qu'un chargé d'affaires signifie, au mieux, un manque d'intérêt pour cet État, au pire, la volonté de lui signifier une forme d'hostilité à sa politique. À cela près que, de la même manière qu'un État modeste réfléchira à deux fois avant de convoquer l'ambassadeur d'une grande puissance, jouer à « la baisse » la composition du corps diplomatique dépêché dans sa capitale pose problème. On notera par ailleurs le nombre impressionnant de récipiendaires de médailles, de distinctions et de décorations chez les hauts dignitaires d'États franchement despotiques, gratifiés y compris par des chefs d'État ou de gouvernement authentiquement démocrates. La diplomatie passe aussi par ce biais peu ragoûtant quand le jeu en vaut la chandelle…

Aux confins de la diplomatie et du *hard power* (la force militaire) résident les pressions sur ceux qui la font au quotidien. Jadis, il arrivait qu'on souffletât d'un coup de gant la joue de l'ambassadeur afin de lui signifier la guerre. Aujourd'hui, on laisse debout la présidente de la Commission européenne en visite officielle à Ankara, Ursula von der Leyen, sans lui avoir prévu de chaise, face à son collègue le président du Conseil européen Charles Michel et au président hôte de Turquie. Passons sur la muflerie protocolaire d'un autre âge (vraiment révolu ?…) de la puissance invitante (et sur celle du collègue) pour retenir l'essentiel de ce que dit cette rebuffade : l'expression d'une mauvaise humeur face à la politique jugée hostile de l'UE, et plus profondément le mépris pour ses valeurs revendiquées. En l'espèce le « Sofagate », cette image d'Ursula von der Leyen reléguée sur un lointain sofa décoratif – à l'heure de la civilisation du tout-image –, aura pesé bien davantage qu'un discours, un communiqué ou même un tweet présidentiel turc. Quelques pas par-delà une frontière officiellement fermée et hostile entre deux États statutairement en guerre (Trump en Corée du Nord) ; un cadeau particulièrement symbolique en visite d'État offert à son homologue chef d'État ; une visite officielle à haut niveau sur un site litigieux (le secrétaire d'État US Mike Pompeo dans une implantation israélienne) ; un drapeau plutôt qu'un autre ou un hymne maladroitement joué ; une absence de sourire ou un sourire chaleureux assorti d'accolades complices ou de poignées de main interminables (Obama, Trump) ;

une descente d'une marche, de deux marches ou pas de descente du tout du perron de l'Élysée ; l'invitation à la tribune présidentielle lors du défilé du 14-Juillet ; la restitution de vestiges, de dépouilles ou de pièces muséales à des États jadis dominés (Égypte, Afrique subsaharienne), ou encore autorisations d'exhumation de soldats, tels par exemple ceux français de la Grande Armée tombés en Russie… Ainsi va aussi la diplomatie.

Mettre en musique victoires et défaites militaires

La diplomatie, c'est à la fois, en amont, la tentative de réguler les rapports de force et d'éviter les conflits, et, en aval, de mettre en musique ce que les militaires mais aussi, de plus en plus, les ingénieurs et les grands commerçants ont réalisé sur le terrain. Pour filer la métaphore rugbystique, les diplomates transforment l'essai, en tout cas pour les vainqueurs qui tentent d'obtenir le plus et le mieux au regard de l'ampleur de la victoire. Car l'idéal, pour un vainqueur sur le champ de bataille, ne se borne pas à la victoire. Si celle-ci constitue bien la condition première et souvent *sine qua non* à l'obtention d'acquis politiques, économiques ou stratégiques, elle n'offre la garantie d'une montée en puissance qu'en étant admise par le vaincu qui accepte comme tel d'en assumer les concessions et coûts afférents. Le mauvais perdant ou l'absence de perdant représentatif et porteur de prérogatives – un régime fanatique, désagrégé, en guerre civile ou en fuite – est un cas de figure redouté par le vainqueur qui recherchera logiquement la quiétude sur ce front, soit pour se refaire de ses propres pertes (parfois pires que celles du vaincu, comme la France à la conférence pour la paix de Versailles en 1919), soit pour mettre en valeur dans de brefs délais les ressources obtenues (zones minières ou agricoles, armes, infrastructures, fonds en liquidités/or, etc.), soit encore pour libérer des troupes afin de mener d'autres offensives ailleurs. L'un des grands mérites stratégiques de Bonaparte – l'une de ses chances aussi, sans grand prince face à lui (avant le tsar Alexandre Ier) – est d'avoir réussi entre 1796 et 1807 à imposer des conditions de paix à tous ses vaincus successifs, ce qui lui permit non seulement de leur faire payer l'entretien de ses troupes sur leurs territoires respectifs, mais encore de les agréger à la Grande Armée ! Perdre face à Napoléon Ier, c'était ainsi non pas uniquement perdre en prestige, argent et souvent territoires, mais aussi devoir participer au coûteux blocus antianglais et accepter l'enrégimentement de milliers de soldats sous ses ordres pour des opérations militaires d'envergure, comme en 1812 en Russie. Ce que refusera précisément le stratégiste Clausewitz, quitte à déserter et passer au service du tsar. Ce ne sont bien sûr pas des soldats prussiens ni l'empereur d'Autriche qui se mirent spontanément au service de l'empereur français les ayant préalablement vaincus, mais bien la diplomatie de ce dernier qui imposa ce schéma.

Pour le camp vaincu sur le champ de bataille, négocier au mieux permet de mettre fin à la guerre et d'éviter d'autres défaites et/ou dévastations si le rapport de force paraît trop défavorable, et dont l'interruption coûtera plus cher encore lorsqu'il n'y aura décidément plus rien à négocier tant la déroute aura été plus complète encore. Qu'on ne s'y trompe pas ; la diplomatie du vaincu procède aussi d'une volonté de sauvegarde de tout ou partie de la puissance, et consiste moins à larmoyer et à tenter d'apitoyer le vainqueur qu'à le convaincre de *son propre intérêt objectif* à cesser les hostilités dans des conditions acceptables et donc modérées. Cela lui permettra, selon les cas, d'éviter un retournement de fortune toujours possible, une situation rendue chaotique par l'absence de partenaire pour négocier (sur le mode : c'est nous ou personne, maintenant ou jamais…), ou encore de devoir dégarnir d'autres fronts intérieurs ou extérieurs. Le ministre Talleyrand, au premier congrès de Vienne qui suit l'abdication de Napoléon Ier, tente de sauver à la France – redevenue celle des Bourbons avec l'arrivée au trône de Louis XVIII (son prétendant après l'exécution de son frère Louis XVI en 1793) – la rive gauche du Rhin. Sans son grand talent de diplomate et ses accointances, en aucun cas la situation militaire de la France au printemps 1814, tandis que les coalisés campent à Paris et qu'aucune relève crédible n'existe après l'exil à Elbe de l'Empereur (ni maréchaux ni membres de sa famille), n'aurait pu permettre cet acquis.

Adolphe Thiers et Otto von Bismarck offrent en 1870-1871 un autre modèle du genre, où chacun des belligérants, celui en passe de vaincre et celui en passe d'être vaincu, a objectivement intérêt à négocier en vue de ce qu'on appellerait aujourd'hui un *win-win*. La victoire militaire prussienne de l'été 1870 est d'autant plus problématique pour la France que c'est Napoléon III qui a déclaré la guerre (tombant dans un remarquable piège… *diplomatique* tendu par Bismarck *via* la célèbre dépêche d'Ems), lui-même ayant abdiqué en pleine déroute après la bataille de Sedan. Face à une armée française en retraite mais demeurant extrêmement pugnace et à une jeune République combattive, Bismarck ne souhaite pas s'engluer, lui qui vient d'atteindre en janvier 1871 l'unification dans la victoire des États d'Allemagne autour de la Prusse. Du côté français, on cherche à éviter que ne s'étende l'insurrection parisienne de la Commune – à la fois marxisante, anarchisante et républicaine de gauche radicale –, sachant qu'en dépit de maints exploits ponctuels, un véritable retournement militaire est impossible face à l'armée prussienne. Le traité de Francfort prévoit donc, outre une forte indemnité qui sera rapidement payée à l'Allemagne du reste, la perte de l'Alsace et de la Moselle ferrugineuse convoitée. Certes, la Prusse a triomphé, effaçant l'humiliation d'Iéna en 1806, et la France a perdu. Néanmoins, dès la décennie suivante, par le truchement d'un relèvement économique et industriel rapide, de la refonte de l'armée, de la solidification de la République portée notamment par le thème fédérateur et mobilisateur de la revanche, de l'acquisition de nombreuses colonies en Afrique, enfin et surtout de la constitution d'une redoutable alliance avec la Russie et le Royaume-Uni commencée avec l'Entente cordiale franco-britannique de 1904, elle est redevenue une grande puissance que craint un IIe Reich ayant échoué face à elle à deux reprises au Maroc, lors des crises de Tanger et d'Agadir.

Bien plus récemment et dans un cadre différent, les accords israélo-palestiniens d'Oslo, signés en septembre 1993 mais préalablement négociés plusieurs mois durant en secret, constituent un cas intéressant. Sur le papier comme sur le terrain, le rapport de force est écrasant en faveur de l'État d'Israël face à l'OLP. Pourtant, le « ministre colombe » Shimon Peres réussit à convaincre son Premier ministre Yitzhak Rabin que si demeurer en état officiel d'hostilité avec l'organisation palestinienne ne met pas en péril la sécurité et moins encore l'existence de l'État juif, un état de paix avec elle le rendra plus puissant. Peres pense surtout en termes de *soft power* (économie et diplomatie), là où Rabin pense sécurité et défense (*hard power*) ; celui-ci n'accepte que lorsqu'il se convainc qu'en contrepartie d'un processus de paix direct avec Yasser

Arafat, les États-Unis ouvriront davantage encore leurs lignes de crédits et leurs efforts de défense en faveur d'Israël, sans que parallèlement les concessions territoriales faites à la future entité palestinienne (on ne parle pas d'État) ne grèvent la sécurité du pays. Finalement, c'est surtout sur le plan économique qu'Israël engrangera de réels bénéfices, du moins jusqu'à l'effondrement du processus d'Oslo en 2000.

Nombre de chefs d'État ou de gouvernement préfèrent attendre. Attendre des jours (encore) meilleurs pour négocier peut s'avérer tactiquement payant à condition d'établir des critères de reprise de pourparlers ; les rapports de force changent parfois plus vite que craints et on ne négocie jamais mieux que lorsqu'on est en position favorable et non le couteau sous la gorge. En revanche, lorsque le rapport de force est écrasant après une victoire sans appel, ou quand ont été conquis des espaces d'une valeur appréciable, attendre que le vaincu propose des pourparlers intéressants peut se justifier, non de faire de l'attente un objectif stratégique. Car de vaincu, on devient vite *ancien* vaincu, et il arrive qu'on ne souhaite pas le demeurer indéfiniment. Pour le vainqueur (lui aussi, ancien…), tenter de désamorcer un désir de revanche et/ou un réarmement fait sens. À négliger cette option, on risque de voir se retourner la situation. Entre 1971 et 1973, le gouvernement israélien de Golda Meir avait été appelé du pied par l'Égypte du nouveau raïs Sadate. Il n'en tint jamais compte, moins par idéologie sans doute qu'en raison du confort procuré par le caractère écrasant de la victoire des Six Jours en 1967 et la conquête de territoires immenses et très stratégiques. Sadate n'eut d'alternative que la guerre, non pour exterminer « l'entité sioniste » mais pour débloquer la situation, ce qui se produira et se traduira pour Israël par la perte de deux mille soldats à la guerre du Kippour de 1973, puis du Sinaï, en contrepartie de la paix. Dans un ordre d'idées assez similaire, la république d'Arménie victorieuse de l'Azerbaïdjan en 1994 n'aura pas réussi à transformer l'essai en négociant un statut permanent pour les districts conquis – des glacis dépeuplés à seule valeur tactique (un peu comme le Sinaï, bien que plus riche, pour Israël) – et le Karabakh qui ne sera ni annexé, ni reconnu dans son indépendance pourtant autoproclamée, ni négocié aux marges de ses glacis. La victoire azerbaïdjanaise de 2020, pourtant précédée d'avertissements militaires une longue décennie durant, illustrera cruellement l'incurie diplomatique des gouvernements arméniens successifs. On ajoutera que dans les deux cas, on a cru pouvoir compter davantage sur un grand allié – américain pour Israël, russe pour l'Arménie. Erreurs d'interprétation… *diplomatique* ; en 1973, il n'existe aucun accord de défense entre États-Unis et Israël, et en 2020 l'accord de défense russo-arménien ne prévaut que sur le sol souverain de la république d'Arménie et non sur le Karabakh voisin.

L'activisme d'un État dans les enceintes onusiennes – le Conseil de sécurité en priorité – indique un degré de détermination sur certains dossiers, tout comme l'envoi, bien qu'onéreux, de nombreux effectifs diplomatiques dans quantité d'États traduit une volonté de jouer un rôle. Ainsi, un État comme la France, militairement, économiquement, énergétiquement et démographiquement très inférieur aux deux superpuissances de la guerre froide, a pu tenter de « tenir son rang » grâce à la politique diplomatique de l'inventeur de cette formule, Charles de Gaulle. Sa politique arabe et africaine des années 1960 poursuivait entre autres objectifs prosaïquement commerciaux celui d'évoluer dans le club très fermé des grands avec des moyens limités, par le truchement d'une diplomatie originale et proactive tous azimuts. Cela dit, ne nous leurrons pas rétrospectivement : sans des efforts de montée en puissance militaire (nucléaire et conventionnelle) pour l'accompagner, jamais cette politique n'aurait dépassé le stade de la simple posture.

Sauf chez des potentats déments et à l'exception de ceux qui perpètrent une politique génocidaire – affichant parfois une prétendue volonté de négocier pour mieux masquer et achever leur entreprise exterminatrice (IIIe Reich en 1944, gouvernement intérimaire Hutu Power en 1994) –, l'activité diplomatique n'est jamais tout à fait rejetée ni complètement reléguée, ne serait-ce qu'au titre de simple adjuvant à la guerre. De ce point de vue, on peut tirer à grands traits du bas Moyen Âge occidental la leçon suivante : Charles V, Charles VII et Louis XI préfèrent la négociation à la guerre et, s'ils ne répugnent pas à l'entreprendre lorsqu'elle s'avère absolument nécessaire, une victoire servira à mieux négocier la suite ; trois souverains qui limitèrent les destructions et pourvurent à l'agrandissement du royaume de France. À l'inverse, les rois-chevaliers Philippe VI de Valois et Jean II le Bon goûtèrent davantage aux cavalcades flamboyantes, y compris quand l'ennemi anglais voulait négocier ; ils contribuèrent grandement à la ruine du pays.

La recherche d'alliances

Qui demeure sur son Aventin de puissance redoutable et victorieuse en renonçant à entretenir une diplomatie active et éventuellement conjuratoire s'expose à un double péril. Non seulement l'ancien vaincu peut souhaiter d'autant plus se réapproprier par la force brute ce qu'il a perdu par la force brute (qu'on repense à l'Alsace-Moselle en 1914-1918, au Sinaï en 1973 ou au Karabakh en 2020) qu'on ne lui offre nulle alternative mais, de façon plus générale, on se prive de l'un des éléments constitutifs de la puissance : les alliés. Alliés de revers face au voisin menaçant, alliés offensifs sans lesquels on ne pourrait espérer remporter la guerre qu'on prépare, alliés lointains permettant de projeter des forces en en accueillant le maintien ou le passage. Alliés « simplement » diplomatiques assurant au minimum une neutralité bienveillante, au mieux un soutien actif dans le concert des acteurs qui comptent.

Or, des alliances, ça se crée et se cultive, et pas exclusivement par des coopérations militaires en temps de guerre. C'est d'autant plus vrai que les intérêts objectifs des uns, les changements d'équipe dirigeante des autres, éprouvent fréquemment la pérennité de l'alliance préalablement établie. Le travail de Sisyphe de diplomates bien formés, loyaux et de préférence chevronnés peut faire la différence en cas de crise majeure. Si l'officier doit *vaincre*, le diplomate doit *convaincre*, c'est-à-dire sinon emmener avec lui son vis-à-vis, de préférence sous les lambris d'un palais ou sur les tapis verts feutrés des tables des négociations, dans la *conviction* de la justesse de sa cause du pouvoir qu'il défend, du moins, parvenir à un terrain d'entente excluant le recours ou le retour à la guerre. Rarement militaires de carrière, généralement hauts fonctionnaires, ils suivent les consignes du régime politique auxquels ils obéissent et qu'ils représentent mais – selon la confiance et la latitude qu'on leur accorde et, bien entendu, les caractéristiques de leurs vis-à-vis et les situations sur le terrain – ils pratiquent un autre rapport de force.

Pour autant, sauf lors de séquences conflictuelles longues et intensives (par exemple la guerre du Péloponnèse ou la guerre de Trente Ans), les diplomates ne gèrent que très occasionnellement des entrées ou des sorties de conflits ouverts. Ceux qui sont en poste permanent, surtout depuis le XIXe siècle des États-nations, doivent, en revanche, rapporter du savoir. Car qui dit diplomatie sans naïveté dit *renseignement* et, bien souvent, son frère jumeau *espionnage*. Déjà au IVe siècle av. J.-C., Sun Tzu recommandait au souverain de tout savoir non seulement de ses propres forces mais aussi de celles de l'ennemi[1]. Sans même se trouver en état d'hostilité, « honorables correspondants », conseillers et attachés tentent de connaître le mieux possible l'état des rapports de force politiques, la situation sociale, sanitaire ou pénitentiaire, la loyauté des corps constitués et notamment de l'armée, les choix et la motivation politiques des dirigeants, l'avancement et la nature des processus industriels et technologiques, les projets d'orientation diplomatique et militaire… ; tout ce qui peut permettre d'évaluer la puissance sous ses diverses formes.

Culture énorme, culture et normes : le soft power

C'est aussi dans la dimension diplomatique que s'inscrit le fameux et si surévalué dans les critères de la puissance *soft power*. Ce « pouvoir » d'influence qui ne relève pas de la coercition militaire mais de l'influence culturelle, conceptualisé par Joseph Nye, se diffuse aussi à travers l'action diplomatique. Quand un État conclut un accord culturel en vertu duquel sa langue sera davantage enseignée dans les écoles, ses productions artistiques mieux diffusées dans les centres culturels et les médias de l'État contractant, et ses lieux de culte nationaux autorisés à inviter des officiants, les diplomates ont pris leur part. Lorsque l'Organisation internationale de la francophonie – créée en 1970 et comptant un demi-siècle plus tard quatre-vingt-huit États membres – se dote en 2018 d'une présidente rwandaise avec le soutien déterminant de la France, cela illustre une volonté et une action diplomatique de haute intensité qui verra sa traduction concrète trois années plus tard, lors de la remise officielle et médiatisée du rapport Duclert sur le rôle très controversé de la France au Rwanda puis la visite d'État d'Emmanuel Macron à Kigali. Qu'un État historiquement et culturellement fort éloigné du français tel le Qatar puisse intégrer cette organisation sans même afficher seulement quelques milliers de locuteurs francophones traduit

1. Sun Tzu, *L'Art de la guerre* (présentation de F. Encel), Librio, 2019.

une volonté diplomatique dépassant très largement l'objet de l'accord. Que les Émirats arabes unis demandent et obtiennent l'ouverture d'un Louvre et d'une Sorbonne (autonomes) dit une volonté de proximité avec la France dont la dimension culturelle s'accompagnera vite d'un important volet militaire et stratégique. Que des diplomates jouent à fond sur les liens culturels, historiques ou civilisationnels qui lient, réellement ou supposément, les États qu'ils représentent (ou qu'ils les taisent, au contraire, comme Hitler dut taire son mépris racial pour les Méditerranéens afin de s'allier à Mussolini qui le méprisait lui-même jusqu'en 1934 au moins !) – est tout à fait classique.

On évoque souvent le jazz, le jean ou le chewing-gum et surtout le très politique western comme objets de pénétration du *soft power* américain, mais, sauf exceptions, ils n'étaient pas proposés à des fins de propagande par un pouvoir centralisé, reflétant surtout un mode de vie (*American way of life*) fondé sur la liberté d'entreprendre et la prospérité en même temps que sur un mode de pensée (*American way of thinking*) à la fois individualiste, poussé par le commerce traditionnel et spontanément recherché dans le monde entier, du moins entre 1945 et la guerre du Vietnam. L'Union soviétique, en revanche, accordait une place prépondérante au culturel à la manière d'un instrument diplomatique très huilé : invitation des hautes personnalités en visite au Bolchoï et dégustations de mets gastronomiques raffinés censés être typiquement russes, tournées mondiales du chœur de l'Armée rouge, invitations officielles d'étudiants étrangers dans des universités dédiées, etc. À cet égard, le *soft power* soviétique était moins *soft* et plus proactif que son *alter ego* américain. On notera que, depuis la chute du mur de Berlin, un nombre toujours considérable de jeunes et de moins jeunes du monde entier cherchent à gagner les États-Unis – comme citoyens, étudiants, professionnels ou simples touristes – et non la Russie… Que la Chine propose à tout va ses instituts Confucius, l'Allemagne ses instituts Goethe ou encore la France ses instituts français consiste bel et bien à monter en puissance, mais de manière infiniment plus sympathique pour le grand public que par d'agressives bases militaires foisonnantes de drapeaux et de miradors. Rien que de très classique ; la diplomatie culturelle avait pu s'accompagner de celle échiquéenne, footballistique et olympique dès les années 1930 et plus encore au cours de la guerre froide. Qu'on se souvienne des tournois épiques entre les grands maîtres d'échecs américains et soviétiques ainsi qu'ex-soviétiques dans les décennies 1970-1980 notamment, ou encore des boycotts croisés des JO de Moscou puis de Los Angeles en 1980 et 1984. Plus récemment s'exprima à nouveau la diplomatie du cricket entre Inde et Pakistan, du football avec la décriée coupe du monde 2022 au Qatar, et même du fromage à Chypre en 2021 !

Cela dit, foin de naïveté. Sauf pour des États ayant renoncé à s'investir comme puissances globales, à l'image de l'Allemagne et du Japon du fait du cataclysme de 1945, ces vecteurs d'influence et de promotion « douce » ne se substituent jamais au *hard power* mais l'accompagnent dans la poursuite d'un même objectif, la puissance globale, fût-elle présentée comme pacifique. Disons-le autrement : les États qui s'assument comme puissances globales cherchent souvent à redorer leur blason et présenter une image positive d'eux-mêmes, mais jamais au détriment ou en remplacement de ce qui constitue bien plus *assurément* leur puissance, le *hard power*... En réalité, quel que soit le qualificatif plus ou moins pittoresque qu'on accole à telle séquence diplomatique sur la foi d'un prétendu objet à un instant T, le fond ne varie guère. Après la partie, le concert, le match ou la dégustation gastronomique devant les caméras, on discutera discrètement zones d'influence, alliances, souveraineté ou armements – c'est-à-dire... puissance – sans garantie toutefois de réussite. Inde et Pakistan d'un côté, Arménie et Azerbaïdjan de l'autre, n'ont pas signé de traités de paix à la suite de rencontres sportives et, au contraire, le sang a encore coulé depuis.

Sous l'administration Obama, la secrétaire d'État Hillary Clinton avait défendu le nouveau concept du *smart power*, censé s'inscrire à l'articulation du *hard* et du *soft*. L'idée de conjuguer plutôt que d'opposer les deux premiers est noble ; reste qu'en termes d'exercice de la puissance, c'est bien la possession du *hard* qui nous paraît demeurer le seul biais réellement incontournable.

Normes. Puissant est l'État capable de créer des normes. Des normes juridiques, mémorielles, sémantiques. En 1648 – car il faut revenir aux traités de Westphalie –, les plus grandes puissances du monde (la Chine exceptée) concluaient la paix et, dans un cadre diplomatique du plus pur style, s'accordaient à s'arroger l'exclusivité du droit souverain de faire la guerre. Au fond, la Charte des Nations unies de 1945, écrite par des diplomates et des juristes des grandes puissances du moment, s'inscrit en droite ligne de ces traités, avec en supplément appréciable le rejet moral (mais non *juridique*) et quasi total du « fléau de la guerre qui deux fois en l'espace d'une vie humaine a infligé à l'humanité d'indicibles souffrances », selon les termes du préambule de ladite Charte[1]. En réalité, les nouvelles normes s'inscrivirent essentiellement à Washington, Moscou et Londres, et très secondairement à Paris et Taipei (c'est la Chine nationaliste insulaire à Taïwan et non la Chine communiste, continentale, non encore victorieuse, qu'on reconnut alors à l'Ouest). De fait, qui lit attentivement la Charte des Nations unies en la contextualisant pour la replacer dans son époque très particulière ne peut qu'y retrouver la patte des puissants. Les diplomaties américaine et soviétique prédominèrent ainsi dans l'écriture et l'adoption du texte fondateur et pilier architectural du droit international, sinon parce que leurs armées victorieuses et titanesques campaient à Berlin et dans les capitales européennes libérées du IIIe Reich en s'apprêtant à mettre aussi le Japon à genoux. En même temps, la construction diplomatique de cette infrastructure des nouvelles relations internationales servait à la pérennisation de la (super)puissance de ces États, là où la poursuite de la guerre les aurait peut-être condamnés à un duel mortifère. Un unique organe exécutif où seuls ces États (flanqués de trois autres appauvris mais souverains et encore puissants) seraient dotés d'un droit de veto, le strict respect de la sacro-sainte souveraineté étatique et l'absence de références à la nature politique ou institutionnelle des régimes en place. Voilà de quoi garantir de ne pas être trop virulemment contesté dans son statut… Dans une veine similaire, comment comprendre le Traité de non-prolifération (TNP) adopté dans le cadre et sous l'égide de l'ONU en 1968 et 1970 ? Visant explicitement à endiguer la menace nucléaire, ce tout premier traité marqua objectivement une avancée dans le maintien de la paix, y compris dans l'équilibre de la terreur, surtout quelques années seulement après la gravissime crise des missiles de Cuba de 1962. Parallèlement, et de façon plus prosaïque, les diplomaties des cinq grands qui le forgèrent et le promurent s'arrogèrent la quasi-exclusivité de l'arme absolue dont ils étaient alors les seuls détenteurs.

---

1. Charte des Nations unies. Statut de la Cour internationale de justice, A. Pedone, 2006.

Quant aux normes mémorielles, elles connaîtront une nouvelle étape avec, en 2005, le vote unanime par l'Assemblée générale des Nations unies d'une résolution portant pour nom « responsabilité de protéger », conséquence directe du génocide des Tutsi rwandais de 1994. Là encore, si c'est bien un juriste, le Juif polonais Raphaël Lemkin, qui crée le concept de génocide en pleine perpétration de la Shoah en 1944 (se référant explicitement au génocide arménien de 1915 par le gouvernement jeune-turc de l'Empire ottoman), ce sont des diplomates, ces représentants officiels des États (et en l'espèce des plus puissants d'entre eux) qui, de 1945 à 1948, mettront en musique et accorderont les différents points de vue des puissances victorieuses de la Seconde Guerre mondiale. Au passage, il serait curieux de s'en offusquer car, en l'espèce, les alliés vainquirent un régime qui menait réellement à la fois une authentique politique d'extermination, ici totale (Juifs), là ponctuelle (prisonniers russes, Roms...) et partout à une répression et un pillage d'une violence et d'une ampleur probablement jamais égalées dans l'histoire. Il y va du même principe des rapports de force depuis le commencement du XXIe siècle : la rigueur de la justice internationale, dont les tribunaux s'activent et les procès pour crimes contre l'humanité s'additionnent, sévit essentiellement à l'encontre des gouvernements et des particuliers d'États faibles, d'ex-Yougoslavie et d'Afrique subsaharienne, c'est-à-dire ceux n'ayant pas bénéficié de la protection de supergrands. Le propos ne consiste pas à mettre en cause l'équité ou l'opportunité de ces procès. Simplement, on notera que la Birmanie et la Syrie peuvent bien perpétrer des crimes contre l'humanité, Pékin et Moscou leur prodiguent respectivement leur protection au Conseil de sécurité, une protection plus efficace qu'au cours des années 1990 lorsque la Russie était faible d'être orpheline du bloc soviétique et la Chine encore bien loin du statut de géant économique.

Finalement, même si de modestes États parviennent vaillamment à développer un activisme diplomatique bienvenu en ce qu'il favorise le règlement pacifique de conflits ou leur désamorçage – Suède, Autriche, Confédération helvétique, etc. –, ils sont crédibles de leur neutralité et/ou de leur faiblesse assumée en matière de *hard power*, étant admis comme ni juges ni arbitres. Reste que les diplomaties qui bougent les lignes et modifient les rapports de force émanent des États puissants et se déploient en faveur de la puissance de leurs États respectifs. L'Ecclésiaste n'aurait rien constaté de bien nouveau sous le soleil…

Le renseignement

Le renseignement ne procède pas seulement de l'une des facettes de la diplomatie, et la plupart des diplomates ne sont pas des agents de renseignements. C'est néanmoins par ce biais, davantage que grâce aux commerçants ou aux soldats, que s'obtient cet élément consubstantiel de la puissance. Une idée en vogue voudrait qu'après l'exploitation agraire des siècles antiques et médiévaux puis les conquêtes militaires d'autres siècles encore, le bien stratégiquement le plus précieux pour les États serait devenu au XXIe siècle l'information. Or, d'une part, la recherche de renseignements liés à l'ennemi, au rival ou à l'ami n'est absolument pas une pratique récente, d'autre part, la vraie question n'est pas tant de savoir ce que l'on peut glaner chez les adversaires ou les concurrents, mais comment l'employer à bon escient dans le cadre de sa stratégie et de ses objectifs. Il conviendrait, soit dit en passant, de distinguer entre prélèvement, recoupement et analyse de données libres d'une part, et espionnage d'autre part, lequel existe bien entendu mais donne lieu à tout type de fantasmes et de paranoïa. D'autant que tout le monde espionne tout le monde. Savoir ce que l'autre dit, fait ou pense étant déjà fort apprécié dans les cours de récréation et les chaumières, on ne s'étonnera guère que l'engouement se confirme et s'organise dès lors que se manifestent des enjeux de pouvoir, de prestige et d'argent. En juillet 2021, un consortium de journalistes piloté par Forbidden Stories, *Le Monde* et le Security Lab d'Amnesty International révélèrent que plusieurs services de renseignements avaient bénéficié de la capacité technique d'une entreprise israélienne pour accéder discrètement à des smartphones. Le logiciel espion, Pegasus, permet de les pénétrer et d'en capter les informations ainsi que d'écouter les conversations sans même être détecté. L'affaire fit grand bruit, moins cependant que les alertes d'un Edward Snowden et autres révélations d'un Julian Assange (WikiLeaks), plusieurs États étant par ailleurs des amis de la France et d'autres États dont les chefs de l'exécutif et nombre de ministres et de journalistes et de politiques étaient ciblés. S'offusquer de ces pratiques traduit une grande candeur. Mieux vaudrait se demander pourquoi, en dépit de l'existence multiséculaire de l'espionnage et la certitude que des États y auront recours d'une part, et des capacités techniques et financières fabuleuses de l'UE d'autre part, celle-ci n'a pas développé des pare-feux et des boucliers permettant de s'en protéger. Les États s'espionnent donc entre eux – sachant qu'on exagère sa dimension militaire par rapport à celle industrielle et technologique, devenue prépondérante depuis le développement fulgurant du cyberespace et qui génère des coûts et des profits considérables – mais pas seulement : États cherchant à déceler les manœuvres et les campagnes des ONG ; grandes entreprises désireuses de connaître les procédés de fabrication et/ou la mise sur le marché de tels produits par les concurrents ; ONG et entreprises soucieuses de savoir qui, au sein de tel État, tentera de faire adopter telle décision plus ou moins défavorable ; tout le monde tentant de découvrir où, quand, comment et avec quelles cibles auront lieu les prochains mouvements sociaux, coups de force politiques ou attentats.

Question sensible : où commence et où finit la trahison par le renseignement d'un sujet ou d'un citoyen au profit d'une puissance tierce ? Un citoyen français qui, sur demande d'un État hostile, révélerait à ses dirigeants que la France est peuplée de 67 millions d'habitants et s'étend sur 551 000 km² ferait sans doute œuvre blâmable mais lesdites autorités y gagneraient peu. En revanche, le conseiller et chroniqueur Philippe de Commynes, passant du service du duc de Bourgogne à son mortel rival Louis XI, apporta à celui-ci de précieuses révélations sur la personnalité et les stratégies de son ancien maître. Plus récemment, l'officier de renseignements soviétique Oleg Penkovsky divulgua à l'Ouest en 1962 des secrets ultrasensibles sur les futurs missiles de Cuba. Il fut condamné à mort et exécuté. En général, les espions étrangers échappent à la peine capitale (le cas célèbre de l'Israélien Eli Cohen pendu par le régime syrien en 1965 relevant de l'exception), et constituent des monnaies d'échange avec parfois une contrepartie de nature diplomatique. En revanche, la trahison par voie d'espionnage, universellement admise comme méprisable, est très sévèrement punie et les régimes autoritaires raffolent de ce chef d'inculpation criminelle lorsqu'ils cherchent prétexte à éliminer une personnalité ou à flétrir sa cause. Pour la petite histoire, on rappellera qu'aux confins de la diplomatie et du renseignement, on trouve bien entendu *Le Souper*, pièce de théâtre de Jean-Claude Brisville mettant en scène Fouché et Talleyrand, si excellents dans leur domaine respectif qu'ils survivent au plus haut niveau de l'État à plusieurs régimes institutionnels.

Correctement entretenue et employée, la diplomatie incarne donc bien une force entre les mains de l'État, quelles que soient la nature de son régime et ses potentialités par ailleurs. Pour autant, y a-t-il absolument toujours de quoi et avec qui négocier ? Évidemment pas. D'abord, dans certaines situations, négocier ne s'impose pas par manque d'interactivité ou de complémentarité politique, économique ou géographique, ou, par exemple, quand les voisins ne souhaitent ou/ni ne peuvent manifestement chercher querelle en un quelconque domaine. Reconnaissons ce cas de figure heureux comme fort rare ! Ensuite, le « *give peace a chance* » ne marche par définition qu'un temps – celui de la tentative d'éviter les hostilités justement – et à condition qu'il existe au moins une volonté commune chez tous les antagonistes. Or, pour paraphraser Pierre Desproges, nous dirions qu'on peut parler de tout mais pas avec n'importe qui. Un gouvernement manifestement génocidaire doit être implacablement combattu. Prétendre, à des fins légitimantes ou justificatrices, que telle initiative politique, commerciale ou culturelle prise avec un pouvoir criminel contre l'humanité ne concerne pas son forfait en cours relève, au mieux, d'un cynisme incandescent, au pire, de la complicité active. Ces deux postures sont rarement payantes pour l'État bienveillant avec son vis-à-vis génocidaire : soit le régime qui succédera à celui-ci cherchera à s'en venger, soit des États tiers se souviendront de sa faible fiabilité.

CHAPITRE 5

L'économique et le social

Pas de puissance sans moyens de la financer ! Même un dispositif « seulement » diplomatique d'envergure induit inévitablement des frais. Bien naïfs ceux qui croiraient pouvoir bâtir et déployer un système militaire crédible sans y consacrer des budgets considérables. Le meilleur moyen d'en limiter les coûts consiste évidemment à vendre en grandes quantités ses produits afin d'amortir les coûts de recherche et de fabrication de matériels souvent à haute valeur ajoutée. Le nerf de la guerre peut servir de façon indirecte : Louis XI finançant avec succès des ennemis de son rival le duc de Bourgogne – Charles le Téméraire – afin d'éviter des coûts plus importants encore et pour des résultats aléatoires ; l'Angleterre finançant des coalitions de puissances continentales contre Napoléon Ier (avant de faire en même temps la guerre en péninsule Ibérique puis dans les Provinces-Unies jusqu'à Waterloo) pour finalement remporter la mise ; les États-Unis prêtant des sommes colossales à la France et au Royaume-Uni en 1914-1918 ; des pétromonarchies du Golfe finançant la guerre de l'Irakien Saddam Hussein contre le nouvel ennemi iranien commun en 1980-1988... Même fort distincts entre eux, les exemples ne manquent pas d'usage de l'argent comme palliatif et/ou adjuvant précieux à l'entrée en lutte, bien que l'on dépense généralement davantage de moyens pour *sa propre* guerre.

Valorisation du savoir contre malédiction de la rente pétrolière !

Des richesses, donc, mais pas de n'importe quelle nature ou, plus précisément, d'une provenance plus saine. Il n'est de meilleures ressources que la *valorisation du savoir* et ses fruits bénéfiques en termes de trouvailles commercialement lucratives et/ou militairement décisives. Un État consacrant des efforts budgétaires substantiels à la recherche physique, technologique, médicale, spatiale et universitaire de façon générale privilégie clairement un plus en matière de ressources et, *in fine*, de puissance potentielle.

Répétons-le : se contenter des ressources naturelles commercialisables comme source de richesses est périlleux et caractérise des systèmes économiques fragiles. Quand les cours du brut sont élevés, les gouvernements crient « jackpot ! » mais déchantent quand ils s'effondrent. Certes, ce système assez cyclique de yoyo permet d'engranger dans de très brefs délais des fonds suffisants pour mener des opérations coup de poing, mais sur des temps plus longs, il hypothèque les capacités d'un État à maintenir ou acquérir un niveau d'investissement en termes infrastructurels ou militaires, toujours sous la menace de l'épée de Damoclès d'une détérioration des termes de l'échange. D'aucuns rétorqueraient que les pétromonarchies du Golfe sont passées en moins d'un demi-siècle à un état de pauvreté endémique typique de ce qu'Alfred Sauvy avait appelé en 1952 le tiers-monde au stade de la grande opulence. Opulents, mais réellement puissants pour autant ? Voire... D'abord, dans les années 1970-1990, les dépenses somptuaires prévalurent, avec pour conséquence première un retour en Occident de centaines de milliards de dollars grâce à ses productions d'objets et de services de luxe appréciés des émirs nouveaux riches du pétrole, ensuite, l'absence d'efforts de recherche et de développement sérieux fragilisèrent considérablement ces États rentiers incapables de se défendre seuls et d'acquérir une certaine autonomie stratégique vis-à-vis de leurs alliés... occidentaux. En outre, « forts » d'une natalité galopante et d'une abondante main-d'œuvre asiatique indispensable aux grands chantiers eux-mêmes souvent de nature somptuaire, ils auraient logiquement dû entamer une stratégie de fond vers la fin du tout-pétrole, surtout pâtissant de contre-chocs pétroliers de plus en plus longs et sévères. Il ne s'agissait naturellement pas de bouder cette manne (au sens religieux du terme, puisqu'ils tiennent le pétrole comme un don d'Allah) – après tout, les Européens s'étaient aussi enrichis grâce au charbon – mais d'employer une part de ces pharamineux revenus à la valorisation du savoir impliquant formation et développement de diverses formes d'industrie de pointe. L'Arabie saoudite, géant de la péninsule, se retrouve dans une situation difficile de ne pas l'avoir fait, elle qui subit dorénavant la conjonction d'un brut bon marché et remplaçable par des schistes nord-américains dont le seuil de rentabilité ne cesse de s'améliorer.

Ce qui vaut en péninsule Arabique vaut plus tragiquement en Afrique subsaharienne. Là, la « malédiction du pétrole » prend un sens à la fois plus social du fait de populations nombreuses, et plus générique car la rente ne concerne pas seulement des hydrocarbures. Les ressources liées à l'exploitation et la vente de productions minières (or, diamants, coltan, toutes terres dites rares) dépassent ainsi nettement – aux côtés des minérales – celles liées aux produits manufacturés et *a fortiori* du high-tech, encore quasiment inexistant. Dès les années 1985-1986, la dégradation des termes de l'échange due à l'effondrement des prix des matières premières avait porté un coup aux économies rentières, accentuée par un rude contre-choc pétrolier presque concomitant. Mais le pire problème est ailleurs, à savoir dans la gouvernance ; quand on trouve sous la terre ou dans la mer une ressource naturelle à haute valeur ajoutée, la chaîne corruptrice se met immédiatement à l'œuvre et, de l'échelon du maire ou du gouverneur local à celui du chef de l'État (souvent un État-clan-famille), chacun en « croque » dans les pourparlers puis les accords passés avec les compagnies extractrices, occidentales, chinoises ou autres. La population, elle, n'en voit pas la couleur. En termes de puissance, les deux conséquences négatives du choix de demeurer une économie rentière sont les suivantes : une grande imprévisibilité liée aux termes de l'échange à moyen et long terme, et une instabilité chronique interne due à l'exaspération des populations laissées à l'abandon ou paupérisées par l'absence de partage des fruits de la rente, d'où des jacqueries et la création de milices de « libération » ethnolinguistique (Cameroun) et islamistes (Mozambique), et, accessoirement, l'accroissement de la criminalité dans les zones d'extraction comme dans les deux Kivu nord et sud en République démocratique du Congo.

Même le puissant État russe n'échappe pas à ce schéma rentier aux effets délétères/dirimants. En 2022, la Russie vend dans des proportions proches ce qu'elle exportait déjà un siècle auparavant : gaz, pétrole, armements ! Si l'on retranchait ce troisième secteur – en l'occurrence non rentier et nécessitant au contraire de lourds investissements –, la Russie accuserait une économie monoexportatrice, c'est-à-dire dont les ressources proviennent pour au moins 90 % d'un même secteur, en l'espèce celui des hydrocarbures. Mêmes causes, mêmes effets : Vladimir Poutine a dû consentir à des sacrifices budgétaires dans le social (mais non dans celui de la défense, les opérations extérieures se multipliant depuis 2014) entraînant un mécontentement populaire susceptible de fragiliser son pouvoir et – plus grave du point de vue de la puissance future du pays – le maintien d'une natalité très faible faute d'aides familiales plus substantielles.

Ajoutons dans la catégorie de la rente le tourisme intensif qui, même créateur d'emplois, incarne aussi une forme de fragilité quand il dépasse 20 ou 30 % des recettes d'un État par ailleurs déjà fortement dépendant du pétrole, du gaz, de l'or ou du cacao. Un attentat terroriste, des manifestations de rue, une pandémie, et c'est immédiatement la chute des recettes et le désœuvrement pour des travailleurs peu qualifiés, souvent déracinés de leurs villes et villages d'origine.

À l'inverse des États rentiers, d'autres États jouent à fond la carte du high-tech, soit par manque d'alternative dû à la pauvreté de leurs sous-sols, soit par souci stratégique : Israël, la Corée du Sud, Singapour, la Suède ou encore le Rwanda, s'assurant de meilleures conditions de pérennité et de solidité de leurs revenus futurs. Cela dit, des États disposant de ressources naturelles très considérables ont choisi de maintenir un haut niveau de recherche et développement et de valorisation du savoir, ainsi par exemple des États-Unis et de la Norvège, témoignant d'une évidente lucidité stratégique. L'État exportateur de produits à forte plus-value crée des emplois, rapporte des devises et équilibre sa balance commerciale, stratégiquement, lorsqu'il vend des matériels militaires de pointe, obtient la fidélité sinon la mise en dépendance stratégique des clients-alliés et conserve ou accroît sa propre indépendance stratégique. Les cas américain et soviétique durant la guerre froide nous le rappellent évidemment, et, dans une moindre mesure, la France et le Royaume-Uni depuis les années 1960-1970. Une balance commerciale positive ou, du moins, pas trop déficitaire, permet d'éviter le surendettement à l'extérieur, les restrictions budgétaires et/ou des taux d'imposition confiscatoires à l'intérieur. Si le citoyen-contribuable-consommateur ne subit pas directement le premier fléau, il ressent très douloureusement le second…

Misère sociale

Il faut y insister. La stabilité intérieure procède de la puissance d'un État en cela que ses gouvernements successifs peuvent non seulement échapper aux coûts moraux et budgétaires inhérents au rétablissement de l'ordre – plus ou moins pacifiquement et à travers la négociation dans une démocratie, violemment et martialement en dictature – mais aussi déployer sereinement une politique étrangère libre et audacieuse. Or, deux ressorts, parfois complémentaires, motivent l'exaspération populaire pourvoyeuse de troubles et d'instabilité : l'absence de liberté politique, les injustices et iniquités sociales.

En France, une passion pour le politique ancrée et déjà très ancienne fait accroire que les luttes portent essentiellement sur la première de ces dimensions, et l'on oublie fréquemment la seconde. Avant de penser droite, gauche ou centre, la plupart des citoyens réfléchissent avant tout en termes de pouvoir d'achat, de santé, d'éducation, de sécurité et de culture, quand ce n'est pas littéralement de survie ou d'accès à l'eau. Un pouvoir politique qui ne se préoccupe pas de (ou ne parvient pas à) garantir au plus grand nombre de ses citoyens un minimum de sécurité alimentaire et de sécurité civile est menacé. Et quand une série de gouvernements mènent des politiques assez ineptes pour qu'une telle situation d'insécurité alimentaire, sanitaire ou civile perdure, c'est tout le régime institutionnel que menace l'exaspération. Tant de potentats, de ducs, de rois ont chuté – et parfois un régime pluriséculaire avec eux, comme en 1789-1792 en France – du fait d'une insatisfaction sociale se muant en exaspération violente… Certes, le politique n'est jamais loin, les rebelles s'en revendiquant, d'autres l'instrumentalisant à souhait. Reste que si le roi de France Philippe IV le Bel faillit se faire occire par la foule, ce n'était pas du fait de son antagonisme fiscal avec le pape Boniface VIII ou des procès qu'il intenta aux Templiers mais bien sous l'accusation de faux-monnayeur ! La Révolution française naît d'une crise frumentaire désastreuse et de l'incapacité des autorités royales à y faire face ; les rébellions marxistes et la révolution bolchevique éclatent dans des contextes sociaux extrêmement dégradés, et même les ultranationalistes jouent de cette fibre sociale, les fascistes – selon la formule consacrée, « bruns à l'extérieur et rouges à l'intérieur ». En 1931-1933, c'est bien davantage poussés par le chômage, la faim et la pauvreté que par détestation du traité de Versailles ou des Juifs que des millions d'électeurs allemands choisissent le parti national-*socialiste*. Plus récemment, le Printemps arabe eut pour ressort principal, en Tunisie (lieu de son éclatement, puis de sa relative réussite) et en Égypte au moins, des situations sociales désastreuses. Ventre affamé n'ayant point d'oreille sauf pour ceux qui vont lui promettre de le remplir, la misère porte au pouvoir des opposants sans cesse plus déterminés à abattre le régime au fil des réponses gouvernementales insuffisantes ou répressives. C'est ainsi que des fanatiques, d'extrême droite, d'extrême gauche ou religieux, selon les époques et les régions, s'emparent du pouvoir. Leur bellicisme outrancier en Europe et leur incompétence flagrante en Égypte (ainsi du président islamiste élu Mohamed Morsi entre 2012 et 2013) les condamnent assez vite et, avec eux, la puissance de leurs États respectifs. Dans tous les cas, la puissance de l'État s'en trouve naturellement amoindrie ou grevée, au moins le temps de la séquence révolutionnaire qui peut durer fort longtemps. Qu'on en juge plutôt.

Si le régime iranien a signé l'accord de Vienne du 14 juillet 2015, c'est notamment pour éviter de chuter devant une révolte sociale due à la misère liée au moins autant aux sanctions internationales, américaines en particulier, qu'à la corruption du corps des Gardiens de la révolution (*pasdaran*) au pouvoir. À Téhéran, depuis au moins le printemps iranien de 2009, on a compris que si menace sur le régime il y avait, elle était davantage de nature sociale que politique, religieuse ou militaire. De même, le délabrement socio-économique soviétique, que le programme de « guerre des étoiles » lancé par Ronald Reagan promettait de mettre plus cruellement encore en lumière, ne fut pas pour rien dans la décision de Mikhaïl Gorbatchev d'entamer des réformes profondes qui entraîneraient finalement tout l'édifice. En 2012, des tribus de Touaregs du Nord-Mali joignent leurs forces à celles de groupes djihadistes venus de Libye. Rien ne les prédestine à s'allier – ni les modes de vie, ni la pratique de l'islam, ni la perception de la France et pas davantage les origines ne leur sont communes – sauf que *socialement* plus encore que politiquement les Touaregs se sentent abandonnés par le pouvoir central à Bamako et trouvent alors l'opportunité d'exprimer fortement leur ressentiment. S'agissant du chaos irakien et de l'avènement de l'État islamique (Daesh) dans les années 2010, plutôt que de tout mettre paresseusement sur le compte de l'expédition américano-alliée de 2003, les observateurs feraient bien de se reporter à la gestion ubuesque du démiurge Saddam Hussein qui, de 1975 à 2003, aura mené à la tête d'un pays aux fabuleuses potentialités (pétrole, eaux, non-surpopulation, alliances extérieures solides, etc.) une politique excessivement ruineuse de répression, de guerres, de corruption et de prévarication plongeant la population dans l'un des pires marasmes du XXe siècle, poussant certaines de ses composantes à soutenir des barbares islamistes ayant promis – bien plus que l'application stricte de la sharia – l'abolition de la pauvreté. Dans les États fédérés septentrionaux du Nigéria comme Borno, des gamines sont régulièrement enlevées pour être proposées en « mariage » gratuitement, sans dot à payer, à des paysans pauvres, pauvres de la politique du pouvoir central nigérian. Si le Hamas remporte les élections législatives palestiniennes en 2006, c'est moins grâce à ses diatribes antisémites qu'à ses promesses sociales, soupes populaires, écoles gratuites et cérémonies nuptiales offertes. Et que dire des talibans afghans, présentés de façon simpliste comme des étudiants en théologie (*taleb* signifie « étudiant » en arabe), tandis qu'ils sont surtout des garçons issus de familles déshéritées appartenant au puissant clan transfrontalier afghano-pakistanais des Pachtounes, sauvés de la misère par les écoles coraniques ultrarigoristes, ces madrasas grassement financées par les pétrodollars saoudiens un demi-siècle durant ?

Inutile de prolonger la liste. Partie prenante de leur puissance, la stabilité des États est plus souvent et plus gravement menacée par le mécontentement de leurs citoyens que par les armées étrangères. Les pouvoirs qui le négligent s'affaiblissent et chutent plus souvent qu'à leur tour. Et qu'on ne s'y trompe pas : ce n'est pas parce que toutes les populations soumises à un stress social fort ne se révoltent pas de la même manière, ni au même rythme, et que les conséquences politiques et institutionnelles de leurs diverses rébellions diffèrent entre elles, que le postulat est faux. La misère sociale est dans tous les cas négative. Bien sûr, à chaque situation ses caractéristiques propres, et aucun événement historique ne ressemble tout à fait à un autre. Tenter de comprendre pourquoi le 14 juillet 1789 on prend d'assaut la Bastille et pourquoi le 17 décembre 2010 Mohamed Bouazizi s'immole et commence le Printemps arabe est passionnant mais ne dit rien d'une réalité essentielle en géopolitique : dans les deux cas, les conditions sociales étaient réunies depuis un certain temps pour que se produise une contestation forte du pouvoir en place.

Peut-on prétendre que des populations semblent plus résilientes que d'autres – on pense spontanément aux Britanniques sous Margaret Thatcher et, bien plus tragiquement, aux Russes depuis au moins un siècle – à telle période, devant tel fléau social et dans tel contexte politico-idéologique ? Peut-être, mais cela ne change rien au problème. En outre, qu'on n'imagine pas qu'avec la sortie de la grande pauvreté de centaines de millions d'humains depuis le commencement du XXIe siècle, ou de l'accession aux classes moyennes de tant d'autres centaines de millions de Chinois et d'Indiens, cette question des volonté et capacité des gouvernants à limiter la casse sociale devrait s'étioler, et cela pour trois raisons. D'abord, avec un savoir désormais universel de tout ce qui se passe dans chaque pièce ou presque de la « maison monde », l'exigence d'équité devrait encore augmenter. Ensuite, tout étant très relatif, chaque individu et chaque collectif se compare à ce qui est comparable et ce qu'il pourrait atteindre, à savoir le niveau de possession ou de confort de son voisin. Pour le dire autrement, les déshérités d'Europe du Nord ne se satisferont pas de constater qu'ils restent décidément plus « nantis » que ceux d'Afrique subsaharienne, n'abandonneront pas leurs revendications sociales, ni ne se libéreront de leur ressentiment. Enfin, la dégradation rapide et sans cesse plus conséquente des dérèglements climatiques va fatalement produire – on y reviendra – davantage de catastrophes naturelles et de pauvreté. Face à cette certitude, les États seront-ils à la hauteur de leur mission protectrice ? Les récentes expériences nippone (tsunami et incident nucléaire de Fukushima), américaine (inondations en Floride, incendies en Californie, épisode glacial au Texas, etc.), iranienne (incendies), haïtienne (tremblements de terre), bangladaise (inondations) ou méditerranéenne (incendies) laissent d'autant plus circonspects que le sommet sur le climat de Glasgow, en novembre 2021, fut un échec…

À l'heure où s'inscrivent ces lignes, la gestion aléatoire d'une catastrophe au moins – la pandémie du Covid-19 – a déjà contribué à entraîner la chute d'une administration, celle de Donald Trump ; à quand la chute d'un régime ? Qu'on se souvienne du tremblement de terre du 7 décembre 1988 à Gyumri, en république soviétique d'Arménie, et de la colère populaire qui s'était ensuivie devant l'incurie complète de Moscou ; cette exaspération contribuerait à accélérer l'effondrement d'une surpuissante URSS pluridécennaire, la proclamation d'indépendance de trois États caucasiens, et l'éclatement subséquent d'une guerre meurtrière… Pénuries alimentaires ou énergétiques, défauts d'approvisionnement, mauvaise gestion des conséquences des catastrophes naturelles ou industrielles seront autant de motifs de fragilisation des gouvernements impliqués et, avec eux, parfois, des États eux-mêmes. En 2021, la longue série estivale d'épisodes cataclysmiques a ainsi mis en relief, une fois encore, soit le manque de réactivité ou de préparation d'administrations régionales ou fédérales (Californie, Allemagne, Grèce), soit carrément l'impéritie, l'arrogance et la corruption de plusieurs pouvoirs étatiques (Turquie, Algérie). En démocratie, la sanction populaire se limite généralement aux urnes au scrutin suivant et le cas échéant aux tribunaux civils ; ailleurs, la colère explose souvent dans la rue en atteignant parfois jusqu'aux palais présidentiels…

Qualification, formation, adaptation

Diriger les affaires publiques ne s'improvise pas. Si incarner un bon chef d'État ou de gouvernement n'est pas un métier, l'exercice (en général ardemment souhaité par la personnalité en question !) exige en plus du souci de l'intérêt collectif et de la tempérance une réelle formation et, à tout le moins, la capacité à s'entourer de techniciens et de spécialistes des ministères, des secteurs et des missions qui leur échoient. De fait, le niveau de qualification des élites compte pour beaucoup dans la stabilité d'un État. Un dirigeant brillamment diplômé peut tout à fait échouer, mais avec un haut degré de formation et d'aptitude à tenir les commandes d'un État, le risque d'initiatives inconsidérées ou de véritables politiques inconséquentes diminue tendanciellement. À l'inverse, des dirigeants peu formés à l'exercice de l'État et/ou ne s'entourant pas de professionnels risquent d'avancer à l'instinct, à l'humeur ou sur l'influence intéressée de quelque Raspoutine, négligeant des priorités ou faisant de questions secondaires des impératifs. C'est d'autant plus problématique dans un monde autrement plus « gestionnarisé » qu'autrefois. Ce qui est vrai des dirigeants élus parvenus au pouvoir par la force vaut pour l'administration. Jadis, dans de petites entités politiques, le potentat local pouvait parfois se passer d'administration pour gérer ses terres, ses biens et ses sujets, partir en guerre et répertorier ses décisions ; aujourd'hui, aucun des cent quatre-vingt-treize États ne peut décemment fonctionner ainsi tant sont considérables les enjeux internationaux nécessitant notamment une bonne diplomatie, et exigeants les administrés. Charles de Gaulle, en créant l'École nationale d'administration en 1945, Emmanuel Macron décidant en 2021 de la réformer, n'ont pas fait autre chose que de tenter de renforcer la loyauté républicaine pour l'un et l'efficacité pour les deux de la haute administration, contributrice à la puissance de l'État. Anémique, pléthorique, sclérosée, ou corrompue, une administration peut littéralement saper la politique d'un bon gouvernement et grever toute possibilité pour un État de monter en puissance en dépit d'atouts par ailleurs authentiques[1].

Sur le plan économique, c'est la capacité à exporter des produits ou services non seulement à forte plus-value et à haute valeur ajoutée qui représente sans doute vis-à-vis de l'étranger l'atout suprême en termes de déploiement de forces, surtout si les entreprises nationales emploient nombre de travailleurs (levier de l'emploi), et si les produits sont admis comme stratégiques : armements de haute technologie, bien entendu (car renforçant l'indépendance de celui qui les produit et les fournit, et renforçant la dépendance de celui qui les acquiert), mais aussi… masques en tissu, écouvillons et vaccins ! La pandémie du Covid-19 a en effet rappelé que parmi les outils de la puissance, des objets *a priori* anodins pouvaient se hisser à un niveau quasiment stratégique, à une

1. À lire sur cette période *L'Étrange Défaite*, rédigé par l'historien et futur résistant Marc Bloch en 1940, *Pilote de guerre*, de l'aviateur et futur combattant de la France libre Antoine de Saint-Exupéry (1942), ou encore *Un balcon en forêt*, de l'écrivain Julien Gracq, écrit en 1958. Ils disent tous qu'une hiérarchie administrative de nature militaire peut sombrer tout autant qu'une homologue civile.

nuance importante près : si la Chine a pu se montrer forte durant la crise, c'est parce que les Occidentaux avaient largement délocalisé chez elle, précisément, quantité de productions pour des motifs strictement économiques... Un autre exemple, hors temps de crise sanitaire mondiale, est probant : forte de plus d'un siècle d'expertise et d'adaptation à l'exportation de produits industriels (voitures, machine-outil, armes, etc.), l'Allemagne – par-delà ses régimes institutionnels – a réussi tout au long du XXe siècle et en ce début de XXIe à incarner un statut de grande puissance économique, à telle enseigne qu'en Europe orientale, certes, mais aussi sur le dossier iranien, Berlin se voit consulté, sinon sollicité, dans la résolution de conflits. Cela dit, là encore, prudence ; cette puissance demeure tout à fait assumée comme partielle et incomplète puisque dénuée de la possibilité de projeter sa dimension militaire.

Les énergies

S'il est bien un besoin vital de toute éternité pour le développement des activités de l'homme, c'est le besoin énergétique. Longtemps, le muscle de l'homme et celui de la bête ne furent accompagnés que du vent et de l'eau courante, encore fallait-il en maîtriser la force pour en récupérer quelque avantage. Au XIXe siècle, le charbon a constitué un renfort précieux, pour se chauffer mais aussi pour faire avancer les véhicules plus vite, plus loin, plus efficacement. Puis l'électricité est devenue absolument indispensable à toute vie humaine un tant soit peu civilisée, et on en consomme des quantités toujours plus astronomiques. Or, l'énergie électrique ne s'obtient pas seulement par le solaire, l'hydraulique et l'éolien qui ne suffisent en aucun cas à alimenter de grandes infrastructures ni des villes importantes, et s'impose pour tous les États le recours soit aux sources d'énergie fossiles – charbon, pétrole (sous ses diverses formes), gaz naturel –, soit à la source d'énergie nucléaire, soit aux deux. Une minorité d'États dispose de quantités suffisantes pour leur propre consommation et souvent pour en exporter une partie, tandis qu'une majorité doivent au contraire importer matières premières ou matériaux et savoir-faire (centrales nucléaires, raffineries, infrastructures portuaires, pipelines, etc.) aux premiers, et par conséquent en dépendre. Avec l'augmentation vertigineuse, d'une part, du nombre d'humains en quelques décennies, d'autre part, du développement exponentiel depuis 1945 des activités et productions commerciales, industrielles, technologiques et des transports inhérents, les besoins énergétiques ont crû dans les mêmes proportions stupéfiantes. Y compris les plus controversées ? Sans le charbon en grandes quantités, l'Angleterre, la France et l'Allemagne se seraient-elles hissées au statut de grandes puissances aussi rapidement ? Sans ses gigantesques réserves de pétrole, de charbon, de gaz naturel, l'Union soviétique aurait-elle tenu, progressé et dominé en termes de puissance, des années 1920 à sa chute en 1991 ? Et la Russie à sa suite ? Sans un pétrole devenu cher mais demeuré encore assez rare, la Ligue arabe comprenant les États bédouins du Golfe, l'Algérie ou encore la Libye aurait-elle rejoint en quelques années (mais pour quelques années seulement) la cour des grands acteurs internationaux dans les années 1970-1980 ? Sans la parfaite maîtrise de l'énergie nucléaire, la France aurait-elle tenu son rang de (moyenne) grande puissance au cours de la guerre froide derrière les deux supergrands, notamment après les chocs pétroliers de 1973 et 1979 ?

Quoi qu'il en soit, sans même avoir besoin de remonter aux siècles antérieurs, tout illustre depuis au moins le début du XXe siècle cette quête effrénée de ressources énergétiques entre États : nature du partage franco-britannique des dépouilles de l'Empire ottoman en 1916-1922 ; choix américain de constituer des réserves stratégiques pétrolières ; option du « tout nucléaire » par la France ; prudence diplomatique du Japon tout à fait dépourvu de ressources ; bisbilles croissantes autour de l'Arctique ; volonté de la Chine d'établir des jalons militaro-commerciaux sur la route de son pétrole moyen-oriental ; politique de la Russie vis-à-vis des hubs (plaques tournantes) ukrainien et biélorusse et positionnement traditionnel de l'Allemagne vis-à-vis de Moscou (gazoduc Nord Stream 2) ; politique révisionniste de la Turquie d'Erdogan à l'encontre de la Grèce et aux côtés de la Libye (non contiguë !) et rapprochement concomitant d'Israël, de l'Égypte, de Chypre et de la Grèce ; tensions récurrentes entre pays d'aval du Nil et Éthiopie constructrice d'un barrage immense ; revendications territoriales entre forces kurdes irakiennes et gouvernement central de Bagdad autour de Mossoul et de Kirkouk ; revendications, auprès des instances internationales de surveillance de la convention de Montego Bay sur le droit maritime (1982), de certains

États riverains d'extension de leur plateau continental maritime ou océanique (golfe de Guinée, Arctique...), etc.

Reste qu'un État qui conjugue la possession d'espaces souverains prodigues en éléments naturels permettant de chauffer sa population, de faire avancer les véhicules, de faire tourner les usines et d'équiper correctement ports et aéroports, hôpitaux, centres de recherches, écoles, bureaux et commerces, et la capacité technique d'exploiter (plateformes), de transformer (raffineries), d'acheminer (tankers, méthaniers, gazoducs, oléoducs) et d'améliorer les propriétés et palettes d'emploi énergétiques détient un très authentique levier de puissance en termes d'autonomie stratégique et d'apports financiers, de capacité de développement infrastructurel, et même de dissuasion par sa capacité à tenir bon en cas d'embargo ou de blocus, à l'image du Qatar gazier, sous triple blocus maritime de 2017 à 2021.

CHAPITRE 6

Les illusions de la puissance

De façon générale, confondre objectif et stratégie, se préoccuper de son bien-être personnel mais non de celui collectif, prendre l'ombre pour la proie, privilégier la rigidité à l'autorité et le dogmatisme à l'idéal, choisir la pensée magique et le mysticisme plutôt que la rationalité, négliger les expériences et les leçons du passé ; tels sont les ingrédients infaillibles de l'échec.

Présumer de ses forces

Militaires. À Napoléon III qui lui demandait si l'armée était prête à la guerre face à la Prusse, le général Leboeuf aurait répondu : « Sire, il ne manque pas un bouton de guêtre[1]. » Ce genre de bouffonneries qu'on retrouvera tout au long du XXe siècle au Moyen-Orient et jusqu'au début de notre XXIe siècle au Caucase (que l'on se reporte aux communiqués triomphants du ministre irakien Tarek Aziz en mars 2003 ou du Premier ministre arménien en 2020, dans les deux cas en pleine débâcle) traduisent soit une impréparation flagrante au conflit qui vient, soit un manque d'information quant à l'état du front, soit encore une propagande destinée à fourvoyer l'ennemi, les alliés, ou sa propre population afin de la galvaniser.

Français et Britanniques présumèrent en 1915 de leur puissance de feu à Gallipoli face à la soldatesque ottomane bien retranchée sur

1. *Histoire de France en bandes dessinées*, Larousse, 1978.

des crêtes dominant des plages inhospitalières, encadrée et outillée par l'armée allemande. En 1967, le maréchal égyptien Abdel Hakim Amer jura à Nasser que ses armées triomphaient face à Israël, lequel président répercuta immédiatement « l'information » à son allié jordanien Hussein qui, intoxiqué, engagea son artillerie sur Jérusalem-Ouest (Israël), le président syrien souhaitant ne pas être en reste et volant au secours d'une victoire annoncée en pilonnant les villages du lac de Tibériade. Tous subiraient quelques jours plus tard l'humiliation et les coûts territoriaux exorbitants, et souvent définitifs, d'une déroute à peu près sans égale. Au Vietnam, les Américains présumèrent de leurs forces, non seulement dans une géographie extrêmement hostile mais aussi face à l'endurance et à la détermination du Viêt-Cong. Un avatar de la théorie du « Tigre de papier » de Mao en 1945… Et que dire de l'Afghanistan quand Joe Biden – induit en erreur hallucinante de la part de l'état-major – dut constater en août 2021 l'effondrement complet et immédiat devant les talibans de l'armée afghane pourtant équipée et entraînée par les États-Unis ?

L'observation vaut de manière très contemporaine pour des États consacrant des efforts budgétaires herculéens à la défense. L'Arabie saoudite a bien pu acquérir en un demi-siècle pour plusieurs centaines de milliards de dollars des matériels terrestres, navals, aériens et balistiques flambant neuf auprès de Washington, elle s'avère incapable de l'emporter face à une modeste guérilla au Yémen et d'empêcher que quelques drones iraniens détruisent une partie de ses installations pétrolières vitales. La Chine consacre à sa seule marine de guerre l'équivalent annuel de l'ensemble du budget militaire français contemporain (soit environ 50 milliards de dollars en 2022), mais nul ne sait si cette débauche de moyens financiers offre qualitativement une quelconque efficacité militaire au combat face à l'armada américaine et même aux autres flottes occidentales. On a vu que jamais encore la flotte chinoise ne s'est risquée à la confrontation dans le détroit de Taïwan pourtant officiellement zone souveraine pour Pékin, ni ailleurs au demeurant depuis de longs siècles… Car présumer de son aura et/ou de sa force de persuasion sur l'autre n'est guère moins périlleux que présumer de ses forces en nombres d'hommes et en quantité de matériels. Ainsi le consul Crassus ne se fourvoya-t-il pas sur l'aura des légions face aux Parthes ? Si l'armée romaine l'avait en effet emporté contre nombre d'ennemis – ce que savaient parfaitement ceux-là –, jamais l'une de ses victoires ne s'était produite dans le désert et contre d'insaisissables et agiles archers-cavaliers. À Carrhes, en 53 av. J.-C., ce fut logiquement l'hécatombe. Napoléon Ier se trompe quant à lui lourdement dans sa perception de la masse critique russe, de son centre de gravité, en franchissant le Niémen à l'été 1812. Il pense qu'aligner un demi-million de soldats face aux cent cinquante mille hommes des maréchaux Bagration et Koutouzov va faire mécaniquement plier le tsar, d'autant plus qu'il dirige lui-même cette grande armée, auréolé d'une gloire militaire sans précédent acquise depuis 1796, notamment, déjà face aux armées russes à Austerlitz, Eylau et Friedland. Or, Alexandre Ier sait que les deux piliers de la masse critique russe sont, d'une part, sa propre personne libre, d'autre part, son armée, même inférieure en nombre, et qu'en outre le temps et le terrain hostiles joueront en défaveur de son ex-allié mué en envahisseur.

En 1939, l'armée française est encore auréolée de sa victoire à la Pyrrhus de 1918 et vit sur sa réputation. D'où la sidération de son effondrement à la fois en France, en Europe – les généraux allemands redoutaient une guerre avec la France et y étaient défavorables – et aux États-Unis (Franklin D. Roosevelt méprisera cette armée, jadis glorieuse, capable de s'effondrer en quelques semaines). On peut élargir cette sensation de puissance à la représentation cartographiée de l'empire ; sur le planisphère appris par cœur par des millions de petits Français un demi-siècle durant, de gigantesques zones roses ou bleues, en Afrique, en Indochine et dans d'autres lieux offraient une excroissance aisément confondue avec la puissance. En réalité, une bonne part de ces territoires étaient quasiment vides d'hommes et de richesses (à l'image du Sahel), et, même si les « coloniaux » s'étaient vaillamment battus en 1914-1918, ils avaient été trop peu nombreux pour peser d'une quelconque manière sur le sort des armes dans les tranchées, et il en irait de même en 1940. Ou comment s'auto-intoxiquer par une propagande historiquement et géographiquement rassurante…

Redoutons aussi de confondre bataille et guerre. Le royaume d'Angleterre remporte la plupart des batailles de la guerre de Cent Ans mais perd ladite guerre. Bonaparte ne perd aucune bataille lors de la campagne de Russie mais perd la guerre, et, si l'armée russe n'a jamais remporté de victoire contre Napoléon, le maréchal Koutouzov dort aux Tuileries avec ses Cosaques tandis que son vainqueur sur les champs de bataille vogue, captif, vers son dernier exil.

Économiques. Disons un mot du risque de présumer de ses moyens économiques et financiers. On peut postuler sur des prêts mirifiques de partenaires ou d'institutions internationales, mais n'obtient pas un plan Marshall qui veut. Après une guerre cruelle qui a ruiné son pays, Saddam Hussein pensait pouvoir compter sur des soutiens plus massifs de la part des États arabes sunnites du Golfe dont il se prétendait le bouclier, estimant qu'il les avait sauvés de l'expansionnisme à la fois perse et chiite incarné par le nouveau régime au pouvoir à Téhéran. De fait, toutes les pétromonarchies bédouines réunies au sein du Conseil de coopération du Golfe l'avaient bien renfloué, mais insuffisamment à ses yeux. Il en concevrait rancœur et amertume et déciderait de se payer lui-même en envahissant le Koweït voisin et pétrolifère.

S'appuyer sur ses propres ressources rentières s'avère plus hasardeux encore. Avec un baril de brut à 150 dollars, les États monoexportateurs firent la « cigale », se plaisant à consentir à des dépenses somptuaires et militaires plutôt qu'à des investissements productifs ou infrastructurels. Seulement, lorsque survint « la bise » avec un baril à 50 dollars, on procéda à des coupes budgétaires dans le social et s'ensuivit une colère populaire parfois terrible (émeutes du pain en Algérie en 1988, Printemps arabe libyen et égyptien pour partie, etc.). Tout miser sur le tourisme ou les matières premières agricoles relève de la même hérésie.

Et puis, en économie comme dans maints domaines, tout est relatif et une rivalité interétatique prenant l'aspect d'une course de fond nécessite des moyens considérables au long cours. C'est ainsi que, face au programme excessivement budgétivore dit « de guerre des étoiles » annoncé par Reagan en 1982, l'Union soviétique se retrouvait dans l'incapacité de rivaliser. À terme, le roi serait nu, d'où la nécessité d'entreprendre des réformes massives et profondes afin non pas d'abattre le système mais de l'adapter au défi américain. On l'a dit ; Gorbatchev ne chercha pas à achever le bloc communiste mais bien à le transformer afin de pouvoir, sur des temps longs, espérer le relever. C'était retenter la Nouvelle Politique économique (NEP) de 1921 sous Lénine plutôt que refaire la révolution bolchevique ! Las, la dynamique dépassa le maître d'œuvre et entraîna dans sa chute le molosse vermoulu.

Ne pas sous-estimer l'adversaire

Les joueurs d'échecs le savent bien : baisser la garde à la troisième partie sous prétexte d'avoir remporté les deux premières contre le même adversaire s'expose à de graves déconvenues. Celui-ci peut s'adapter, modifier sa tactique, feindre, monter en force, apprendre de ses travers passés. Ce qui vaut après expérience d'une forme de faiblesse objective récurrente chez l'adversaire vaut aussi dès la première confrontation quand on le méprise *a priori*. Aucun adversaire n'est ataviquement impropre à la pratique du pouvoir, du commerce, des arts ou des armes. Pour le dire autrement, l'une des erreurs les plus récurrentes dans l'histoire politique et militaire est de prendre l'adversaire potentiel ou réel pour un imbécile.

Crécy, Poitiers, Azincourt… Ces trois défaites cinglantes du royaume de France face au royaume d'Angleterre correspondirent à une triple défaite de la morgue et de l'arrogance d'une classe sur une autre plutôt que d'une nation (concept anachronique) sur une autre, des chevaliers sur la piétaille, les fantassins. Par nature et par statut social, ces premiers portaient en eux une noblesse (au sens ambivalent du terme) leur conférant forcément une supériorité de courage, d'intrépidité et – sans doute – de protection divine. Que les conditions tactiques, matérielles, topographiques et climatiques objectives rendissent les trois charges de cavalerie aberrantes ne changea rien, et ce fut chaque fois l'humiliante débâcle.

Dans un registre très différent, en l'espèce ethnoracial, c'est mues par une représentation dévalorisante des « races » noires que les armées italiennes échouèrent à Adoua ; en 1896, dans cette bourgade d'Éthiopie, les officiers italiens subirent la première défaite d'une armée européenne contre une armée non européenne depuis plusieurs siècles, si l'on excepte la défaite du général américain Custer à Little Big Horn en 1876 face aux Sioux. Cette déroute fut largement imputable à une impréparation et à une stupidité tactique, mais une telle légèreté aurait-elle été permise face à une armée européenne ? À certains égards, on retrouve un schéma similaire à Port-Arthur en 1904, où la condescendance russe à l'endroit des armées nippones sera flagrante et la défaite conséquente cuisante. Les nazis ne méprisaient-ils pas les Slaves lors de l'opération Barbarossa de 1941 ? Des barbares pouvaient se battre furieusement mais il leur manquait l'intelligence... Nazis et généraux japonais considéraient les Américains comme décadents et affaiblis par des mœurs capitalistes et libérales dissolues et (pour les premiers au moins) trop « enjuivées » et « abâtardies » pour lutter efficacement. Or, même peu aguerris, les Américains se battraient en 1942-1945 avec une vigueur, une endurance et parfois un héroïsme tout à fait manifestes.

La condescendance israélienne vis-à-vis des armées arabes en 1973, elle, puisait aux expériences. Largement vaincues en 1948, littéralement écrasées en 1956 et 1967, elles ne pouvaient donc constituer un véritable danger. Les stratèges de Tsahal, sachant bien que les causes ayant fait chuter leurs ennemis à trois reprises ne prévalaient plus, se convainquirent néanmoins que le caractère structurellement piètre des Arabes à combattre annulerait les effets de ce changement. Ainsi, en dépit des avertissements répétés des services de renseignements et de la posture claire de Sadate (considéré par ailleurs, à tort, comme un caractère faible et un esprit limité), chacun en Israël – du glorieux ministre de la Défense Moshé Dayan fanfaronnant aux simples conscrits en passant par les officiers supérieurs – considérait comme impossible une menace arabe. Meilleure preuve de ce mépris de l'ennemi : le caractère squelettique du dispositif protégeant les lignes de front au matin de l'offensive syro-égyptienne du 6 octobre 1973, ressenti d'ailleurs par les officiers égyptiens s'étant emparés de fortins si maigrement défendus comme offensant ! Tsahal s'en sortira finalement haut la main mais la débauche d'ingéniosité, de ténacité et de moyens qu'il aura fallu pour vaincre cette quatrième fois plongera toute la société dans un abîme de doute.

Très différente, mais tout aussi cruelle, est la déconvenue arménienne de 2020. Si la victoire azerbaïdjanaise au Karabakh tient davantage à un déséquilibre technologique lié aux drones performants alignés par Bakou qu'à un manque de mobilisation ou de combattivité arménien, on doit se demander si ce déséquilibre n'aura pas traduit (plus que des problèmes budgétaires) une confiance aveugle dans l'incapacité des Azerbaïdjanais à se battre correctement née – entre autres considérations culturelles – de la victoire de 1994... Au fond, si l'adversaire est inférieur, inutile de lui opposer plus que le strict nécessaire ! Pourtant, à Erevan entre 1994 et 2020 comme à Jérusalem entre 1967 et 1973, on savait fort bien le haut niveau de revanchisme et d'acquisition de matériels nouveaux entretenu par l'ennemi.

Plus récemment, l'armée éthiopienne, admise par les experts militaires comme relativement solide et nettement plus puissante que les troupes tigréennes et coalisées ennemies, aura également subi une humiliante déroute face à elles avant de se reprendre.

Bien évaluer l'ampleur, la nature, et le caractère décisif de la victoire

Une victoire, ça s'interprète, ça se jauge, ça s'évalue. Aucune n'est à une autre parfaitement ressemblante, et nombreuses sont celles qui, faute d'avoir été correctement pensées, donnèrent lieu à des attitudes politiques ou stratégiques aberrantes menant à la ruine. Longtemps, sous l'Antiquité, au Moyen Âge et jusqu'au terme du XIXe siècle, le camp du vaincu reconnaissait dans la plupart des cas sa défaite, du moins quand restaient des hommes sur le terrain pour témoigner de celle-ci, et surtout lorsqu'un pouvoir politique assumait la bataille qui venait d'être menée ou la guerre qu'il conduisait. Il en acceptait les conséquences, avec ou sans négociations, selon la volonté et la puissance du vainqueur. Pour ce dernier, c'était bien entendu le schéma idéal car le vaincu coopérait à son propre sort et le laissait subir les conséquences de sa défaite. Mais avec, d'une part, l'avènement des guerres longues (Sécession, Guerres mondiales, guerres coloniales), d'autre part, la multiplication des guérillas et des coups de force non décisifs et, enfin, l'idéologisation des conflits, rares sont devenus les verdicts nets, autrement dit les défaites reconnues par le vaincu, et plus rare encore l'acceptation des coûts diplomatiques, stratégiques, économiques subséquents.

Revenons-y. La victoire de 1918 est fêtée comme telle dès l'armistice du 11 novembre. Comment en aurait-il pu aller autrement ? Les Poilus ont héroïquement tenu en dépit des premières hécatombes face à l'énorme poussée allemande et l'enfer des tranchées, l'ennemi ne peut plus l'emporter et recule grâce aux nombreux renforts américains, le chaos révolutionnaire menace à Berlin, l'Alsace et la Moselle perdues en 1871 vont être libérées… Mais cette victoire est empoisonnée tant le pays est saigné et les destructions immenses, et, du reste, l'Allemagne n'a pas capitulé mais « seulement » demandé et obtenu un armistice alors que ses troupes stationnent encore sur le sol français. Quant au fameux slogan de Clemenceau « L'Allemagne paiera » lors du diktat de Versailles de 1919, tout indique (et notamment la tiédeur des Anglo-américains s'agissant des prétentions françaises) qu'elle n'est qu'incantatoire. De fait, des réparations seront bien versées dans les années 1920, mais sans commune mesure avec l'exigence d'origine. Enfin les gains territoriaux au détriment de l'Allemagne et de son allié ottoman ne compensent en rien les pertes financières abyssales : Mossoul est cédé aux Britanniques (contre une modeste participation pétrolière), et le Levant arraché à la Sublime Porte, pas plus que le Cameroun et le Togo confisqués à Berlin, ne prodiguent de vrais apports en termes de puissance politique, commerciale ou stratégique. Au fond, la France a gagné car elle n'a pas perdu. Et la fiction auto-intoxicante d'une immense victoire, partout et toujours remémorée et célébrée, dans l'espace (mémoriaux) comme dans le temps (calendrier), dispensera dans les cruciales années 1930 de la vigilance, de la créativité et de l'adaptation nécessaires face à un revanchisme allemand d'autant plus redoutable qu'il se nourrissait de ressentiment et d'injustice liée à la… fausse défaite de 1918.

Si réussie qu'elle put être en tant que prouesse technique et tactique, l'attaque nippone sur Pearl Harbor du 7 décembre 1941 fut-elle une victoire ? Dans l'immédiat certes, mais qui entraînerait trois années et demie plus tard une terrible défaite stratégique et, pour le régime, définitive. Pensant neutraliser moralement et militairement les États-Unis pour de longues années et, au mieux, perpétuellement, l'état-major nippon se méprit non seulement sur le levier moral et politique considérable que ce *Day of Infamy* offrait à Roosevelt, auteur de l'expression, mais sur les phénoménales capacités industrielles, technologiques et organisationnelles de cet État.

Alliances militaires et allégeance

Présumer de la solidité ou de l'applicabilité des alliances auxquelles un État est lié est l'une des plus funestes erreurs qu'il soit, en l'occurrence surtout pour le plus modeste des deux contractants, quand s'impose un schéma fort/faible.

Longtemps, les alliances entre entités familiales, claniques et pré-étatiques ducales, impériales et autres, se nouaient par le truchement matrimonial. Un mariage décidé par les pères incarnait parfois la cause, le plus souvent la traduction, d'un pacte dont les liens du sang devaient en principe garantir solidité et pérennité, et, pour l'un des contractants au moins, une dot considérable en richesses et/ou en terres souveraines (ex. : Anne de Bretagne, Isabelle de France, etc.). Chez les Mongols de Gengis Khān, l'Anda était le « frère juré », à la vie à la mort. L'avènement de l'État moderne au XIXe siècle a mis fin à cette dimension, sauf dans des espaces encore fortement claniques et tribaux comme la péninsule Arabique ou, néanmoins, ils ne constituent plus le b-a-ba des systèmes d'alliance. Dès 1914, la parenté entre les Saxe-Cobourg et les Hohenzollern n'avait plus d'effet et le Royaume-Uni et le IIe Reich se livreraient à une guerre sans merci…

Absence d'alliance. Tenter l'aventure militaire contre plus fort que soi en l'absence d'alliance officielle peut s'avérer extrêmement périlleux. Le président Saakachvili a-t-il sincèrement cru que les États-Unis lui viendraient en aide dans son opposition à la Russie de Vladimir Poutine, ou a-t-il cherché précisément à lui forcer la main quand, en 2008, il lança ses forces en Abkhazie séparatiste au risque majeur pour ne pas dire évident d'une cinglante riposte militaire russe ? Dans un cas comme dans l'autre, il s'est gravement fourvoyé et la Géorgie continue d'en payer un prix fort élevé, avec non seulement l'occupation par les forces russes de la petite République séparatiste mais aussi son soutien à l'indépendance de l'Ossétie du Sud et la distribution aux russophones de ces deux zones des passeports russes en guise de protection. L'erreur consista à croire que, bien que n'étant pas membre de l'OTAN, celle-ci interviendrait dans un espace de l'étranger proche de la Russie, État dirigé par un nationaliste cherchant justement, et de surcroît, à revenir en force et montrer sa crédibilité après la décennie noire de repli sous son prédécesseur Boris Eltsine, entre 1991 et 1999.

Alliance opportuniste. Le Pacte de fer germano-italo-nippon se révéla fragile dès que Berlin en eut le plus besoin : le Japon, pourtant sollicité par l'Allemagne nazie pour prendre à revers l'URSS attaquée en juin 1941, préféra s'abstenir ; Tokyo, dont les armées terrestres étaient déjà engagées sur plusieurs théâtres d'opérations, privilégiait l'accès aux pétroles d'Indonésie, préparant par ailleurs un coup qu'il escomptait fatal à Pearl Harbor contre les Américains. Les immensités glacées de Sibérie attendraient et, de toute façon, il serait toujours temps de voler au secours de la victoire si le Reich l'emportait. Le Japon ne fut pas récompensé de son abstention puisque Staline lui déclara la guerre au lendemain des bombardements atomiques d'août 1945 et s'empara de l'île de Sakhaline et du sud de l'archipel des Kouriles. Dans un cas de figure fort différent mais récent et instructif, les Kurdes du nord de la Syrie (la Rojava) pensaient-ils disposer d'une alliance indéfectible avec les États-Unis, implicite certes mais forgée dans le sang des combats contre des ennemis communs, à savoir les barbares de Daesh ? Sans doute. Or, Donald Trump, en ordonnant soudainement le retrait quasi complet des deux mille soldats américains stationnés dans la zone en 2019, les abandonna à la vindicte turque, rétorquant avec sa subtilité devenue légendaire à ceux qui lui faisaient remarquer les états de service de ces courageux alliés qu'« ils n'avaient pas participé au Débarquement de Normandie en 1944 »...

Alliance incomplète. Non seulement il peut s'avérer dangereux de s'en remettre exclusivement à une alliance militaire dûment établie en guise de montée en puissance, mais en confondre la réalité avec de simples chaleureuses manifestations d'amitié et autres coopérations économiques et commerciales relève du saut périlleux ou du coup de dés. Les mots, les gestes symboliques, les visites diplomatiques, les échanges de présents et autres effusions oratoires disent quelque chose et il convient de ne pas en négliger l'importance, mais ils ne coûtent rien en comparaison du sang versé et des milliards dépensés en soutien militaire effectif. Et ce risque est concrètement l'assurance-vie en même temps que la quintessence de l'alliance militaire. Lors de la guerre de l'automne 2020, les Arméniens se plaignirent amèrement que la Russie, pourtant liée par un pacte de défense de soixante ans et présente par le truchement d'une base en république d'Arménie, laisse l'Azerbaïdjan attaquer victorieusement leurs forces au Karabakh pour ne décréter un cessez-le-feu qu'après la réappropriation des trois quarts des terres perdues par Bakou en 1994. Sans doute auraient-ils dû lire l'astérisque au bas du contrat indiquant que la protection russe ne valait que pour les seules frontières de la république d'Arménie *stricto sensu* et non pour le Karabakh, fût-il très majoritairement peuplé d'Arméniens depuis des siècles.

En principe, au sein de l'OTAN et en vertu de la clause n° 5 de cette vaste alliance multipartite (dite clause « Mousquetaire »), prévaut le principe du « un pour tous et tous pour un » en toutes circonstances. En principe... À Paris et à Londres, en 1959, on accueillit fraîchement la nouvelle théorie américaine des *retaliations*, la graduation de la riposte nucléaire américaine en cas d'attaque conventionnelle du pacte de Varsovie. Pour son concepteur Henry Kissinger, les États-Unis devaient en effet s'abstenir de déclencher une guerre nucléaire apocalyptique si des cibles secondaires (donc non américaines) étaient visées par Moscou. Dans ce schéma, la dissuasion US – pilier principal de l'OTAN – s'appliquerait-elle à des villes françaises et britanniques ? Au-delà de son souverainisme ombrageux, de Gaulle sortit la France du commandement intégré de l'OTAN (et non pas de l'OTAN contrairement à l'erreur commune) et exclut son arsenal nucléaire de l'alliance pour cette raison précise. La leçon, ici avertissement sans frais, pouvait se résumer ainsi : ne pas dépendre pour sa survie de ses alliés, si stables et puissants soient-ils.

Alliance soumise aux aléas constitutionnels du contractant. Le régime politique qui préside aux destinées de l'État dont on recherche ou accepte l'alliance semble-t-il stable et pérenne ? En 1918, les révolutionnaires bolcheviques qui viennent de renverser le gouvernement d'Alexandre Kerenski mettent immédiatement en application leur priorité programmatique consistant à cesser la guerre. Pour Paris et Londres, la conséquence immédiate du traité de Brest-Litovsk signé avec Berlin est la perte de leur précieux allié russe de revers, et donc la capacité pour l'Allemagne de transborder sur le front occidental plusieurs dizaines de divisions. Sans l'arrivée concomitante des troupes américaines fraîches, que se serait-il produit ? En 1979, l'Iran change radicalement de régime et donc d'alliance ; dorénavant, Washington n'est plus l'allié mais l'ennemi... La liste est bien longue de ces cas de figure laissant plus ou moins soudainement l'un (ou plusieurs) des contractants d'une alliance, si solide soit-elle, le bec dans l'eau. Dans un schéma bilatéral, que le plus puissant en soit victime n'entraîne généralement pas de catastrophe, mais malheur au plus faible qui comptait éperdument sur le maintien de l'alliance du plus fort devenu indifférent ou hostile.

Alliance inapplicable. Autant est-il objectivement très difficile de statuer préalablement sur la pérennité d'un nouvel allié et sur l'intérêt à long terme qu'il aura à le rester et à assumer son pacte en cas de crise, autant on doit impérativement évaluer si, oui ou non, l'alliance militaire qu'il propose ou concède est applicable, et cela dans des contextes nombreux et variés. En 1938, en signant les accords quadripartites de Munich, la France et, dans une moindre mesure, le Royaume-Uni abandonnèrent littéralement la Tchécoslovaquie, officiellement alliée, en rase campagne, la livrant pieds et poings liés au IIIe Reich sur l'autel et dans l'espoir d'une paix illusoire. Un débat historien porte sur la question de savoir s'il ne s'agissait pas « seulement » pour Édouard Daladier de gagner un temps précieux pour se préparer, précisément, à une guerre et ainsi en dissuader Hitler, mais, même dans cette hypothèse improbable, la France mieux armée serait-elle allée par la suite, une fois la guerre avec l'Allemagne évitée, voler enfin au secours de son ancienne alliée occupée ? Compte tenu de l'état d'esprit ambiant, de l'*appeasement* britannique et de la configuration géostratégique de l'époque, la question apparaît rétrospectivement absurde. Car, depuis la fin des années 1920, Paris avait ostensiblement sacrifié toute possibilité de projection de forces au profit d'une posture défensive dont la très budgétivore ligne Maginot (plus d'un tiers des dépenses de défense annuelles une décennie durant !) traduisait bien, outre l'absence d'une réelle capacité de production massive d'avions de combat, la réalité intangible. En bref, comment l'armée française aurait pu venir secourir un allié situé de l'autre côté de l'Allemagne sans moyens offensifs ? L'invasion de la Pologne en septembre 1939 mit cruellement en lumière l'insincérité de l'alliance de revers. Paris et Londres pouvaient bien, cette fois, déclarer la guerre à Berlin, elles n'entreprirent rien pour la sauver pendant l'offensive allemande ni pour la libérer une fois l'offensive achevée, et cela jusqu'au choc fatal et, hélas, prévisible de mai 1940.

Au fond, nous dirions que les alliances, un peu comme certaines promesses électorales, engagent surtout ceux qui y croient. Pour pouvoir s'y fier, il faut vérifier régulièrement moins la *sincérité* du protecteur que son *intérêt* bien compris à la maintenir d'une part, sa *capacité* à l'assumer d'autre part.

Se fantasmer en champion

L'une des caractéristiques des hommes d'État et parfois des régimes politiques dont ils sont les fondateurs réside dans la propension de certains d'entre eux à se représenter comme leaders, guides ou représentants d'un monde ou d'une cause dépassant largement les frontières des entités politiques qu'ils dirigent. Se représenter comme incarnant *les* populations de même langue, culture ou civilisation peut conférer un certain prestige, une forme de responsabilité protectrice, mais au moment crucial d'un conflit grave, l'arme peut s'avérer soit inopérante, soit à double tranchant.

Gamal Abdel Nasser aura beau tenter d'incarner – avec succès au demeurant, surtout après l'affaire de Suez en 1956 – tout à la fois les non-alignés, le monde arabe, voire le monde musulman, l'Égypte sera quasiment seule face aux chars israéliens en 1967. Parmi les porteurs de multiples casquettes et, en l'espèce, celle de disciple de Nasser, mentionnons le colonel libyen Mouammar Kadhafi qui, non content de se faire le chantre des Arabes, des musulmans et des Africains, investit lourdement des décennies durant dans des hôpitaux, stades, routes, ponts, ports et mosquées jusqu'à la conversion à l'islam d'un chef d'État subsaharien, afin de « tenir » ses nouveaux alliés. En vain ; au jour fatidique de la révolte de Benghazi lors du Printemps arabe de 2011, il se retrouverait seul face aux rebelles soutenus par les aviations européennes avant d'être abattu comme un vulgaire brigand. Qui, en Afrique et dans le monde arabo-musulman, y compris là où il avait investi et était admis comme un bienfaiteur, lui vint en aide ? Réellement, personne. Là encore, la *masse critique* de la puissance ne fut pas le statut de champion aux yeux de chefs d'États faibles ou très prudents, mais bien la détermination et les aviations redoutables d'États puissants…

Encore n'évoquons-nous là que des champions relativement forts, au sens où ils dirigèrent des États. Mais le constat de vulnérabilité du champion faible vaut tout autant. Le leader palestinien Yasser Arafat aura tenté toute sa vie, jusqu'à son réduit de la Moukhata de Ramallah face aux blindés de Tsahal, au cours de la Seconde Intifada, d'incarner le champion de la lutte des faibles et de surjouer sa propre faiblesse afin de gagner la sympathie des chancelleries et des opinions publiques, avec un bilan finalement infime. Concept excessivement délicat à manier, *l'opinion publique* sera ici traitée ultérieurement. Posons d'ores et déjà qu'elle ne vaut ni ne procure, seule et en soi, ni alliance ni puissance. Erdogan joue le pantouranisme (dit aussi panturquisme) afin d'obtenir soutiens et marchés dans une Asie centrale indirectement turcophone (excepté les Tadjiks, persanophones), ainsi que l'islam sunnite ; mais au nord de la Syrie, en Libye et au Caucase face à la puissante Russie, et dans les eaux territoriales grecques en 2020 face à la France, il se retrouve seul. Même la reconnaissance historique par Joe Biden du génocide arménien de 1915 ne peut être évitée par Ankara, en dépit de ses prétendus appuis. Et rappelons que lorsqu'Israël frappe le Hezbollah en 2006, l'Iran n'intervient pas et nulle « brigade internationale » chiite ne se porte au secours du mouvement chiite libanais pourtant créé par… Téhéran en 1982.

Et ne pourrait-on pas poser aussi la question d'une Union soviétique qui prétendait parler au nom des prolétaires du monde entier et, plus largement dans la propagande de Moscou, des déshérités et autres victimes du capitalisme et de l'impérialisme inhérent et subséquent, mais dont le soutien et l'assistance politique et militaire des autres États communistes n'auront jamais été que contraintes ? Preuve en fut qu'immédiatement après l'effondrement, tous les satellites européens de Moscou se précipitaient non seulement vers l'UE mais aussi et surtout vers l'OTAN. Entretemps, aucun courant de volontaires « prolétaires » ne sera venu des quatre horizons sauver la « maison mère ».

Il en va de même pour des champions religieux. Nombre de papes censément représenter l'ensemble des chrétiens (puis seulement des catholiques après le Grand Schisme d'Occident en 1054 et la Réforme [protestante] au XVIe siècle) au nom du Christ-Roi firent les frais d'une désobéissance prenant parfois la forme de guerre et même d'atteintes graves à leurs personnes, tout vicaires de Dieu sur Terre et successeurs de saint Pierre fussent-ils. En Islam, des califes connurent un sort similaire jusqu'à l'abolition du califat en 1924 par un État-nation à la population et au régime très majoritairement musulmans, sans que les masses musulmanes s'en émeuvent particulièrement. Oussama ben Laden prétendait parler au nom de « l'islam de la juste voie » et des « vrais musulmans ». Certes il fit des émules mais au sein de la nébuleuse islamiste radicale essentiellement, sans qu'un vrai courant ni un État ne lui fasse allégeance, et son élimination par un commando américain le 2 mai 2011 ne suscita guère de remous considérables. Daesh ne parvint pas davantage, optant pourtant pour la dimension étatique, à créer des alliances bien que combattant au nom de l'Islam. De son côté, George Bush fils avait-il voulu incarner la démocratie en Irak qu'il échouait largement ; d'une part, des États peu recommandables intégraient sa coalition, d'autre part, France et Allemagne ne le suivaient pas.

Le recours douteux ou funeste au mystique et à la pensée magique

La foi et les croyances sont éminemment respectables quand elles ne légitiment pas mépris et exactions, mais pas nécessairement très bonnes conseillères du prince. Qu'un chef d'État ou de gouvernement, une fois un succès enregistré, remercie et en gratifie Dieu n'a déjà rien de rassurant, mais que celui-ci affirme ou démontre – en *amont* d'une décision – s'en remettre à Dieu ou invoquer les esprits ou consulter cartomanciennes et voyantes comme on sollicitait jadis les mages et devins pour interroger astres et viscères animales devrait susciter la circonspection sinon l'effroi. Pour gérer, administrer, organiser des choses aussi chiffrables que des finances publiques, du ravitaillement, des barèmes et grilles de salaires, la production ou l'acquisition d'infrastructures ou de produits énergétiques nécessite rationalité et pragmatisme plutôt que mysticisme. Si la diplomatie fait bien appel pour sa part à autre chose que des chiffes, à commencer par du phrasé, de la ruse et même des sentiments, il s'agit *in fine* de promouvoir sa propre cause en devinant les stratégies et objectifs du partenaire/adversaire, en poursuivant ses propres stratégies au service de ses propres objectifs au regard de ses propres intérêts bien compris. Objectifs, stratégies, intérêts… ; voilà bien du rationnel ! Inclure la transcendance dans l'équation ou dans l'équipe de négociateurs ne procure pas forcément de résultats probants.

Le président vénézuélien Nicolás Maduro, pourtant en principe chantre de la raison et athée puisque marxiste, témoigna en parvenant au pouvoir après le charismatique Hugo Chávez qu'un oiseau s'était posé sur son épaule et lui avait parlé de ce dernier[1]... Sa politique en serait-elle bien inspirée ? Les références devenues obsessionnelles d'un Erdogan ont-elles permis de francs succès économiques ou diplomatiques ? Le mysticisme évangélique de Jair Bolsonaro a-t-il favorisé la puissance du Brésil ou le bien-être des Brésiliens ? Et *quid* des « croisades » de Bush fils, des incantations de Narendra Modi et des annonces répétées par le Hamas que « les portes de l'enfer s'ouvriront sous l'ennemi sioniste » ? De quoi est mort prématurément ce ministre iranien ayant récemment proféré que le Covid-19 avait été envoyé par Dieu pour punir les mécréants ? Du Covid-19. Les Juifs ultraorthodoxes ayant annoncé que les précipitations reviendraient grâce à leurs prières récurrentes pour la pluie psalmodiées au Kotel Hamaaravi (Mur des lamentations) ont effectivement vu les capacités hydriques d'Israël s'améliorer, grâce aux... unités de dessalement d'eau de mer finalement construites par l'État. Quant aux fanatiques incandescents d'Al-Qaida, Daesh et autres Boko Haram, s'ils sont en effet parvenus à tuer des dizaines de milliers de personnes et à en réduire en esclavage, torturer, violer, piller, spolier et humilier des milliers d'autres, tout en provoquant coûts et contraintes en termes de transports et de sécurité à travers le monde, leur bilan est-il à la hauteur des prétendues promesses d'Allah invoquées à l'envi depuis plusieurs décennies ? Le monde des *koufar* (mécréants) s'est-il massivement converti comme annoncé maintes fois ? L'*Oumma* (communauté des croyants musulmans) s'est-elle reconstituée comme aux temps des *salaf* (compagnons du Prophète) ? L'« entité sioniste » et le « grand Satan » américain sont-ils détruits ? L'État califal est-il encore debout et puissant ?...

On relativisera le propos, non sur le fond mais par rapport aux dirigeants pragmatiques ou païens. Si nombre de chefs politiques ou militaires entreprirent des initiatives folles et ubuesques poussés par un fanatisme religieux, il n'en fut pas toujours ainsi. Napoléon Ier s'engageant en Russie n'est pas mû par une ardente foi chrétienne ni par la seule volonté de faire plier le tsar sur d'arides questions économiques prosaïquement liées au blocus antianglais, mais poussé par un destin de conquérant asiatique à la façon Alexandre le Grand. S'agissant des

1. « L'oiseau qui murmurait à l'oreille de Maduro que Chavez est heureux », France 24 (avec AFP), 29 juillet 2014.

grands démiurges du XXe siècle – de Staline aux dirigeants du Hutu Power rwandais en passant par Hitler et Pol Pot –, ils n'accomplirent pas leur politique criminelle ou génocidaire au nom d'un Dieu auquel ils ne croyaient pas ou plus, si tant est qu'ils eussent jamais cru en lui.

Peut-être davantage encore que sa propre irrationalité, qu'elle soit instrumentale, sincère ou les deux à la fois, le dirigeant doit se méfier de celle de ses homologues. Négliger les représentations de l'Autre, c'est se condamner à méconnaître ses objectifs et lignes rouges en temps de crise et de pourparlers, à se méprendre sur ses stratégies, et, parmi ses représentations, celles relevant de la foi religieuse valent souvent, plus encore que d'autres, d'être observées et connues. Chamberlain, le Premier ministre britannique ardent partisan de l'*appeasement* avec l'Allemagne nazie au terme des années 1930, ne dira-t-il à sa chute provoquée par l'offensive allemande du 10 mai 1940 : « Si seulement Monsieur Hitler n'avait pas menti… » ?

Enfin, le problème de la promesse messianique ou millénariste, c'est qu'il faut la tenir. Quand les leaders arabes annoncent des décennies durant sur la foi de leur interprétation de versets coraniques qu'Israël sera bientôt anéanti, mais que leurs peuples voient revenir leurs soldats en fuite ou en bière plus souvent qu'à leur tour, patience et crédibilité s'émoussent. À la fin, la frustration populaire se retourne souvent contre les faux marchands d'espoir.

Croire qu'on peut impunément négliger longtemps l'intérêt collectif

Dans une analyse géopolitique sérieuse, invoquer la malchance, le hasard ou un sortilège divin pour expliquer une situation difficile ne se pratique pas. Incontestablement, certains États – pour de sempiternelles raisons liées à leur histoire et à celle de leur environnement, voire du monde – s'étendent sur des espaces très ingrats au sens économique et géopolitique du terme : rareté ou faible rentabilité des ressources naturelles commercialisables, absence d'accès aux mers, rigueur des climats, difficulté géographiquement objective à défendre des frontières dans un contexte hostile, surpopulation, etc. Mais l'observation géopolitique d'un État en difficulté ne peut se satisfaire de ces déterminants sur lesquels tant de dirigeants ou de commentateurs complaisants s'arrêtent pour justifier une situation sociale, politique, diplomatique ou militaire calamiteuse, et qui, soit dit en passant, sont rarement intangibles.

L'une des questions les plus fondamentales est ainsi celle de la *gouvernance*. Tel État en difficulté bénéficie-t-il d'une classe politique privilégiant le sens de l'intérêt collectif ? Des dirigeants attachés au *bien commun*, à la *Res publica* (la chose publique, au sens noble du terme romain désignant les affaires communes dans la cité), à une communion civique avec et pour leurs concitoyens, ou encore à ce qu'on nomme en France avec emphase *l'intérêt supérieur de la nation*, feront au mieux pour pallier les carences ou handicaps de l'État dont ils ont la charge de gouverner. Ces hommes et ces femmes de pouvoir peuvent échouer, bien sûr. N'a-t-on pas vu Simón Bolívar, Sun Yat-sen ou les hommes de la république de Weimar – la bonne volonté n'étant jamais qu'une condition parmi d'autres du succès – échouer dans leurs objectifs ? À l'inverse, la recherche de l'intérêt clanique, tribal, ethnique, familial et/ou personnel ne permet que très rarement à l'État de prospérer et de monter en puissance, ou alors sur une courte durée. La cascade de chutes de gouvernements et de régimes intervenue en 2011-2012 dans un monde arabe presque entièrement sujet à ce mode d'exercice autoritaire et corrompu du pouvoir l'a parfaitement illustré. La distinction entre les deux attitudes, d'une part, n'est pas toujours si nette (on a vu tant de dirigeants sincèrement soucieux de l'État et des citoyens tout en profitant des privilèges du pouvoir), d'autre part, ne coïncide pas mécaniquement avec celle entre pouvoirs démocratiques et autoritaires. Le fondateur de Singapour, Lee Kuan Yew, a bâti un régime autoritaire mais dont les efforts furent incontestablement tendus vers le bien commun de la population et la puissance de l'État. On objectera à juste titre que le bien-être du plus grand nombre et la puissance de l'État ne coïncident pas nécessairement. Cela étant, redisons que le premier contribue au second, et qu'un sentiment largement partagé que le pouvoir fait au mieux pour tous sans distinction particulariste favorise la cohésion et la loyauté de ce plus grand nombre vis-à-vis de l'État, le renforçant par là même. À l'inverse, la misère noire ou le « simple » mais massif sentiment d'injustice sociale devant la Loi, la santé, la sécurité, l'éducation ou le logement rendent les citoyens hostiles à l'État. Suivent deux cas d'école respectivement conjoncturel et structurel.

Face à la pandémie de Covid-19, alors que des centaines de milliers de leurs concitoyens succombent dans des conditions atroces au virus, des chefs de l'exécutif ont clairement affaibli la crédibilité de l'État qu'ils représentaient par des propos outranciers et des croyances ridicules. De Donald Trump rejetant toute nécessité de gestes barrières et se demandant s'il ne conviendrait pas d'ingérer une forme d'eau de Javel pour nettoyer le corps du virus à Narendra Modi dont des proches à la tête du BJP au pouvoir suggérèrent l'ingestion d'urine de vache, en passant par Jair Bolsonaro affirmant qu'il ne s'agissait que d'une « grippette » et rejetant catégoriquement toute initiative pédagogique, financière ou prophylactique, la faillite de la haute puissance publique est manifeste. Dans cet ordre d'idées, on pourrait rappeler les inepties de présidents sud-africains tels Thabo Mbeki et Jacob Zuma quant à la diffusion (par des services secrets occidentaux ?) du sida en Afrique et aux moyens de s'en prémunir[1]. Tous furent, ou sont, des dirigeants puissants dotés des principales prérogatives dans leurs États démocratiques respectifs, tous tenaient à raffermir leur aura et/ou leur assise électorale en vue de prochains scrutins.

Le cas libanais, structurel, est lui aussi désespérément éloquent. Le 4 août 2021, une explosion d'origine chimique endommageait une partie de Beyrouth, tuant plusieurs dizaines de personnes, achevant de déconsidérer un État créé par le mandataire français en 1943 et sur le berceau duquel s'était penchée une mauvaise fée : le confessionnalisme constitutionnalisé. Cet État, moins puissant que les principaux groupes confessionnels qui s'en partagent la réalité des prérogatives et richesses, est structurellement faible puisque ses gouvernants successifs sont précisément les chefs claniques et népotiques desdits collectifs. Non seulement l'État libanais n'a ainsi jamais pu afficher de véritable puissance mais encore constitue-t-il une sorte de trou noir suscitant l'instrumentalisation politique des puissances environnantes : les chiites massivement par l'Iran à travers le Hezbollah ultramilitarisé depuis 1982, les sunnites par l'Arabie saoudite et certains alliés du Golfe depuis les années 1960,

1. Clarisse Juompan-Yakam, « Sida et Afrique : épidémie de bêtise », *Jeune Afrique*, 30 mai 2013.

et les maronites par Israël entre 1976 et 1983. Ce système, conjugué à la crise palestinienne et à l'installation du Fatahland en 1970, mena déjà à la cruelle guerre civile de 1975-1990, puis à quantité d'assassinats politiques, à une instabilité et une insécurité chroniques pour la plupart des citoyens. L'exaspération est croissante dont la fuite des jeunes diplômés vers l'Occident et d'entrepreneurs vers l'Afrique francophone et l'Amérique latine est l'un des effets délétères pour l'avenir du pays. Cette fois, la faillite de la Banque centrale (concrètement, la spoliation de centaines de milliers d'épargnants) a entraîné la paupérisation de l'ancienne « Suisse du Moyen-Orient ». La gabegie du président de l'État (aux propos complotistes après l'explosion de Beyrouth et aux manœuvres dilatoires, soumis à la volonté du puissant Hezbollah) et de ses ministres a provoqué la colère des amis et bailleurs de fonds, à commencer par la France, qui exigent désormais un assainissement sous supervision des finances publiques et une modification de la classe politique, ce que refusent naturellement ceux qui en profitent ! Quadrature du cercle d'un État fondamentalement faible.

Concluons sur ce thème de la gouvernance, trop négligé en géopolitique car non quantifiable et prêtant à des interprétations par définition subjectives, et pour autant si essentiel. Dans l'idéal, le sens, la défense et la poursuite de l'intérêt collectif et de l'État s'accompagnent d'une propension à la prudence, au pragmatisme et à une certaine humilité. On a beau sincèrement tenter de promouvoir l'État et l'ensemble de ses citoyens, mener une politique outrancière, arrogante ou irréfléchie conduit souvent au désastre, et, à tout le moins, éloigne de toute montée en puissance de l'État. La prudence prend toute sa valeur par temps de conflictualité – on sait quand et comment débute une guerre, jamais quand ni comment elle s'achève – et de crise économique et sociale. Mener une politique à coups de menton à la hussarde, sans tenir compte des réalités objectives ni d'un certain consensus parmi ses conseillers (les sages Commynes, Sully ou de l'Hôpital !) ou ses alliés, peut coûter cher en cela qu'elle incite les investisseurs à la retenue, les clients et fournisseurs à la méfiance, les alliés à la circonspection, les adversaires internes et extérieurs à l'audace. La réversibilité, après d'impétueuses décisions, n'est pas toujours possible…

Enfin et surtout, il y a l'intelligence. Celle de l'esprit mais aussi, pourquoi pas, celle du cœur. Cela consiste pour les femmes et les hommes en responsabilité à s'adapter aux idées neuves, aux nouvelles personnes, aux situations inédites, aux crises d'un genre nouveau ; à interdire de confondre objectifs et stratégies ; à privilégier le « principe d'économie des forces » cher à Ferdinand Foch[1]. Deux de ses traductions majeures sont la créativité et la volonté acharnée de comprendre. L'intelligence ne se décrète ni ne s'invente, et nul ne consent facilement à reconnaître qu'il en est dénué, surtout une fois aux commandes. Du moins l'une des nécessités consiste-t-elle à s'entourer de personnalités choisies pour leurs compétences et non seulement pour leur loyauté, voire leur docilité ou l'absence de danger politique qu'elles représentent.

Heureux et chanceux (ou bien inspirés, s'ils les ont élus !) les citoyens ayant à la tête de leurs institutions exécutives des personnels tout à la fois tempérés, bien formés et soucieux du bien public…

1. Je renvoie à l'entrée « Foch » de mon ouvrage *L'Art de la guerre par l'exemple* (Flammarion, 2e éd., 2000).

DEUXIÈME PARTIE

Puissances étatiques d'aujourd'hui et de demain

Lorsqu'on prend un peu de recul historique, on constate qu'en plus d'un siècle les principales puissances sont demeurées. Certes, elles se sont affaiblies, en part absolue pour le Royaume-Uni et la France ayant perdu leurs empires ainsi que pour la Russie héritière de l'Union soviétique et orpheline de sa superpuissance, en part relative pour toutes au regard de la montée en puissance récente mais phénoménale de la Chine. L'Inde, désormais indépendante et nucléarisée, le Japon et l'Allemagne, « relevés » et prospères dans une moindre mesure, ainsi que l'apparition d'autres États souverains en progression, contribuent à cette relativisation de la puissance des grands de l'après-guerre, mais le constat général demeure, et cela en dépit de bouleversements et de déflagrations majeurs. Trois quarts de siècle après le cataclysme de 1940-1945, deux tiers de siècle après l'échec franco-britannique de Suez, un demi-siècle après les chocs pétroliers et la fin du désastreux épisode américain du Vietnam, un tiers de siècle après l'effondrement du bloc de l'Est ou encore vingt ans après le 11-Septembre (pour ne choisir que les séquences les plus déterminantes), le rapport de force planétaire général a bien sûr évolué mais sans révolution copernicienne. Assez vraisemblablement, et contrairement à la facile « prédiction » en vogue, cet équilibre devrait se maintenir dans les prochaines années, en particulier pour ce qui concerne cet État dont certains enterrent régulièrement mais bien trop précocement la première puissance mondiale[1].

1. Frédéric Encel, « Afghanistan, la troisième (fausse) mort de la puissance américaine », *L'Express*, 19 août 2021.

Carte 1. Principales puissances étatiques

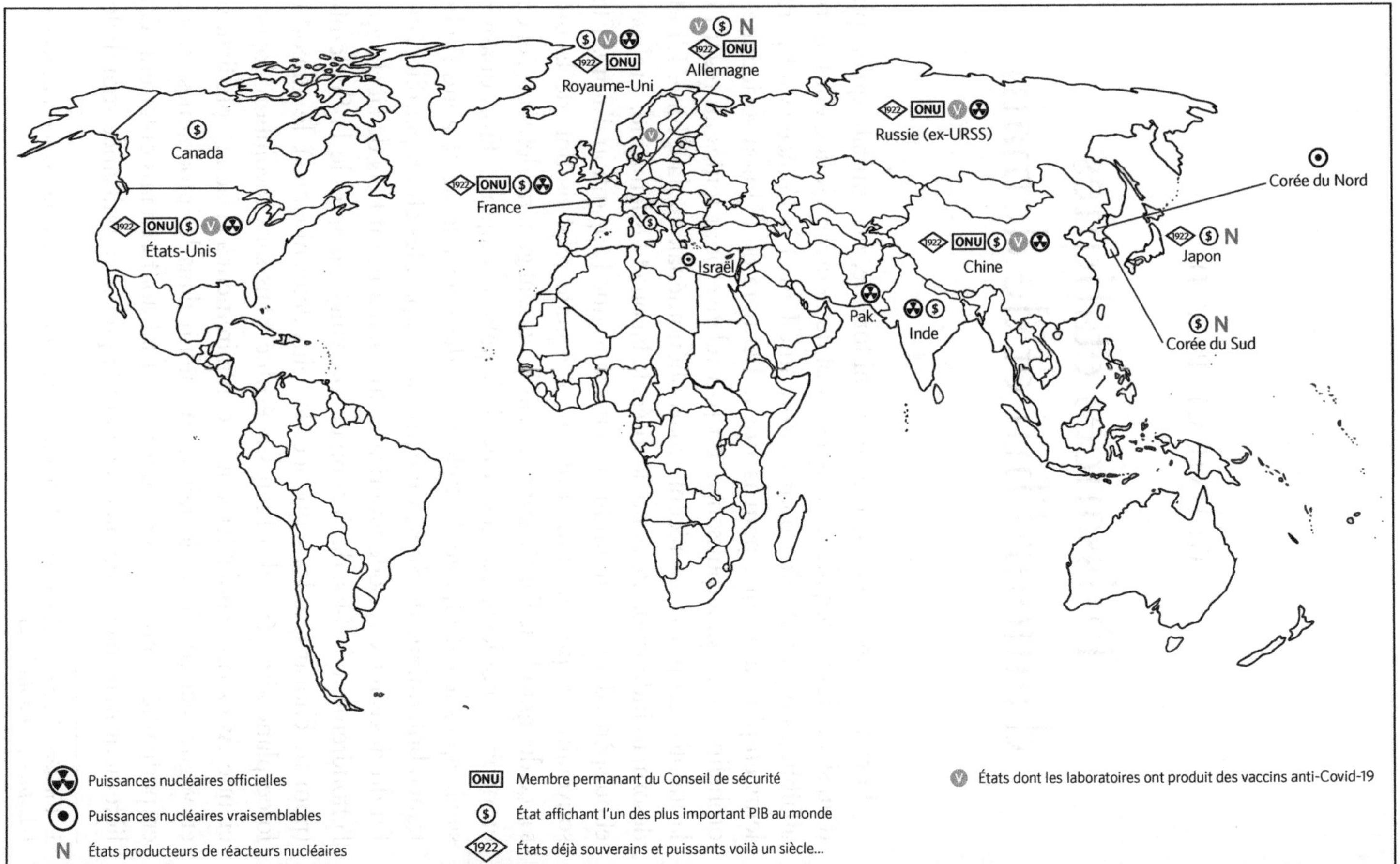

CHAPITRE 1

Les États-Unis

Jean-Baptiste Duroselle écrivait que tout empire périrait[1]. Donc, les États-Unis aussi, comme, du reste, tout organisme biologique, social ou institutionnel. Sans doute cela prendra-t-il plus de temps que ne le souhaiteraient les fossoyeurs de la puissance américaine, ceux qui l'ont déjà enterrée à plusieurs reprises : en 1929-1939 dans la foulée du krach, après la guerre du Vietnam, suite à celle d'Irak (2003), et à présent face à la Chine conquérante et dans le sillage du pitoyable retrait d'Afghanistan. De fait, les États-Unis ont-ils subi de gravissimes revers en moins d'un siècle mais, précisément, leurs *revivals* sont d'autant plus méritants qui traduisent des ressources prodigieuses.

Tant de bonnes fées penchées sur un berceau !

D'abord, de gigantesques espaces richissimes en ressources naturelles exploitables et commercialisables – dont le très stratégique pétrole – faciles à conquérir et à développer faute d'adversaires nombreux, unis et militairement puissants à l'intérieur de la « frontière », mais aussi de concurrents redoutables à l'extérieur immédiat.

Ensuite, une insularité stratégique assez exceptionnelle sur les temps longs, entre deux États peu peuplés aux prétentions vite jugulées et

1. Jean-Baptiste Duroselle, *Tout empire périra. Théorie des relations internationales*, Armand Colin, 1992.

devenus alliés, et deux vastes océans sur les rivages opposés desquels seules de rares puissances s'avéreraient très ponctuellement menaçantes (Japon et Allemagne, 1940-1944), les autres incarnant soit des amies et des alliées (France et Royaume-Uni dès le milieu du XIXe siècle), soit des États déclinants (Espagne et Chine), soit encore un État peinant encore à pousser son développement jusqu'aux confins les plus éloignés de ses centres historiques, économiques et démographiques (Russie).

Troisièmement, l'afflux exceptionnel de dizaines de millions d'Européens fuyant la misère ou les persécutions en trois siècles, irriguant à peu près tous les territoires des (futurs puis existants) États-Unis, accroissant leurs richesses, renforçant leurs effectifs dans tous les secteurs d'activité, y compris le militaire lorsque sera nécessaire d'imposer la conscription au XXe siècle. Cette immigration n'a du reste jamais tout à fait cessé et, en dépit de graves difficultés sociales et sociétales comme le racisme pour chaque première génération d'arrivants d'un lieu ou d'une communauté, on peut parler sur des temps longs de réussite. On ajoutera que par contraste avec l'effondrement de la natalité en Russie, en Europe et en Chine, le taux de fécondité des Américaines demeure stable à environ 2, ce qui assure le renouvellement des générations et évite un vieillissement de la population.

En quatrième lieu, on doit évoquer brièvement une représentation identitaire essentielle. Les États-Unis promeuvent à la fois le *croire* et le *savoir*. En effet, la majorité des Américains d'Europe, luthériens pour beaucoup, considéraient qu'ils avaient été bénis de Dieu à la manière d'un *second coming*, ce nouvel épisode de l'épopée mosaïque ; les Hébreux avaient fui la persécution religieuse de Pharaon, eux celles des princes d'Europe (catholiques envers les protestants et *vice versa*, catholiques et orthodoxes envers les Juifs, etc.) ; Dieu leur avait ouvert la mer Rouge, eux l'avaient aussi franchie (en l'espèce l'océan Atlantique) ; les Hébreux avaient rejoint Canaan où *coulent le lait et le miel*, eux avaient rejoint une Amérique immensément vaste et fertile. Mais pour les fondateurs des États-Unis et une grande partie encore de ses élites et de ses citoyens contemporains, Dieu a conditionné cette bénédiction divine à la mission consistant à faire le Bien et à l'étendre sur la planète. Une injonction morale qui ouvre à maintes interprétations politiques et stratégiques. Il ne s'agit pas de souscrire à ce *credo* encore fort répandu mais de le considérer comme un ressort moral très puissant quand l'exécutif décide d'interventions extérieures. Croire, donc, mais aussi savoir. Cette mouture du luthérianisme valorise le savoir scientifique, y compris le technique et le technologique, en faveur d'un progrès non seulement spirituel mais aussi matériel qu'avait largement rejeté le catholicisme médiéval neuf siècles durant. S'enrichir n'est plus un péché, l'expiation du péché originel et la rédemption ne passent plus par une mortification et les souffrances mais par une probité et une humilité qui n'excluent pas l'enrichissement ni n'interdisent le prêt à gage – la fameuse usure jadis honnie par l'Église –, système qui permet le développement de l'industrie en s'exonérant des seules fragiles et limitées rentes agraires. Cette valorisation du savoir scientifique, adossée à de puissantes fondations d'entreprises ou directement financée par l'État, produira les meilleures universités du monde, absorbera et formera parmi les meilleurs chercheurs de la planète, permettra de produire des matériels civils et militaires à très haute valeur stratégique ou économique ajoutée. Ainsi, articulant le croire, c'est-à-dire un *credo* stimulant ses énergies bien au-delà de ses frontières, et le savoir, c'est-à-dire la faculté de créer concepts, produits, techniques et services novateurs et donc lucratifs, l'Amérique étasunienne s'autorise une synergie assurément pourvoyeuse de puissance. Avec moins de moyens et de vigueur et différemment (sans mission divine eschatologique), le Royaume-Uni, l'Allemagne et même la France (catholique) au XIXe siècle, puis, plus tardivement, différemment car de façon non monothéiste mais à un rythme fulgurant, l'Asie orientale des dragons puis de la Chine ont emprunté cette sorte de double voie avec un succès mirifique. Au terme du premier quart du XXIe siècle, cette conjonction américaine reste en dépit des efforts de rattrapage herculéens de la Chine, la première « locomotive » mondiale et un formidable levier de puissance aux mains de Washington.

Enfin, cinquièmement, sous l'impulsion et à la faveur de ces quatre premières réalités, puis « grâce » à la nécessité de combattre (plus) sérieusement (que contre l'Espagne à Cuba en 1898) sur le front franco-allemand en 1917-1918 d'abord, implacablement et sur deux fronts titanesques entre 1942 et 1945 ensuite, les États-Unis ont développé une armée sans commune mesure avec les autres, la russe, la chinoise ou la française comprises. En moyenne depuis la chute de l'URSS en 1991, le budget militaire américain équivalait annuellement (jusqu'à l'effort récent de la Chine) à l'ensemble de tous les autres réunis. Sans même impliquer l'arsenal nucléaire, les États-Unis peuvent toujours aligner simultanément sur deux théâtres d'opérations situés aux antipodes assez de forces conventionnelles pour mener deux guerres de haute intensité. Les flottes de surface et sous-marines, les flottes aériennes, les capacités de transmission, d'interception et d'interdiction sont inégalées ce jour, eu égard à la qualité des matériels et des troupes d'élite, tout comme le nombre et la disposition des alliés et des bases militaires à travers la planète. À telle enseigne que lorsqu'on mentionne les principales forces navales de la Méditerranée (France), du golfe Arabo-Persique (Iran et Arabie saoudite), de l'océan Indien (Inde), des Caraïbes (Mexique), de l'Atlantique sud (Brésil), de l'Arctique (Russie) ou même jusqu'à très récemment de la mer de Chine (Chine), on se fourvoie ; en réalité, dans chacune de ces zones maritimes, la première puissance navale demeure américaine ! Si cet étalage n'a pas permis aux Américains de l'emporter face à des semi-civils affamés, mal armés et en guenilles au Vietnam, ni devant des va-nu-pieds en Irak ou en Afghanistan – fanatisés et luttant dans (et pour) leurs espaces respectifs pour des raisons morales et politiques diverses –, cela dissuade en revanche assurément des adversaires de même nature, autrement dit des États eux-mêmes puissants et se préparant à combattre conventionnellement. Du reste, jamais et nulle part, l'Union soviétique ni la Chine ne se sont risquées à provoquer l'armée américaine.

Comment ne pas ajouter à ces « fées » la Constitution, si vantée, sinon vénérée, par la plupart des Américains ? Ce texte court et didactique, pétri de l'humanisme et de la prudence de ces pères fondateurs qui se méfiaient des passions humaines, donne la part belle aux institutions en dépit des formidables instruments régaliens dont dispose le président. Pesés au cordeau, les rapports de force et interactions entre pouvoirs exécutif et législatif mais aussi entre les deux chambres législatives créent ce système équilibré censé être tout à la fois – objectif suprême et horizon inatteignable de tous les vrais démocrates dans le monde – juste et efficace. Ce système dit de « *checks and balances* » (« freins et contrepoids »), mâtiné de sacralité et pétri d'immuabilité, n'a effectivement jamais failli au sens où le régime institutionnel étasunien n'a guère varié que sur les marges en deux siècles et demi d'exercice du pouvoir.

Pour autant, parmi les plus redoutables outils de puissance américains contemporains, on doit citer le plus récent : l'extraterritorialité des procédures judiciaires à caractère technique et commercial. Quand un locataire de la Maison Blanche décrète que l'emploi d'un matériel comportant ne serait-ce qu'un produit fabriqué sous licence américaine présente un danger pour la sécurité des États-Unis d'Amérique, les utilisateurs, quels que soient leurs statuts (particuliers, entreprises, États) et leurs lieux d'exploitation sur la planète, doivent cesser d'y recourir sous peine de rétorsions financières possiblement écrasantes. Il en va de même pour les embargos à titre de sanctions antiterroristes décidées par la Maison Blanche contre des États, des gouvernements, des collectifs ou de simples particuliers. Ne pas les respecter, c'est s'exposer soi-même à de dirimantes sanctions. Cette épée de Damoclès forgée par un système économique et financier – dont rappeler sans cesse qu'il est en crise n'a en l'occurrence guère de sens puisqu'il fonctionne redoutablement – est, comme Excalibur de la légende arthurienne, unique ; aucun autre État ni groupement d'États (et pas même les fameux Brics) n'est en capacité d'en forger une de cet acabit. Preuve récente et convaincante : à la suite de l'accord nucléaire de 2015 avec l'Iran, ses partenaires putatifs demeurés signataires n'ont pu ou su passer outre les menaces de Trump qui venait d'en faire sortir son pays, on y reviendra.

Le piège de Thucydide ?

Reste une question de fond : une telle puissance, pour quoi faire ? La réponse est aujourd'hui la suivante, partagée par le pouvoir américain par-delà les clivages profonds Trump-Biden et une grande partie de l'opinion : être et demeurer la première puissance mondiale. L'affaire n'est guère nouvelle, les États-Unis ne seront pas le premier État dans l'histoire des nations à avoir envisagé avec détestation la possible relégation à un rang de puissance subalterne, et l'on peut remonter à Thucydide et à son fameux « piège » lié à sa *Guerre du Péloponnèse*[1]. Une puissance dominante cherche à le rester, tandis qu'une puissance se découvrant

1. Thucydide, *La Guerre du Péloponnèse*, Gallimard, « Folio », 2000. Dans *Vers la guerre. L'Amérique et la Chine dans le piège de Thucydide ?* (Odile Jacob, 2019), l'universitaire américain Graham T. Allison considère que la rivalité contemporaine entre les États-Unis et la Chine correspond à celle, antique, entre Athènes et Sparte, et qu'elle débouchera potentiellement sur un conflit armé.

et/ou s'affirmant en capacité de le devenir déploiera des efforts considérables à cette fin. Si chacune poursuit, coûte que coûte, son objectif respectif, on va mécaniquement à l'affrontement militaire, soit directement, soit après être passé par des phases d'affrontements « seulement » économiques et diplomatiques. Pour les États-Unis, le temps presse car le rythme de montée en puissance de la Chine est à la fois fulgurant et multifactoriel qui se double d'une volonté parfaitement affichée et assumée de Pékin de les détrôner. À Washington, on tentera donc de relever le défi, à la fois afin de maintenir la crédibilité du caractère sacré de la mission évoquée plus haut – Dieu aurait-il « abandonné » le peuple américain pourtant missionné par Lui en le reléguant derrière une autre puissance, de surcroît païenne, autoritaire et, *horresco referens*, officiellement communiste ? – et pour conserver son crédit auprès des États alliés et protégés, crédibilité elle-même pourvoyeuse de puissance. On subodorera par ailleurs qu'aucun président américain, démocrate ou républicain, n'acceptera l'idée d'incarner pour la postérité celui sous le mandat de qui, ou par la faute duquel, les États-Unis seront repassés, un siècle après leur accession à la superpuissance, au second rang. Une force militaire, sans doute quantitativement et qualitativement inégalable pour encore plusieurs décennies au moins, une extraterritorialité judiciaire et financière permettant d'imposer normes et sanctions, la possession de la toute première monnaie de référence, une force d'entraînement politico-militaire *via* l'OTAN et de multiples pactes bi- ou trilatéraux ainsi que des ressources naturelles et notamment énergétiques considérables, Washington articule déjà plusieurs de ces leviers et les emploiera encore, selon les circonstances, les opportunités et les contextes, dans l'objectif de ne jamais se laisser subjuguer.

Leviers extérieurs. Barack Obama avait tenté de proposer à Poutine un *reset*, un nouveau départ, afin de se concilier la Russie dans un jeu triangulaire avec déjà la Chine comme adversaire, privilégiant dans l'ensemble une coopération sur le mode gagnant-gagnant. Donald Trump tenterait pour sa part de renforcer l'avance américaine en se délestant d'alliés « coûteux » ou encombrants et en jouant toute la gamme des rétorsions financières et commerciales, choisissant l'affrontement et/ou l'imprévisibilité tous azimuts. Joe Biden assume les pressions normatives, économiques, technologiques, financières et diplomatiques, mais réactive et tente de réenrégimenter ses alliés européens et asiatiques (davantage face à Pékin que contre Moscou), refusant de réduire les budgets militaires en ces temps de vaches maigres. Les stratégies changent, pas l'objectif. Du reste, nombre d'observateurs ont cru pouvoir constater un retrait américain, à tort. Si des forces américaines ont en effet quitté le Proche-Orient (Syrie), le Moyen-Orient (Irak) et l'Asie du Sud (Afghanistan), c'est pour mieux pivoter. Ce « pivot », terme conceptuel employé par Barack Obama dès 2009, évoque depuis la nouvelle importance prioritaire accordée à l'immense zone indopacifique. Cette réorientation stratégique traduit en outre deux réalités : 1/ l'État américain, quel que soit son président, compte maintenir le niveau de son déploiement militaire ; 2/ la zone qui s'étend du Sahel au Moyen-Orient n'est durablement ou définitivement plus la priorité de Washington. On l'a constaté en janvier 2013 avec la relative indifférence d'Obama quant à l'intervention française au Mali (en dépit d'un soutien logistique précieux apporté à l'armée française en lutte contre les djihadistes), puis en août-septembre de la même année avec ses tergiversations sur ses propres « lignes rouges » face à Bachar el-Assad. Depuis, il y eut le retrait américain partiel sous Trump de Syrie en 2018. Certes, la 5e flotte des États-Unis mouille toujours à Bahreïn et au Qatar, au cœur du golfe Arabo-Persique, les alliances locales demeurent, et des aéronefs ont frappé des cibles iraniennes. Mais au début du XXIe siècle, c'est dans le Sud-Est asiatique que s'est opéré un renforcement de partenariats et qu'hommes et matériels ont été dépêchés.

Là où un Trump nationaliste et isolationniste – mais plus sûrement encore inconséquent et arrogant – méprisait l'OTAN tout en défiant la Russie et en déclarant la guerre économique et diplomatique à la Chine, un Joe Biden revient aux fondamentaux de l'Alliance atlantique. Certes, politiquement, certains de ses membres se révèlent occasionnellement indociles (la Turquie des années 2010 se rapprochant de Moscou) ou rétifs (France et Allemagne, en 2020-2021, refusant un conflit commercial dur avec Pékin), mais économiquement, la face économique européenne du Janus occidental compte encore lourdement en termes de capacité de sanctions commerciales contre d'éventuels adversaires communs, tandis que sa face militaire, l'OTAN, demeure un instrument extraordinairement puissant. Le réactivant en éloignant le spectre de sa dissolution, le 46e président américain démontre une mise en ordre de bataille crédible face à Moscou et Pékin. Car si, dans un face-à-face économique, politique ou militaire avec la Russie, les États-Unis ne peuvent logiquement sortir perdants, dans un tel schéma sino-américain (qui se dessine mois après mois), l'issue serait bien plus aléatoire. Mais en cas de confrontation multifacette majeure face à un tandem sino-russe fortement allié, le rapport de force théorique s'inverserait et il risquerait d'en cuire pour Washington.

Fragilités interne et externe. Incontestablement, de fortes tensions sociétales et idéologiques traversent la société américaine ces dernières années, entre « wokisme », communautarisme exacerbé, racisme et complotisme. Les outrances et incohérences d'un Donald Trump au cours de son mandat ont illustré et aggravé le phénomène, et sa tragi-comédie électorale antidémocratique de l'automne et de l'hiver 2020 en fut la traduction la plus éclatante. À cet égard, la scène proprement hallucinante de l'invasion du Capitole par des émeutiers le 6 janvier 2021 restera dans les mémoires comme un trauma. Seulement, comme à chaque fois qu'on s'en tient au *chronos* journalistique et à l'*ethos* symbolique des événements, on perd de vue l'essentiel. Et l'essentiel, en l'occurrence, c'est bien qu'en date du 20 janvier, constitutionnellement prévue et établie depuis plus d'un siècle sans discontinuer, un président a prêté serment devant l'intégralité des personnalités représentatives, candidat victorieux validé par la haute commission électorale, dûment saisie en toute légalité par des associations et avocats représentant la partie adverse. Ni l'armée, ni la Cour suprême, ni le Congrès, ni la police, ni la chancellerie, ni aucune autre institution de l'État américain et pas même la reconnaissance internationale immédiate n'auront failli ni manqué à Joe Biden. Au fond, que reste-t-il de ce triste (et sanglant) épisode, sinon des images de militants conspirationnistes déguisés vociférant, des repris de justice pour la plupart, quelques menues dépravations, sinon les certitudes qu'auront manqué deux ou trois bataillons de police autour du bâtiment et que la démocratie US aura fait la démonstration de sa remarquable solidité ? Quant aux ricanements des régimes chinois, iranien ou vénézuélien, ils ne représentent aucune valeur démonstrative ni n'invalident d'une quelconque façon cette réalité ; à la limite, au moins dans les deux derniers cas, traduiraient-ils plutôt leur dépit et unique façon de faire oublier leurs propres impérities…

Plus sérieuse apparaît la menace extérieure sur la pérennité de la puissance américaine, à travers la dépendance croissante des États-Unis vis-à-vis de la Chine en termes non seulement financiers mais aussi et surtout techniques. Avec ses 1 200 milliards de dollars de bons du Trésor américain, Pékin détenait en effet en 2021 une arme redoutable, même s'il convient de la relativiser puisqu'elle n'en est que le deuxième détenteur derrière le Japon et qu'elle ne peut se permettre de trop malmener l'économie américaine en les cédant soudainement, au risque de sa propre chute. Surtout, Pékin possède en pleine souveraineté 50 % des terres rares et plus de 97 % de leur production[1] ! Par ailleurs, à force de délocaliser et d'accorder des transferts de technologie, les États-Unis – à peine moins que l'Europe – ont offert à la Chine de passer en quelques petites décennies du statut « d'atelier du monde » (selon une formule longtemps consacrée) à celui de laboratoire et centre de recherches high-tech, et, bientôt si les perspectives se confirment, à celui de banque. Un triple statut qui n'est pas sans rappeler celui des Britanniques et des… Américains au faîte de leur puissance respective.

1. Frédéric Lemaître, « Pékin resserre son étau sur les géants de la tech », *Le Monde*, 15 septembre 2021.

Carte 2. Possessions-souveraines

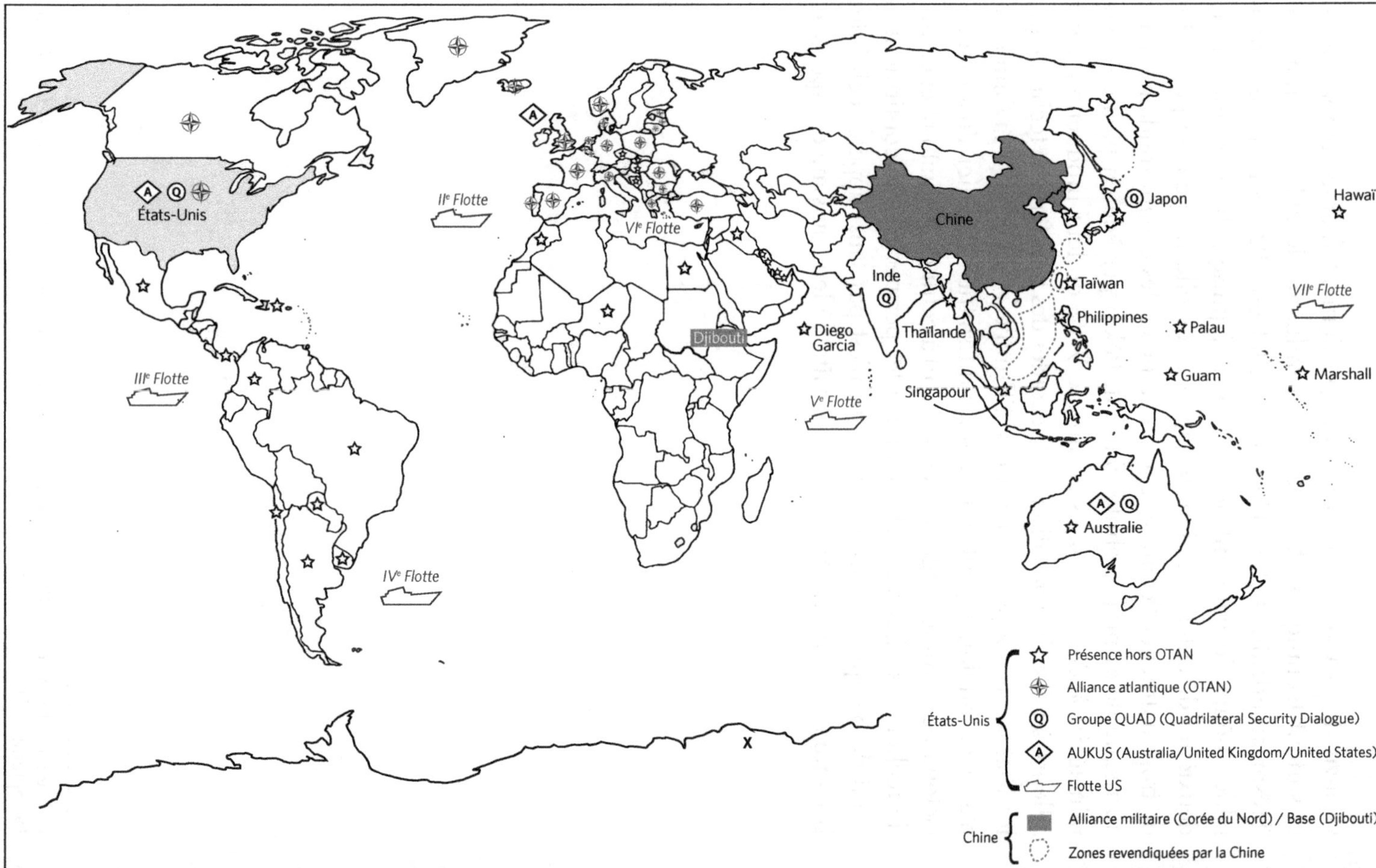

CHAPITRE 2

La Russie : une grande puissance pauvre, ou comment *re*devenir différemment

Autant nombre d'observateurs se trompent sur la puissance des États-Unis à force de militantisme pro- ou antiaméricain, autant les commentaires géopolitiques consacrés à celle de la Russie pèchent par optimisme ou pessimisme selon le point de vue trop souvent militant adopté. La fameuse âme russe, la relation épistolaire de Catherine II avec Voltaire, l'immensité de la taïga et de la toundra... tout y passe en matière de poncifs et de « vérités » structuralistes censés expliquer la géopolitique de la Russie contemporaine ! À l'instar de la relation à l'Amérique – mais pas à la Chine, bien trop longtemps éloignée de nos considérations –, celle à la Russie est souvent empreinte de romantisme et d'émotion, ajoutée parfois à des madeleines de Proust chez d'anciens militants communistes. Demeurés fidèles, ceux-là conservent une certaine mansuétude. Devenus opposants, ils adoptent une sévérité particulière. Et tous se fourvoient. En réalité, que cela plaise ou pas, la Russie n'est plus (et ne redeviendra sans doute jamais) la première, ni la seconde, puissance mondiale, et, en même temps, ce qui ne l'empêchera pas de rester incontournable dans un nombre considérable de dossiers géopolitiques, sectoriels ou territoriaux, à travers la planète.

Les faiblesses d'une grande puissance pauvre (et rentière)

Comme la France et le Royaume-Uni, bien que de façon différente, la Russie incarne une grande puissance pauvre. Et même très pauvre si l'on retient que, d'une part, son PIB équivaut en 2022 à celui de l'Italie (donc le huitième au monde, soit les deux tiers seulement du français, quatorze fois moindre que celui des États-Unis), et que, d'autre part, son économie s'appuie essentiellement, comme depuis un siècle, sur la production rentière de pétrole et de gaz ainsi que sur certains armements. Sa force de frappe financière et monétaire est marginale, les industries de pointe sont rares et la recherche et développement peu dotée. Parmi ses autres faiblesses objectives, on soulignera son désastre démographique : avec un taux de fécondité inférieur à 1,5 depuis plus d'un demi-siècle, non seulement la population russe vieillit constamment mais elle s'amoindrit annuellement de plus d'un demi-million d'âmes ! Et, la population du pays connaît des écarts de densité extrêmes : Moscou, Saint-Pétersbourg et la Russie blanche concentrent l'essentiel des villes, l'immense Sibérie orientale ne comptant que six millions des cent quarante-six millions, un chiffre en baisse permanente face à une population chinoise numériquement déjà au moins aussi importante, et dix fois supérieure de l'autre côté d'une frontière longtemps (et jamais plus ?) contestée par Pékin. D'autres États connaissent également de forts écarts de densité mais rarement à proximité d'un géant insatisfait…

Enfin, de graves ruptures de compétence dans le domaine militaire intervinrent à la chute de l'URSS, en particulier quant aux bâtiments de surface et autres insubmersibles, et l'absence d'alliés et de bases militaires – à l'exception de son « étranger proche » (Transnistrie, Arménie, Asie centrale) et de la Syrie maritime – lui interdit une vraie projection de puissance.

État révisionniste « victime » de l'Occident

Cependant, à l'instar de la Chine mais de façon sans doute plus incisive encore au regard du caractère récent des événements qui l'ont meurtrie, la Russie se représente comme victime des Occidentaux. Outre un sentiment victimaire très partagé sur des temps longs d'une volonté des puissances européennes catholiques et protestantes d'entraver ou de combattre la Russie orthodoxe – cette Troisième Rome spirituellement concurrente –, des chevaliers teutoniques à la guerre froide en passant par la campagne de Russie de Napoléon Ier, la guerre franco-britannique de Crimée et l'invasion nazie dans un amalgame victimaire, les Russes mettent volontiers la chute de l'Union soviétique sur le compte d'une manœuvre de grande envergure des Occidentaux et croient parfois déceler dans l'évangélisme l'instrument privilégié de leur conspiration. Si bien peu regrettent l'idéologie et l'administration de l'État soviétique, nombreux regrettent sa puissance diplomatique et militaire et le prestige qu'elle leur prodiguait. Un Vladimir Poutine, ancien officier du KGB en Allemagne de l'Est, s'inscrit parfaitement dans cette (re)construction historique, accusant régulièrement la France et le Royaume-Uni d'avoir laissé l'URSS seule face à l'Allemagne nazie dans les années 1930 en lui refusant un pacte militaire, et affirmant sans fard en 2015 que « la chute de l'URSS fut la plus grande catastrophe géopolitique du XXe siècle[1] ». Pire : assez unanimement, les Russes considèrent que les Occidentaux, par le truchement de l'OTAN, ont agressivement cherché à absorber dans la terrible décennie transitoire sous Boris Eltsine (1990-1999) tous les anciens satellites européens de Moscou jusqu'aux anciennes républiques soviétiques (les trois pays baltes), cherchant à arracher de surcroît « l'étranger proche » : la Géorgie (2008), l'Ukraine (2014), voire la Biélorussie (2020) et d'autres républiques ex-soviétiques plus orientales comme le Kirghizistan (2010).

Qu'on ne s'y trompe pas ; même exagérée et parfois fantasmée (il n'y eut guère de complot mais un réel appel des peuples européens vers l'ouest), cette représentation d'un humiliant dépeçage qui se poursuit,

1. Vladimir Poutine, allocution au Kremlin, 26 avril 2015.

y compris sous couvert de relations économiques (la totalité des États est-européens ont rejoint non seulement l'UE mais l'OTAN), constitue un puissant carburant pour le nationalisme russe contemporain, et offre un indéfectible soutien au pouvoir en place au Kremlin, au moins en matière d'affaires étrangères. La Russie contemporaine est ainsi une puissance économiquement pauvre mais « riche » de son révisionnisme revanchard et on ne peut comprendre et prévoir ses coups de force qu'à cette aune. Il s'agit pour Moscou sinon de reconstituer l'empire soviétique ou de devenir ce que la Russie ne fut jamais, la première puissance mondiale – Poutine, réaliste froid et adepte de Clausewitz, n'est pas stupide – mais de stopper l'hémorragie et de reconquérir le plus de zones d'influence possible. Sans moyens financiers ni même diplomatiques considérables, comment procéder ? En premier lieu, il décide de stopper définitivement l'avance des Occidentaux dans ce qui demeurait encore prorusse dans l'étranger proche ; ainsi réagit-il très fermement à chaque révolution « orange » de la décennie 2007-2014. Quand Mikhaïl Saakachvili parvint au pouvoir en Géorgie, succédant à l'ancien ministre soviétique des Affaires étrangères, Edouard Chevardnadze, un nouveau président très pro-occidental qui souhaitait ouvertement intégrer l'OTAN, Moscou encouragea la sécession de deux provinces géorgiennes, l'Adjarie et l'Abkhazie ainsi que l'Ossétie du Sud, y distribuant aux russophones russophiles qui le souhaitent des passeports valant protection, et ripostant puissamment à une maladroite mobilisation armée géorgienne. Au Kirghizistan, modeste ancienne république soviétique d'Asie centrale, une révolution de palais fit craindre une possible pénétration américaine – des groupes évangéliques étaient présents – et Moscou y mit bon ordre. Mais c'est surtout l'affaire ukrainienne qui tient lieu de leçon et de traduction de la politique défensive/offensive russe contemporaine. En 2014, succédant démocratiquement à son prédécesseur prorusse Viktor Ianoukovytch, l'opposant Petro Porochenko annonce son intention de quitter le giron russe, de demander l'intégration à l'UE et d'ouvrir des pourparlers avec l'OTAN. Le pouvoir et une grande partie de l'opinion russes voient là une perspective géopolitique effrayante. De fait, contrairement aux pauvres et picrocholins territoires du Kirghizistan, de Transnistrie, d'Ossétie ou d'Arménie, l'Ukraine s'inscrit au cœur des représentations et des préoccupations russes à deux titres : historiquement, elle incarna la toute première entité politique fondatrice de la future Russie, la Rus', principauté de Kiev, en l'an 912 ; stratégiquement, forte de ses 44 millions de citoyens sur 500 000 km², grenier à blé, zone industrielle (Donbass) et ouverture maritime sur la mer Noire – avec, très précisément, la presqu'île de Crimée abritant depuis deux siècles la flotte russe/soviétique –, elle s'enfonce profondément dans l'espace grand-russe, sa frontière septentrionale se situant à 900 km seulement de Moscou. Aussi, dès les annonces pro-occidentales de Petro Porochenko et l'adoption par le nouveau parlement de Kiev de la relégation du russe comme seconde langue derrière l'ukrainien, Moscou annexe officiellement la Crimée et dépêche officieusement dans le Donbass très majoritairement russophone des soldats afin de soutenir la sécession de deux républiques autoproclamées ; un front s'instaure sur lequel, depuis 2014, prévaut un conflit de basse intensité et néanmoins meurtrier.

Le cas ukrainien vaut avertissement pour la Biélorussie dont le despote, Alexandre Loukachenko, bien que détesté par Poutine, bénéficie de son soutien face aux protestations et sanctions occidentales dues à sa répression. Davantage encore que l'Ukraine, la Biélorusse est perçue par les Russes comme une construction artificielle des Occidentaux pour morceler l'espace panrusse et affaiblir leur pays. Dans un autre registre – bien moins identitaire mais hautement stratégique car à dimension énergétique –, Vladimir Poutine a toujours vigoureusement revendiqué une large zone économique exclusive (ZEE) dans l'océan glacial Arctique, arguant du plateau continental sibérien pour y fixer d'immenses drapeaux sous les glaces ! Ressources minières et minérales très prometteuses, route du Nord-Est sibérien pour les méthaniers à partir de Sibérie septentrionale vers les grands clients nippons, chinois, sud-asiatiques et indiens, présence exclusive dans l'Arctique de membres de l'OTAN (États-Unis, Canada, Danemark *via* le Groenland, et Norvège)… ; les fontes prématurées des glaces dans la zone constituent un enjeu essentiel pour Moscou.

De l'art de la stratégie indirecte

En définitive, dans son étranger proche, la Russie peut agir fortement sans risquer un conflit avec les Occidentaux parmi lesquels personne n'ira mourir pour Loubiansk. En revanche, sorti de cet espace seulement déterminé en linéaments mais pensé structurellement comme un glacis, il faut au Kremlin poursuivre une stratégie indirecte, déployer d'autres attributs de puissance pour espérer peser. Le premier porte un nom : la Chine.

Économiquement face à l'UE et *a fortiori* à l'Occident tout entier lorsqu'il se présente uni (cf. les sanctions après l'annexion de la Crimée), militairement face à l'OTAN, diplomatiquement face à la troïka occidentale au Conseil de sécurité, la Russie ne fait pas le poids. Mais avec le soutien de Pékin, c'est une autre histoire. Depuis la « trahison » des Français et des Britanniques en Libye, en 2011, Moscou et Pékin font front commun sur quasiment tous les dossiers diplomatiques et stratégiques impliquant les Occidentaux[1]. Pékin peut soutenir Moscou sur des résolutions au Conseil de sécurité, notamment dès qu'il s'agit de défendre la sacro-sainte souveraineté étatique, ouvrir des lignes de crédit en cas de sanctions financières américaines trop lourdes, coopérer en matière spatiale et balistique, voire à terme, cofinancer de nouvelles bases militaires en Afrique ou au Moyen-Orient. On aura du reste noté chez les hauts fonctionnaires et jusque dans la rhétorique poutinienne, depuis les années 2010, un corpus sémantique puisant aux références historiques, culturelles et géographiques eurasiatiques, après plus d'un siècle de primauté à la Russie blanche et européenne. Effet stylistique ? Peut-être, mais qui dit quelque chose d'une orientation géopolitique.

Toutefois, Vladimir Poutine sait ne pas pouvoir nouer d'alliance globale et fusionnelle avec Pékin pour deux raisons. D'abord il craint de tomber dans un rapport de dépendance financière et infrastructurelle à « l'africaine », au regard du croisement de rapport de force entre les deux géants en faveur de la Chine et de la politique stratégique de cette dernière. Ensuite Moscou et Pékin entretiennent des intérêts divergents en Afghanistan et au sein des républiques ex-soviétiques voisines d'Asie centrale ; quand le Kremlin reproche aux Américains leur retrait « irresponsable » de Kaboul en juillet 2021, craignant une

1. En plein Printemps arabe, le 15 mars 2011, Paris et Londres avaient obtenu au Conseil de sécurité l'abstention de Moscou et Pékin sur une résolution permettant de soutenir les insurgés anti-Kadhafi, mais pas de renverser celui-ci. Or, quelques mois plus tard, appuyés par les aviations occidentales coalisées, ces premiers abattraient Kadhafi lui-même ainsi que son régime.

nouvelle pénétration des islamistes dans la vallée du Ferghana ouzbek, voire en Russie même (djihadistes tchétchènes et ingouches en 1999-2000, attentats meurtriers de Moscou et de Saint-Pétersbourg, etc.), Pékin, sans cesse plus proche du Pakistan protaliban et contempteur des États-Unis partout où c'est possible, salue une « victoire du peuple afghan ». L'alliance chinoise devant forcément trouver ses limites, la Russie joue donc concomitamment d'autres cordes, à commencer par de nouveaux leviers inattendus sur les « arrières » des puissances jugées hostiles ou, du moins, insuffisamment conciliantes. Moscou cherche ainsi à installer de nouvelles bases dans des zones fort éloignées de ses frontières et jamais encore investies, jusqu'au Soudan (sur la mer Rouge) et en Centrafrique, dépêchant par ailleurs des mercenaires en Libye et en Syrie. Il s'agit de menacer d'une nuisance éventuelle des puissances déjà installées (ex. : la France à Bangui à la base militaire très stratégique au cœur de l'Afrique subsaharienne) et de monnayer l'arrêt de ces menées subversives dans le cadre de négociations pouvant porter sur des zones ou des dossiers bien plus précieux aux yeux de la Russie. Cette tactique des leviers lointains s'accompagne d'une appréhension très subtile – et en l'espèce parfaitement logique – de la faiblesse des adversaires. Être fort de la faiblesse des autres, voilà bien le b.a.-ba du rapport du faible au fort dans toute « partie » où ce premier escompte bien ne pas perdre. Illustration chimiquement pure : on ne rappellera jamais assez qu'au moment de la calamiteuse reculade de 2013 de Barack Obama face à Bachar el-Assad – ce premier avait averti l'année précédente le second qu'il frapperait militairement la Syrie s'il réutilisait du gaz neurotoxique contre des civils –, Moscou ne soutenait Damas que sur les plans diplomatique et logistique. Or, c'est seulement après le recul américain en rase campagne (moyennant un marché de dupes sur la neutralisation des stocks de gaz syrien par les Russes) qu'apparurent les chasseurs-bombardiers Sukhoï dans le ciel syrien, qui, en 2015, contribueraient à renverser la situation militaire et à sauver littéralement le régime alaouite aux abois face à de redoutables groupes rebelles. Dans un ordre d'idées similaire mais avec moins de succès (car davantage d'unité et de fermeté en face !), Poutine joue aussi des bisbilles intra-UE, notamment avec un Viktor Orban qui ne respecte à peu près aucune décision européenne sans menaces financières explicites ; entretient des relais politiques et populaires d'opinion en Israël (bons rapports avec Benyamin Netanyahou de 2009 à 2021, proximité avec le puissant ministre Lieberman et son parti russophone, implication mémorielle à Jérusalem lors de la cérémonie du 75e anniversaire de la libération d'Auschwitz en janvier 2020, etc.), État auquel sont pourtant officiellement très opposés ses amis syrien et iranien. Retourner la force primordiale de l'autre contre lui procède du judo, sport pratiqué à haut niveau par Poutine, tout comme le fait de saisir au bond les hésitations ou les incohérences de l'adversaire. On insérera dans cette logique le partenariat avec la Turquie dont on a peine à rappeler, au vu de la politique erratique d'Erdogan, qu'elle est encore membre de plein droit de l'OTAN. Ankara constitue à cet égard un intéressant levier en vue de chasser complètement les Occidentaux de Syrie, à condition toutefois de demeurer le plus fort des deux larrons du tandem ; ainsi dans la guerre du Karabakh de 2020 entre Erevan et Bakou, on a vu la Russie orchestrer seule et fermement l'espace (choisissant les zones reconquises par les Azerbaïdjanais et celles préservées par les Arméniens), le temps (Poutine décida du moment du cessez-le-feu), et les modalités sécuritaires postconflit ; seule une force d'interposition russe s'établit sur place alors même que la Turquie insistait lourdement pour y prendre part.

Enfin, dans la panoplie de la grande puissance pauvre, ne négligeons pas l'intimidation. Faire craindre et sentir la menace de la déstabilisation, qu'elle soit électorale, cyberlogistique ou médiatique, procède d'une tactique déjà fort ancienne privilégiée par les entités politiques ou économiques sur le déclin ou incapables d'aligner autant d'attributs de puissance conventionnels que leurs adversaires. Au fond, c'est un peu celle du voyou excellent au maniement du couteau suisse pour laquelle a opté la Russie du début du XXIe siècle. On peut s'en émouvoir mais pas refuser d'en tenir compte. D'autant qu'au-delà de ces expédients, quatre solides atouts majeurs de puissance traditionnelle ne disparaîtront pas du jeu russe : sa position géographique à la fois européenne et asiatique lui permettant de peser fortement dans les deux espaces, et d'y actionner des relais ; ses ressources naturelles commercialisables presque inépuisables ; un niveau d'ingénierie toujours élevé en dépit de la fuite des cerveaux ; la possession du premier arsenal atomique du monde et d'une grande quantité de matériels avioniques, balistiques et spatiaux très performants ; enfin – *last but not least* – un siège permanent au Conseil de sécurité de l'ONU. Quant aux capacités de déploiement russes, si elles demeurent ridiculement faibles comparativement aux capacités américaines et même moindres que celles françaises, on n'entreprend toutefois rien de majeur en Syrie, dans le bassin Caucase/Caspienne, en Ukraine, en Arctique, dans le Pacifique Nord ni en Asie centrale sans l'*imprimatur* de Moscou. Tout cela n'est pas négligeable. Pour paraphraser Raymond Aron, nous dirions que la Russie, c'est l'effacement *impossible*, le retour à la superpuissance *improbable*. Un schéma en forme de défi pour l'Europe dont le destin demeurera indéfectiblement lié à son grand voisin oriental, et qu'on pourrait résumer par la question suivante : ne faut-il pas repenser profondément la relation avec celui-ci, en cohésion avec une redéfinition de la vocation originelle de l'OTAN ? On le verra en abordant l'Europe, cette dernière paraît pour l'heure trop divisée et insuffisamment autonome vis-à-vis de Washington pour y procéder.

Carte 3. Principaux flux strategiques mondiaux

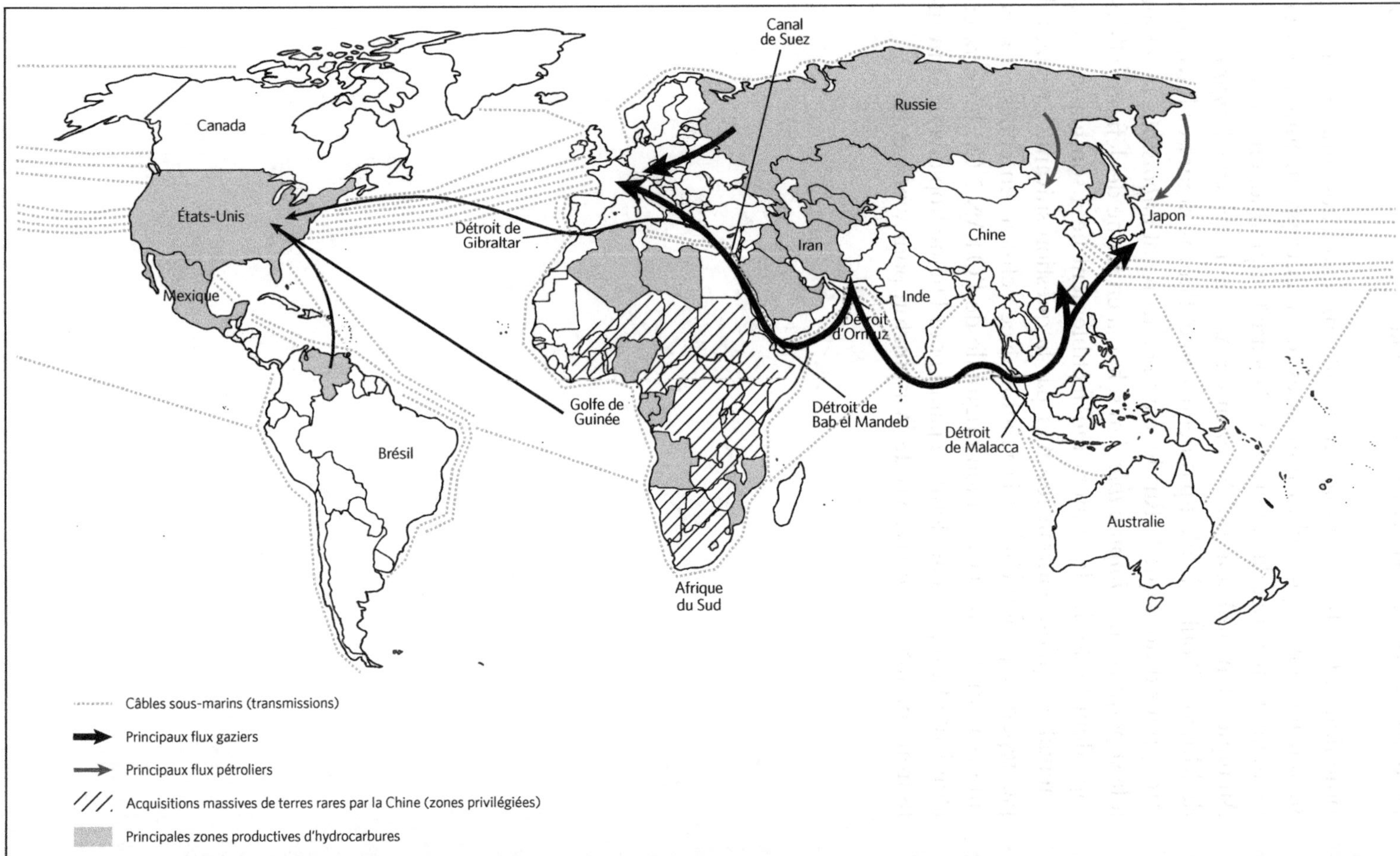

CHAPITRE 3

La Chine

En Occident, on pêche par méconnaissance abyssale de la Chine. Rares sont les connaisseurs de niveau universitaire, plus rares encore les spécialistes qui conjuguent compétence universitaire et expérience de terrain. S'inspirer de leurs travaux d'une part, faire preuve de bon sens et puiser aux expériences chinoises et universelles d'autre part imposent de conjuguer les deux approches suivantes concernant le régime au pouvoir à Pékin incarné par le PCC. Premièrement, il est *a priori* tout aussi capable de pragmatisme que n'importe quel autre pouvoir politique au monde, ni plus ni moins, et cela quels que soient le degré d'autoritarisme, la couleur idéologique actuelle ou encore le confucianisme censé plus ou moins réellement le caractériser. Deuxièmement, il poursuit avec constance depuis presque un demi-siècle un objectif stratégique clair et considéré comme hautement légitime duquel il ne se départira pas, quels qu'en soient le coût, les obstacles, la nature des partenaires ou des adversaires : (re)devenir la première puissance mondiale[1]. Se convaincre, par admiration (bien légitime) pour la culture chinoise, romantisme ou naïveté, que Pékin se contentera d'un second rang international, au regard de son histoire biséculaire et des efforts herculéens consentis en deux générations, s'expose à de douloureuses déconvenues, tout comme céder aux desiderata d'un régime sans cesse plus autoritaire et craignant comme la peste le précédent de l'effondrement soviétique.

1. Voir notamment Alice Ekman, *Rouge vif. L'idéal communiste chinois*, Éditions de l'Observatoire, 2020, et François Godement, *Que veut la Chine ? De Mao au capitalisme*, Odile Jacob, 2012.

Faiblesses d'une puissance montante

Fortement centralisé depuis de longs siècles, géographiquement immense et très peuplé, l'État chinois présente les caractéristiques d'une puissance hybride en évolution extrêmement rapide ; *grande puissance pauvre* jusqu'à la décennie 2000 évoluant à marche forcée vers le statut de *grande puissance riche* en y rejoignant les seuls États-Unis. Longtemps, nombre d'observateurs ont focalisé sur le rythme de croissance économique accéléré digne des dragons est-asiatiques des années 1960-1980, négligeant une dimension essentielle : cette croissance ne s'inscrivait pas seulement dans l'économique et le technologique mais aussi dans le militaire. On ne dressera pas ici la liste des chiffres vertigineux de la montée en puissance et/ou en richesse de la Chine – maints observateurs s'y sont adonnés depuis de longues années *ad nauseam* – et l'on se contentera de pointer certaines faiblesses nuançant l'évidence d'une Chine d'ores et déjà et définitivement triomphante. Car les chiffres ne disent pas tout de la puissance et masquent trop souvent dans les analyses géopolitiques des phénomènes parfois moins strictement quantifiables mais tout aussi déterminants. En l'espèce, ceux qui traduisent tous les aspects spectaculaires de la croissance chinoise doivent s'articuler et se combiner à d'autres chiffres, moins reluisants, et à la dimension *qualitative* et non seulement *quantitative* de certaines réalités. Ainsi la Chine contemporaine pâtit-elle d'au moins trois faiblesses structurelles qui, sinon entraveront, du moins freineront probablement son accession au statut envié de grande puissance incontestée.

Faiblesses géostratégiques. La première est à la fois géographique et stratégique. Géographique, car si les flottes américaine, française, britannique, indienne, canadienne, australienne ou encore brésilienne disposent de larges façades maritimes pleinement ouvertes et libres de toute proximité forcée d'États menaçants, le littoral chinois débouche en revanche sur une « Méditerranée », certes, plus ouverte que l'originelle mais néanmoins composée d'eaux territoriales souveraines proches qui soumettent les navires chinois à une surveillance des voisins et à de potentiels blocages en cas de crise aiguë. Au Nord et à l'Ouest, steppes sibériennes, immense haut plateau tibétain et autres massifs impraticables (Himalaya, Hindou Kouch) constituent par ailleurs autant d'obstacles à des flux autoroutiers ou ferroviaires. Stratégique, car la plupart des États proches sont soit hostiles, soit nucléarisés, soit les deux en même temps. Russie, Pakistan, Inde, États-Unis (*via* ses bases de l'Ouest-Pacifique et sa surpuissante 7e flotte) se situent aux frontières, le Japon se contentant pour l'heure de demeurer en deçà du seuil mais capable d'atteindre en quelques années la technologie nucléaire à vocation militaire. Celui-ci et plus encore l'Inde sont très farouchement hostiles à l'expansionnisme chinois. En outre, des États non nucléarisés tels que la Corée du Sud, le Vietnam (bien que communiste), le Kazakhstan, les Philippines, la Thaïlande et bien sûr Singapour, tout en échangeant commercialement avec Pékin sur des volumes très importants (y compris au sein du groupe économique de l'Asean), entretiennent des politiques sans cesse plus défiantes vis-à-vis du grand voisin proche ou frontalier, au point de se rapprocher politiquement sinon militairement de Washington. On ajoutera que le retour au pouvoir des islamistes radicaux talibans en Afghanistan – lequel État jouxte la Chine sur 76 km au niveau du Xinjiang des Ouïghours musulmans ! – représente un défi pour Pékin, d'où la prise de contact précoce du PCC avec les chefs talibans dès juillet 2021, avant même qu'ils ne s'emparent de Kaboul. En définitive, l'insularité stratégique dont bénéficient les États-Unis depuis toujours, la France ou le Royaume-Uni dans une certaine mesure depuis 1945 (et plus encore depuis 1991), n'existe absolument pas dans le cas chinois.

Hors de son environnement surarmé ou hostile, la Chine peut-elle du moins compter sur des relais stratégiques, des « ceintures » extérieures palliant cette absence d'insularité stratégique ? Pas encore. En 2022, Pékin compte sur la planète un seul véritable allié militaire ; encore la Corée du Nord se trouve-t-elle à sa frontière et ne survit-elle littéralement que par la bonne volonté de Pékin, tandis que la quasi-totalité du monde boycotte son régime ubuesque et totalitaire. Par comparaison, la Russie dispose de huit alliés militaires (donc six États seulement sont reconnus par l'ONU), le Royaume-Uni et la France, d'une trentaine chacun (y compris hors OTAN), et les États-Unis, cinquante… Pékin a établi une base à Djibouti, mais celle-ci ne peut accueillir que des navires de faible tonnage, et, à proximité, on trouve les bases française, américaine, nippone, italienne et même turque ! En outre, aucun accord de partenariat militaire ne lie Pékin à Djibouti, ni du reste aux États ayant accordé des facilités de mouillage. Surtout, la Chine ne pilote (ni n'appartient à) aucune alliance multilatérale façon OTAN ou pacte de Varsovie. Est-il réellement une grande puissance l'État dont le réseau d'alliances militaires est quasi inexistant ? Nullement, et Pékin déploie dorénavant de sérieux efforts pour tenter d'en créer un, pour l'heure sans succès ; en face, le formidable réseau américano-occidental demeure autrement attractif.

L'arsenal global chinois a progressé à l'image et au diapason de son économie, de façon fulgurante. Pékin dispose déjà de toute la panoplie des armements dignes d'une grande puissance, des missiles balistiques à longue portée aux sous-marins nucléaires lanceurs d'engins (SNLE) et des porte-avions aux satellites tueurs, en passant par les insubmersibles classiques, les chasseurs-bombardiers et, depuis déjà 1964, la bombe atomique. Et pourtant… Savoir construire des machines de guerre et équiper correctement ses soldats procure de la puissance mais ne préjuge en rien de la capacité de ces derniers à s'en servir efficacement contre des ennemis très aguerris, de leur motivation, de la qualité des matériels. Ils remontent déjà bien loin les derniers combats en date ayant opposé des soldats soviétiques (1969) puis vietnamiens (1979) à des fantassins chinois, et ils ne s'achevèrent pas par des triomphes. Quant aux navires et aux appareils militaires sortant des arsenaux chinois depuis l'aube du XXIe siècle à un rythme ahurissant, des officiers (forcément) inexpérimentés n'ont jamais eu à les manœuvrer en temps de guerre. À l'Ouest en revanche, de nombreuses et récurrentes manœuvres communes entre alliés d'une part, plusieurs conflits d'autre part (Falkland, Irak, Proche-Orient, Libye, Afghanistan, campagnes antipirateries, etc.) témoignent d'un certain niveau de compétence. Or, il apparaît bien peu vraisemblable que Pékin cherchera un « échantillon » de violence pour jauger de ses capacités militaires ailleurs que sur des simulateurs de vol ou de navigation… Cette question qualitative n'est pas anodine qui renvoie aux expériences arabes désastreuses ; face à Tsahal, à d'autres armées occidentales ou même à des guérillas régionales (telle celle des Houthis du Yémen), des troupes pourtant équipées des meilleurs matériels par les plus puissants des États échouèrent pitoyablement à maintes reprises, notamment faute d'expérience.

Dépendance énergétique. La deuxième lacune en matière de puissance est d'ordre énergétique. La Chine produit bien du charbon, mais l'authentique catastrophe sanitaire provoquée par la surexploitation des mines et que traduit l'extrême pollution atmosphérique de plusieurs grandes villes, dont Pékin, a fini par convaincre les autorités de renforcer le mix énergétique. De toute façon, le charbon n'aurait jamais suffi à assurer la croissance phénoménale de l'économie chinoise. Il faut donc du gaz naturel – dont la Chine est insuffisamment dotée – et surtout du pétrole ; dans le Xinjiang, les coûts rédhibitoires de l'exploitation contraignent Pékin à s'approvisionner en hydrocarbures à l'étranger. Seulement, l'essentiel des fournisseurs de pétrole se situe dans le golfe Arabo-Persique, zone où prédominent très nettement les États-Unis sur toute autre puissance, et, de surcroît, les pétroliers et méthaniers doivent emprunter le détroit de Malacca face à Singapour, puis naviguer au nord d'un océan Indien de plus en plus surveillé par l'Inde et les flottes occidentales. Plus au sud, on entrerait dans la zone d'influence d'une Australie ayant fait récemment l'acquisition d'une douzaine d'insubmersibles américains dernier cri. Enfin à l'est, la route maritime passe au large du Japon, le détroit de Panamá est sous étroite surveillance américaine, et les huiles lourdes du Venezuela sont chères et leur exploitation incertaine au regard de l'instabilité chronique du pays et de l'incurie du régime de Caracas. Évidemment, la fameuse « route de la soie », dont la trajectoire principale est terrestre à travers l'Asie centrale et l'une des vocations est énergétique, ainsi que la coopération commerciale avec la Russie qui pourvoira en gaz naturel nord-sibérien la Chine par la route du nord-est (dont les glaces fondent à grande vitesse) garantissent durablement à Pékin un approvisionnement satisfaisant, du moins sur le plan quantitatif. Moyennant quoi l'importance de ces apports extérieurs par rapport à la production nationale rend la Chine non seulement dépendante à double titre – de ses partenaires commerciaux et du prix du baril de brut (une croissance annuelle très forte aura pu advenir avec un baril à 75 dollars mais ne pourrait pas suivre avec un baril à 200 dollars) – mais aussi et surtout fragile en cas de grave crise géopolitique avec les Occidentaux et leurs alliés asiatiques et pacifiques. À leur tête, les États-Unis pourraient aisément interdire l'accès aux détroits de Malacca et d'Ormuz ainsi qu'au canal de Panamá à tout navire approvisionnant la Chine. Pour l'heure théorique, ce redoutable levier pourrait se concrétiser si Pékin décidait d'un blocus maritime sur Taïwan et *a fortiori* d'une offensive militaire.

Même dans le lointain, l'axiome essentiel de la stratégie chinoise consiste à racheter des dettes souveraines d'États en voie de développement. En Afrique subsaharienne, où le manque d'infrastructures est flagrant, Pékin construit ainsi à tour de bras sans exiger paiement comptant, et, le plus souvent, en établissant des traites à très longue échéance quand les prêts bonifiés ne sont pas purement et simplement annulés. Philanthropie ? Il s'agit sans doute davantage de pragmatisme – la plupart des clients africains de Pékin n'étant pas solvables – et surtout de contrepartie diplomatique, plusieurs dizaines de chancelleries votent sans cesse davantage en faveur de Pékin dans les instances internationales. À plus long terme, la Chine escompte obtenir des facilités militaires qui lui manquent pour l'heure cruellement.

Soft power. Il est surprenant de constater que les « fans » de l'importance du *soft power* dans les rapports de puissance négligent la faiblesse de celui chinois. La multiplication des instituts Confucius, une rhétorique bucolique et zoologique, le matraquage de la « route de la soie » – terme lui-même performatif dans sa dimension pacifique, nomade et benoîtement commerçante, sachant que le concept comprend un volet autrement stratégique – et des efforts sportifs et logistiques herculéens (JO de Pékin, constructions de stades ou d'hôpitaux dans des temps records) n'ont visiblement pas suffi à convaincre une partie importante des Occidentaux. Les enquêtes d'opinion témoignant au mieux d'une méfiance, au pire d'un rejet, de ce que représente le pouvoir chinois. Ces résultats seraient-ils corroborés par ceux obtenus en Afrique subsaharienne ? Il serait passionnant de le savoir. Cela dit, si les jeunesses du monde ne se ruent pas sur les universités, les films, les vêtements, les boissons sucrées ou les chanteurs chinois comme sur ceux américains, Pékin s'en plaindra peu car la réalité chinoise se veut bien moins *modèle* que *cas* à respecter et craindre. Si le Parti communiste chinois (PCC) cherche à démontrer que son fonctionnement et son idéologie fonctionnent mieux, ce n'est pas dans une stratégie prosélyte mais pour légitimer son droit à le pérenniser à sa guise. La faiblesse objective du *soft power* chinois nuit donc assez peu à son régime.

Démographie. Enfin, la démographie particulière de la Chine, présentée des décennies durant comme un double atout en tant qu'« atelier du monde » et marché intérieur pléthorique, risque fort de se muer en faiblesse. D'abord, plus d'un demi-milliard de Chinois vivent encore éloignés des zones de prospérité, et le ralentissement conjoncturel (dû au Covid-19) et structurel (tendance mondiale à l'essoufflement et suréquipement local) grève la possibilité pour Pékin de les y intégrer aussi rapidement que leurs compatriotes des mégapoles côtières et orientales. Ensuite, la politique de l'enfant unique, enclenchée sous Deng Xiaoping en 1979, a peut-être permis d'éviter momentanément un surpeuplement, voire une malnutrition, dans certaines zones, mais elle représente depuis la décennie 2010 un handicap en termes de vieillissement accéléré de la population. Évidemment, peuplée d'un milliard et demi de citoyens – une première place mondiale que lui ravira forcément et à court terme l'Inde –, la Chine ne va manquer ni de soldats, ni de « pionniers » à implanter au Tibet (neuf millions d'âmes), au Xinjiang (douze millions d'âmes), en Mongolie (vingt-cinq millions d'âmes mais combien de non-Hans ?...) et sur d'autres marches et frontières délicates. Elle doit néanmoins s'attendre à affronter deux difficultés chroniques : d'abord, un manque de main-d'œuvre dans les usines du Sud-Est, au point de devoir recruter des travailleurs dans l'ex-Indochine (Vietnam, Laos, Cambodge) dont elle se méfie et qui pourraient faire défection sur ordre de leurs gouvernements respectifs en cas de crise politique, ensuite le poids croissant des pensions et retraites à reverser aux futurs seniors. On ajoutera que moins d'enfants, dans une société qui survalorise le savoir technique et technologique, ce sont moins d'ingénieurs.

Représentations

La Chine s'affiche comme un État (et vraisemblablement une population) tout à la fois révisionniste et revanchiste vis-à-vis de l'Occident, bien que différemment de la Russie ou de la Turquie, et arc-boutée sur une estime de soi collectif incandescente. Si le pouvoir russe considère avoir subi des siècles durant mépris et rejet de la part de l'Occident, jusqu'au démembrement du pacte de Varsovie et aux dernières sanctions économiques liées à la crise ukrainienne, et si le régime turc incrimine la France et le Royaume-Uni dans le démantèlement de l'Empire ottoman (l'Occident tout entier étant aujourd'hui plus ou moins hostile à la Turquie moderne), la Chine, quant à elle, s'inscrit dans des temps plus longs encore, et dans une posture victimaire d'autant plus rigide qu'à ses yeux, elle fut déjà des siècles durant la première puissance mondiale. Le narratif chinois inscrit la Chine dans quatre dimensions de nature différente.

Premièrement, il s'agirait d'une civilisation bien davantage qu'une nation, avec sa culture propre, ses coutumes spécifiques, sa langue, sa cohésion ethnique (Han), et tout ce que cela représente de majestueux et d'englobant mais aussi de particulier par rapport aux autres collectifs. Deuxièmement, cette civilisation compterait parmi les plus anciennes et les plus avancées, forte de trois mille ans d'existence, autre facteur prodigue en sagesse vénérable et en droit d'exiger respect et admiration. Troisièmement, la Chine, inventeuse de la poudre et de l'écriture, bâtisseuse de grands navires, exploratrice et découvreuse de terres lointaines sous les Ming (avec l'amiral Zheng He au XVe siècle), aurait toujours été puissante à de rares épisodes de guerres intestines et surtout d'agressions extérieures près. Première puissance mondiale des siècles médiévaux et modernes (occidentaux) durant, elle serait parfaitement fondée à recouvrer ce statut perdu du fait des menées occidentales lors du « siècle des humiliations », les XIXe et XXe, précisément pendant les guerres de l'opium (1839-1860) puis des Boxers (1899-1901) et *via* les concessions forcées. Quatrièmement, cette authentique civilisation très ancienne et longtemps puissante serait intrinsèquement pacifique, s'étant contentée de se défendre face aux assauts successifs des envahisseurs mongols, européens et nippons, en repoussant finalement tous ses agresseurs sans jamais attaquer pour sa part un État tiers[1].

À l'instar de tout dispositif narratif, surtout lorsqu'il est étroitement encadré et structuré par un parti unique ultra-autoritaire, celui-ci est *pro domo* et l'on pourrait gloser à l'infini sur sa réalité historique auto-valorisante, mais l'entreprise n'aurait ici que peu de valeur. Comme pour les narratifs américain et russe ainsi que ceux de tous les autres collectifs (étatiques ou autres), l'essentiel est ailleurs, en l'espèce dans les trois questionnements suivants : 1/ dans quelle mesure qualitative celui-ci renforce-t-il la puissance de l'État chinois et de son régime institutionnel en place depuis 1949 (Mao) et 1978 (Deng Xiaoping) ? ; 2/ quelles exigences absolues et lignes rouges implique-t-il quant à la poursuite de ses objectifs ? ; 3/ de quelles marges de manœuvre diplomatiques et

1. « La Chine et l'Occident », *Le Point* (dossier), 16-23 décembre 2021.

militaires dispose-t-on pour maintenir avec lui un équilibre conciliateur ? En d'autres termes, posons la question franchement : l'objectif stratégique suprême et parfaitement assumé de Pékin étant de (re)devenir la première puissance mondiale, les États-Unis doivent-ils tenter de l'en empêcher et, si oui, à quel prix ? Une question cruciale assez soudainement posée à Washington et ses alliés, certains de ces derniers (tout comme quantité d'États latino-américains, africains, asiatiques et même européens) s'interrogeant sur la gravité de cette échéance...

Stratégies. Pour l'heure, l'irrédentisme chinois se porte surtout sur Taïwan, la Chine insulaire où se réfugièrent en 1949 les troupes nationalistes vaincues de Tchang Kaï-chek. Libéral sur les plans économique et politique, allié aux États-Unis et puissamment armé, riche de ses nombreuses productions à basse comme à haute valeur ajoutée (les précieux semi-conducteurs notamment) et forte d'une masse critique démographique substantielle (vingt-trois millions d'âmes), Taïwan cédera d'autant moins aux exigences d'unification par et sous Pékin qu'il est dorénavant instruit du sort de Hongkong... Or, comme l'avait jadis écrit la géopolitologue Thérèse Delpech, Taïwan pourrait bien incarner au cours du XXIe siècle une « Alsace-Lorraine » contemporaine, si personne – ni la Chine, ni l'Occident – ne cédait sur le statut de l'île, autrement dit une source potentielle de nouvelle guerre mondiale[1]. Qui des Américains ou des Chinois seraient le plus « prêts à mourir » pour Taïwan ? Question pour l'heure théorique et dont il faut espérer qu'elle le reste. L'unique alternative au risque d'apocalypse nous semble le maintien du *statu quo* en vigueur ; Taipei ne proclamant pas officiellement son indépendance, Pékin sauvant ainsi la face et n'engageant pas de conflit armé. Sur les autres contentieux – ceux intérieurs aux frontières souveraines, comme le statut du Tibet (investi en 1949, annexé en 1959), les droits de l'homme au Xinjiang et en Mongolie, et les questions maritimes comme le statut des archipels Spratley et Paracel disputés par les Philippines, le Vietnam, la Malaisie et Brunei – la nouvelle puissance de Pékin lui accorde un avantage certain car en face, les États ne peuvent rivaliser. En revanche, aux Senkaku, le Japon étant militairement allié à Washington, c'est une autre affaire...

1. Thérèse Delpech, *La Guerre parfaite*, Flammarion, 1998.

CHAPITRE 4

L'Europe, cet OPNI (objet politique non identifié)

Officiellement, la vocation originelle de la construction européenne était d'ordre économique. Les promoteurs de ce projet clamaient à l'envi la nécessité d'empêcher le retour à la guerre fratricide et aux horreurs de la dictature en imbriquant les économies ouest-européennes, l'allemande et la française notamment. Intention ô combien louable mais dont on savait parfaitement que, d'une part, la réalité d'économies prospères et interdépendantes n'interdisait hélas pas mécaniquement le déclenchement d'hostilités massives comme en 1914 ni le despotisme, d'autre part, qu'elle masquait l'urgence plus prosaïque de faire *face* – et peut-être à court terme *front* – devant la surpuissance expansionniste soviétique perçue comme une menace. Et encore, si la Communauté européenne du charbon et de l'acier (CECA) puis le traité de Rome virent bien respectivement le jour en 1952 et 1957, la Communauté européenne de défense (CED) fut en revanche rejetée par Paris en 1955. La guerre froide donc, la nouvelle concurrence des dragons du Sud-Est asiatique ensuite dans une moindre mesure, poussèrent les promoteurs européistes à toujours plus d'audace, parvenant non sans accrocs (*non* danois aux accords de Maastricht en 1992, *non* français au Traité constitutionnel en 2005) à faire progresser l'intégration européenne, mais dans les dimensions économique, commerciale, sociétale, juridique et normative et non dans celle du *hard power*. Globalement, de ce point de vue, l'Europe est une authentique réussite. Un demi-siècle après le traité de Rome, elle incarnait la deuxième puissance économique mondiale, en dépit de (et non grâce à) l'accueil des infortunés États ex-communistes de l'Est.

Elle aurait tout pour…

Dans un monde idéal où les « prédateurs » ne menacent personne, où la concurrence harmonieuse des produits et des services tient lieu de guerre « douce » et où de pacifiques marchés se substituent aux champs d'honneur sanglants, l'UE pourrait poursuivre son cheminement sans souci autre que celui de l'harmonisation et du nivellement par le haut au profit des moins nantis. Mais ce monde n'est pas encore advenu. En lieu et place, on assiste en Europe ou à ses portes à des rivalités mémorielles et diplomatiques virant à la confrontation militaire (Karabakh), à une extension du terrorisme islamiste, à un réarmement russe doublé d'un interventionnisme assumé, à des fluctuations géostratégiques américaines vertigineuses, et surtout à une fulgurante montée en puissance d'une Chine à l'impérialisme revanchiste sans cesse plus décomplexé, jusque et y compris en Méditerranée et, déjà, sur le vieux continent.

Une chose est sûre : prétendre que l'Europe n'aurait pas les moyens de devenir une grande puissance globale relève simplement du contresens, avec la troisième masse démographique au monde – quatre cent soixante millions d'âmes –, un niveau d'ingénierie et de formation parmi les trois plus élevés, une force financière très substantielle en dépit du Brexit, des États aux institutions solides et aux administrations globalement efficaces, la maîtrise du nucléaire civil pour plusieurs États, et militaire pour l'un d'eux (la France), la possession de flottes aériennes et navales redoutables pour certaines, un réseau diplomatique extrêmement dense, etc. Au fond, il conviendrait d'inverser la question et de se demander plutôt ce qui *manque* à l'UE pour incarner une puissance globale, si ce n'est la volonté ! En définitive, seules les ressources énergétiques naturelles lui font défaut, encore que pas davantage que la Chine et sachant qu'il s'agit d'un faux problème. D'une part, deux États bien pourvus aux économies très fragiles par leur nature rentière, la Russie et surtout l'Algérie, ne se risqueraient pas à limiter leurs approvisionnements gaziers et pétroliers à un client aussi proche, solvable, et énergivore et, d'autre part, de gigantesques gisements gaziers *offshore* viennent d'entrer en exploitation en Méditerranée orientale, notamment à Chypre et en Grèce, tous deux membres de l'UE, ainsi qu'en Israël et en Égypte, deux États géographiquement et politiquement intéressés à exporter leur nouvelle manne à leurs amis européens[1].

Est versus *Ouest ?*

Après la chute du mur de Berlin en 1989 (qu'il n'avait ni anticipé ni souhaité), François Mitterrand avait eu à choisir – comme chef de l'État militairement le plus puissant d'Europe (lequel n'avait pas encore « déroché » économiquement et industriellement d'une Allemagne alors fédérale) parmi les autres dirigeants européens de la CEE – entre *l'approfondissement* et *l'élargissement.* Soit celle-ci se consacrait à poursuivre l'intégration coûteuse des derniers arrivants grecs (1981), espagnols et portugais (1986) en renforçant concomitamment les mécanismes institutionnels et économiques fédérateurs, soit elle faisait porter l'effort sur l'ouverture rapide de dix nouveaux dossiers d'adhésion en quelques années, devant y engouffrer des sommes astronomiques. Dans ce contexte très particulier et euphorique d'unification du continent et de libération de la dictature communiste, marqué par le sirupeux concept de « fin de l'histoire » de Francis Fukuyama, on décida l'élargissement. Sans doute eut-on raison, tant ne paraissait pas si irréversible que cela la chute de l'Union soviétique, tant les élites polonaises, baltes, tchèques ou encore roumaines issues de l'opposition étaient sincèrement démocrates et europhiles, tant les populations étaient épuisées et appauvries par un demi-siècle de despotisme incapable d'offrir les promis lendemains qui chantent, tant elles tendaient désespérément les mains vers l'ouest. On eut raison car comment sinon justifier de la sincérité d'une volonté européenne si l'on abandonnait la moitié du continent à un avenir politiquement incertain et socio-économiquement désastreux ? Seulement, les temps ont changé. Des personnalités comme Lech Wałęsa et Václav Havel ont laissé place, démocratiquement,

1. En décembre 2021, la présidente de la Commission européenne annonçait le lancement d'un projet de 300 milliards d'euros, Global Gateway, destiné à promouvoir des projets d'infrastructures dans le monde, afin de concurrencer ceux s'inscrivant dans les routes de la soie chinoises.

aux très populistes PiS polonais, Fidesz hongrois et autres partis ultraconservateurs en Slovaquie, en République tchèque, en Croatie ou dans les pays baltes. Les fonds structurels sont appréciés, moins les obligations communautaires afférentes aux droits de l'homme, à la liberté d'expression et à l'égalité devant la loi, y compris des minorités sexuelles, ainsi qu'en matière du partage du « fardeau » migratoire. En termes plus géopolitiques, le clivage apparaît tout aussi nettement, avec à l'est un prisme viscéralement antirusse des pays baltes et de la Pologne, une grande proximité avec Israël, une absence complète de volonté de s'investir au Moyen-Orient et en Afrique (même contre le terrorisme), et surtout une quête constante, prioritaire et multiforme de la présence américaine. Sous la chaotique présidence Trump et dans un contexte de glaciation avec la Russie notamment dû au conflit de basse intensité en Ukraine, le clivage s'est aggravé et menace de devenir béance. C'est si vrai que la puissante (mais détestée à l'est pour ses ouvertures migratoires) Angela Merkel échoua en juin 2021 à organiser un format 27 + 1 avec la Russie, pourtant soutenue par la France et la plupart des autres membres occidentaux… Autant l'ouest, pas parfaitement uni par ailleurs sur nombre de dossiers internationaux, peine à imposer sa ligne générale, autant il rappela à Varsovie et Budapest – avec force menaces de rétorsion financières lors de l'adoption du grand plan de relance Macron/Merkel de 2020 – qu'elles devaient se soumettre à certaines règles communes afin de continuer à engranger les fonds structurels dus aux États membres. Cela dit, on ne jettera la pierre aux égoïsmes nationaux des États de l'Est qu'à la condition d'en réserver à ceux de l'Ouest dont la solidarité est parfois à géométrie variable : l'Allemagne gratifiant toujours ses voisins d'une pollution atmosphérique au charbon (le superpolluant lignite en particulier !) et militant vigoureusement en faveur de l'achèvement du gazoduc Nord Stream 2 qui la relie à la… Russie, l'Irlande et le Luxembourg prenant, quant à eux, leurs aises avec la fiscalité des entreprises, le Danemark n'en faisant qu'à sa tête sur le plan migratoire, et à peu près tous abandonnant l'Italie à son sort face aux vagues migratoires sud-méditerranéennes en s'abritant sans panache derrière la lettre stricte du traité de Dublin…

Allemagne-France : la contradiction fondamentale

Poliment sous Barack Obama, brutalement sous Donald Trump, de nouveau courtoisement mais fermement sous Joe Biden, les États-Unis exigent constamment des vingt-huit membres européens de l'OTAN qu'ils s'acquittent de leur écot à concurrence de 2 % de leur PIB respectif, arguant du coût de leur protection. Or, jusqu'en 2021, les plus sérieux des alliés de Washington, la France, le Royaume-Uni et le Danemark, atteignaient tout juste ce montant ou le frôlaient, la majorité des autres alliés peinant à dépasser 1,6 %. L'Allemagne, elle, faisait continuellement figure de cancre, pourtant économiquement la plus puissante, et politiquement l'une des plus favorables au maintien de la présence US sur le continent, avec la mise au pot de moins de 1,3 % de son PIB. Paradoxe ? *Faux* paradoxe ! En réalité, chaque gouvernement – qu'il soit dominé par les sociaux-démocrates du SPD ou les démocrates-chrétiens de la CDU – craint une opinion publique à la fois profondément pacifiste et très scrupuleuse sur la nature des dépenses publiques. Et ce n'est sans doute pas la coalition « feu tricolore » d'Olaf Scholz mise en place en décembre 2021 qui y dérogera. Au fond, les Allemands n'ont-ils pas un peu peur… d'eux-mêmes ? En 2016, il n'y avait aucun élu d'extrême droite au Bundestag mais quatre-vingt-dix-sept un an plus tard ! Et consacrer annuellement l'équivalent de 0,7 % du PIB allemand supplémentaire, soit la somme mirifique de 25 milliards d'euros, à la défense, reviendrait mécaniquement à acquérir au choix en une décennie des flottes navales et aériennes en quantité et en qualité, plusieurs sous-marins d'attaque, des milliers de blindés ou un système balistique ultraperfectionné. Les citoyens allemands l'accepteraient-ils ? Il faut rappeler avec entêtement que leur rapport demeure défiant et distant à la puissance militaire et au *hard power* de façon générale. On pourrait aussi poser la question suivante : qui, parmi les voisins de l'Allemagne (à commencer par la Pologne, la République tchèque, le Benelux, voire la France), tolérerait un tel « réarmement » ?

Une solution consisterait bien à soutenir les efforts militaires d'alliés disposés, pour leur part, à jouer le jeu de la puissance, plus ou moins au nom de l'Europe, et l'on pense naturellement à la France. Or, en dépit des demandes répétées de Paris, jamais le Berlin de la pourtant francophile et proeuropéenne Angela Merkel n'accorda de soutien financier substantiel aux opérations françaises, notamment en Afrique sahélienne et subsaharienne (Barkhane, Sangaris), alors même qu'au Mali l'armée française se bat officiellement depuis 2013 contre un islamisme radical frappant de plus en plus douloureusement l'Allemagne. En outre, plusieurs projets de consortiums militaires (notamment autour du système de combat aérien du futur – SCAF – franco-germano-espagnol) semblent de plus en plus boudés par Berlin. *En définitive, France et Allemagne seront durablement des puissances de nature différente. Par conséquent, tenter de les agréger dans une alliance stratégique semble voué à l'échec.* Sachant que la seconde refusera très durablement de se doter d'une force de frappe militaire conventionnelle considérable (rejetant concomitamment et logiquement toute quête du nucléaire militaire), mais qu'en même temps elle ne fera rien pour affaiblir l'OTAN ni désobéir au premier de ses membres en puissance (en l'espèce protectrice) au profit d'une autonomie stratégique spécifiquement européenne, Berlin demeure dans une quadrature du cercle, et, avec elle, Bruxelles. Preuve en a encore été cruellement donnée avec, en Afghanistan, l'accord bilatéral américano-taliban de janvier 2021 et le retrait calamiteux de Kaboul en août, duquel l'UE fut totalement écartée.

Nuançons quelque peu : à trois reprises au moins, des opérations militaires spécifiquement européennes furent menées à bien, auxquelles participa l'Allemagne, démontrant la possibilité d'en mener d'autres, le cas échéant : la première fois, en 2003, à l'est de la République démocratique du Congo avec pour mission de protéger des populations civiles de l'Ituri face à des seigneurs de la guerre (opération Artémis), la deuxième fois en 2006 au Congo toujours (Eufor RD Congo), la troisième, maritime, mise sur pied en 2008 en mer Rouge et dans le golfe d'Aden ayant pour objectif de chasser les pirates (opération Atalante). On pourra, au choix, regretter le caractère à la fois tardif et fort limité de ces opérations ainsi que la solitude de la France au Sahel depuis 2013, ou apprécier leur existence, caractérisée de surcroît par un certain succès sur le terrain.

Trois hypothèses

Que faire alors ? Trois possibilités géopolitiques s'offrent aux dirigeants et aux peuples européens.

La première est celle de l'unification politique. L'UE parvient à se doter rapidement d'un socle de représentations identitaires, forte d'un adversaire plus ou moins commun (toute nation ne se construit-elle pas face à des rivaux ?), et avance à marche forcée vers une forme de fédéralisation. L'étape suivante consiste en l'établissement d'objectifs partagés servis par des stratégies communes, impliquant sur le plan diplomatique et militaire non seulement solidarité mais mutualisation. Même si trois parmi les plus puissantes personnalités européennes, Ursula von der Leyen, Emmanuel Macron et Olaf Scholz, sont en 2022 favorables à une perspective, sinon de cet ordre, du moins dans cet esprit, ce n'est pas l'hypothèse la plus crédible. Au plan sociétal, le groupe de Visegrád (République tchèque, Slovaquie, Hongrie, Pologne) défend le concept de « démocratie illibérale » et voue aux gémonies certains collectifs (« genrés »), et ses rapports à l'islam et/ou à l'immigration divergent de plus en plus profondément de ceux entretenus à l'ouest. Sur les autres niveaux, la Belgique, les Pays-Bas et l'Italie achètent des chasseurs-bombardiers F15 et non des Typhoon, des Gripen ni des Rafale, Polonais et Baltes ne jurent que par Washington et s'opposent frontalement et constamment à la Russie sur toute question. L'UE s'éparpille quasi systématiquement dans le dossier israélo-palestinien sur les trois votes possibles, et la solidarité sur les fronts écologique (charbon allemand et polonais, agriculture danoise, nucléaire français…), migratoire (cf. la vague de 2015), budgétaire (nord contre sud) ou encore antiterroriste (la France seule au Mali) laisse franchement à désirer. On ajoutera que si les rivalités mémorielles entre Européens se sont grandement apaisées au terme du XXe siècle, le problème linguistique demeurera entier car ni l'anglais (surtout après le Brexit), ni le français ni l'allemand ne feront à notre avis jamais l'unanimité en tant que langue européenne commune.

La deuxième perspective se profile bien plus sûrement, servie par l'élection à Washington de Joe Biden : le maintien de l'UE sous le « parapluie » américain, dont on peut légitimement se demander contre quelle intempérie – clairement, contre quelle puissance menaçante – il continue de se déployer, déjà plus de trois décennies après l'effondrement définitif du bloc communiste et face à une Russie exsangue. Contrairement à son prédécesseur qui comptait casser l'OTAN au profit de deux ou trois alliances bilatérales (sans doute avec la Pologne et la République tchèque), initiative qui aurait contraint les Européens à se repenser stratégiquement en profondeur, le nouveau président américain maintient l'Alliance atlantique, permettant à ses plus ardents promoteurs en Allemagne, au Benelux, en Italie et ailleurs de (souffler, ayant senti passer le vent du boulet et de) s'inscrire plus que jamais dans son giron, rejetant par là même toute alternative européenne, au grand dam de la France. Dans cette hypothèse vraisemblable, l'Europe se (re)centre et se replie sur sa dimension strictement économique originelle, s'interdit de jouer un rôle d'acteur de puissance autonome de l'allié (mais aussi concurrent) américain – notamment face à la Russie, la Turquie et de futures puissances émergentes – et risque le dépeçage par la Chine à travers ses investissements industriels et infrastructurels extrêmement judicieux. À moyen terme, c'est le déclassement qui menace devant les grands titans étatiques présents et futurs.

La troisième possibilité, complexe à mettre en œuvre car novatrice mais offrant nombre d'avantages, se présente sous la forme d'une Europe non pas « à deux vitesses » (sous-entendu « économiques » dans les années 1980-1990), mais à deux moyeux stratégiques. C'est-à-dire que ceux parmi les membres de l'UE souhaitant assumer l'exercice et les coûts de la puissance globale au nom de l'Europe s'agrégeraient à la France et au Royaume-Uni – noyau difficilement contournable –, les autres se « contentant » de n'assumer qu'un rôle économique classique, libres à eux de contribuer ou pas au financement des investissements ou des opérations militaires des premiers. Ni rupture dramatique avec l'allié américain, ni désagrégation, ni fusion… Baroque ? Après tout, la France sortit du commandement intégré de l'OTAN en 1966 (pour le réintégrer en septembre 2007) sans que cela ne fracasse l'Alliance atlantique ni même la relation bilatérale franco-américaine. En outre, en dépit de sa « timidité » militaire notoire, l'Allemagne fait partie intégrante de l'alliance et ne compte en aucun cas s'en retrancher, même partiellement. Et que dire de la Turquie dont les agissements depuis les années 2010 ne s'inscrivent plus du tout en conformité avec la lettre ni l'esprit de l'OTAN, et qui pourtant n'en fut point chassée ?

Diachronie tragique de l'histoire européenne ; le débat de son accession à la puissance et à l'autonomie stratégique de l'UE, le cas échéant à deux moyeux, intervient au moment où un tel projet vient de subir de plein fouet le Brexit ! Car on peut gloser à l'infini sur l'équilibrisme euro-atlantique de Londres ou son implication souvent complexe sur le plan financier depuis au moins l'ère Margaret Thatcher, reste que le Royaume-Uni affiche, pour sa part, une nature de puissance similaire à celle de la France. À Londres comme à Paris, l'État et l'opinion se représentent toujours comme devant incarner un acteur international global assumant encore le *hard power*, et on mène des politiques diplomatiques, budgétaires et militaires conformes à cette volonté. L'hypothèse de cette Europe à deux pôles peut-elle encore s'envisager avec un État carrément sorti de l'union ? À court terme, tant que la tendance Boris Johnson mise sur la réactivation de la « relation spéciale » avec Washington (bousculée sous Obama puis Trump), espérant un accord de libre-échange économique avec les États-Unis et une fusion stratégique avec les anciens grands dominions que sont le Canada et l'Australie dans un « Global Britain » commerçant sans limites avec le monde entier, la perspective ne sera pas audible outre-Manche, si tant elle qu'elle le soit sur le continent. Mais après ? Si le Royaume-Uni échoue dans sa projection océanique tous azimuts, ce qui semble fort probable, ne sera-t-il pas tenté de jouer une alternative stratégique qu'on qualifierait d'anglo-européenne ? On rappellera que, techniquement, les processus de coopération et de mutualisation militaires franco-britanniques de Saint-Malo (1998) et surtout de Lancaster House (2008) vont bon train, et, fondamentalement, les influences diplomatiques, les possessions géographiques, les réalités démographiques, la proximité stratégique globale (depuis la décennie 1840 !) et une certaine complémentarité économique militent en faveur d'un tandem franco-britannique. Hors de l'Europe du fait du Brexit ? Pourquoi pas – on a ainsi vu une résolution commune déposée au Conseil de sécurité sur une zone sécurisée (*safe zone*) à Kaboul au cours du retrait d'août 2021 – dans la mesure où militairement des accords bilatéraux multiples seraient conclus avec les membres du noyau évoqué plus haut. Après tout, c'est un ensemble essentiellement économique et non – et pour cause – stratégique que Londres a quitté. Pourquoi le Brexit empêcherait-il nécessairement une alliance militaire ? Demeure le problème d'un doublon stratégique avec l'OTAN et, *in fine*, de la redéfinition des objectifs de l'alliance demandée par un Emmanuel Macron en 2021.

Carte 4. Possessions souveraines, alliances et bases militaires d la France, du Royaume-Uni et de la Russie : grandes puissances pauvres

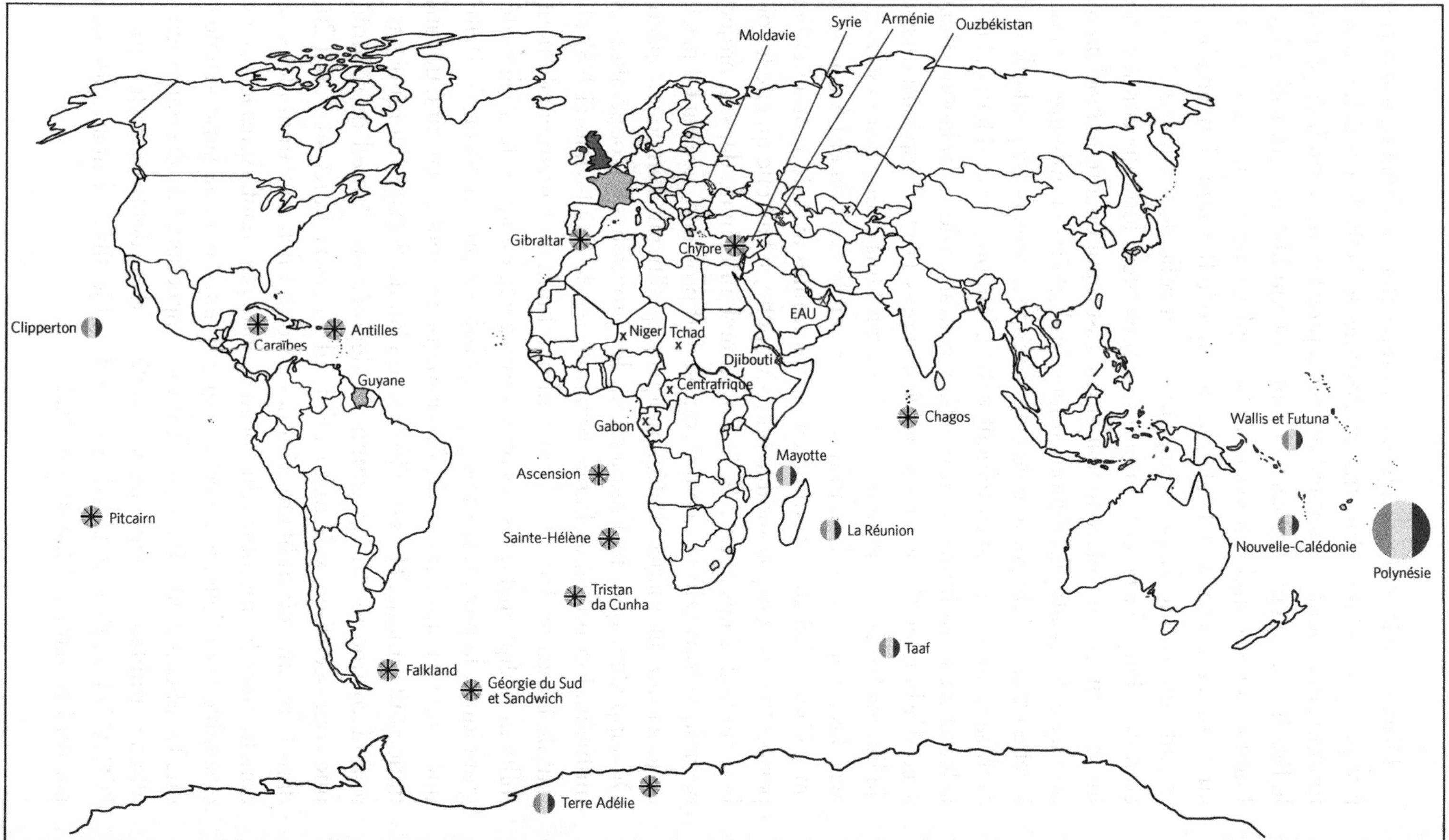

CHAPITRE 5

Vingt autres cas et leurs caractéristiques

Une grande puissance pauvre : la France

Qui fait une observation géopolitique sérieuse de la France ne peut que constater un cas à peu près unique dans la conjonction de trois réalités profondes s'inscrivant dans les siècles, mais encore très présentes. En premier lieu, l'État français, l'un des plus anciens et des plus centralisés au monde – pour ne remonter qu'à Hugues Capet en 987 – s'est presque toujours représenté comme devant assumer la puissance. De Louis VI le Gros au XIIe siècle à partir de l'actuelle modeste Ile-de-France à l'apogée de l'Empire français ultramarin au début du XXe siècle, en passant par les croisades, les annexions des puissants duchés de Bretagne et de Bourgogne, les républiques révolutionnaires ou encore les deux Empires napoléoniens ; il s'agit d'une constante. Quelle que soit la nature du régime institutionnel qui préside à ses destinées, l'État français recherche la puissance, assez suivi en cela par la société. En second lieu, voilà bien aussi une caractéristique intéressante que la propension des sujets puis des citoyens à admettre ce positionnement atavique de leur État, sinon à l'encourager. Il ne s'agit pas d'un bellicisme particulier du peuple français (terme anachronique jusqu'au XVIIIe de surcroît) mais de l'acceptation relativement pérenne des coûts et fardeaux de la puissance. Quantité de critères traduisent cet engouement populaire pour la puissance et/ou le prestige, de la passion livresque et mémorielle pour de grands chefs de guerre (Napoléon et de Gaulle pour les plus connus et contemporains, mais un du Guesclin, une Jeanne d'Arc et un Richelieu tiennent leur rang dans les émissions, les conférences et les ventes de biographies) au défilé annuel du 14-Juillet, grand rendez-vous national annuel médiatisé, survivance absolument unique dans les démocraties, et perçu comme archaïque et belliqueux un peu partout dans le monde libre ! On pourrait ajouter le relatif soutien populaire aux opérations militaires extérieures successives, l'absence de contestation forte de la bombe atomique ou de budgets militaires considérables ou encore l'image positive dont bénéficie l'armée. Troisièmement, l'État français, surtout sous sa mouture républicaine depuis 1875, s'est doté d'une mission à laquelle il n'a jamais tout à fait renoncé en dépit de son abandon sémantique et rhétorique. Bien plus politique et culturelle que spirituelle, contrairement à celle prévalant aux États-Unis, cette mission qui ne dit plus son nom consiste à intervenir au nom de valeurs, diplomatiquement et parfois militairement, à peu près partout sur la planète. On le voit, rares sont les États à souffrir la comparaison avec une France conjuguant sur des temps longs ces trois caractéristiques.

On pourrait du reste ajouter une quatrième spécificité : les Français ricanent plus souvent qu'à leur tour de leur propre puissance quand ils ne l'ignorent pas tout simplement, faisant mentir leur réputation de « coqs » arrogants. Une forme quasi schizophrénique et fataliste de déclinisme se retrouve dans maints discours. Et pourtant… Parmi les presque deux cents États composant l'ONU, la France demeure dans le club très fermé de ceux susceptibles d'afficher ne serait-ce que quelques-uns des atouts suivants : un siège permanent au Conseil de sécurité, la possession de la bombe atomique (trois cents têtes nucléaires, soit juste derrière les États-Unis et la Russie) et de vecteurs redoutables (bombardiers stratégiques et sous-marins lanceurs d'engins), la capacité humaine, politique et logistique de projection dans quantité de bases lointaines, la possession en pleine souveraineté du deuxième domaine maritime au monde en surface et en répartition (sur tous les océans, notamment Indien et Pacifique), un siège important au sein de la plus puissante alliance militaire (l'OTAN), ou encore la capacité de concevoir, fabriquer et commercialiser des matériels stratégiques à très haute valeur ajoutée (navires, insubmersibles, avions de guerre, etc.). On peut à bon droit sourire de l'un de ses critères en contestant ce qu'il traduit de puissance (la bombe ne servirait à rien, Washington pèse bien plus que Paris à l'OTAN, etc.), mais pas de leur conjugaison ni de leur articulation. De fait, seuls les États-Unis, la Russie et la Chine – très imparfaitement pour ces deux dernières – peuvent aligner ces réalités dont seuls s'approchent le Royaume-Uni, l'Inde ou encore Israël.

Seulement, il manque sans cesse plus cruellement à cette panoplie d'authentiques grandes puissances une capacité économique conséquente ; considérable relativement aux autres États de la planète – en 2022 la France affiche encore le sixième PIB (à peu près *ex aequo* avec l'Inde) et s'inscrit parmi les dix premières économies tous paramètres confondus –, le maintien de tous ces atouts sera de plus en plus difficile à garantir. Nucléaire civil et militaire, aérospatial, avionique, chantiers navals, énergies nouvelles, *data systems*… ; abandonner la recherche et la fabrication dans ces secteurs stratégiques clés reviendrait à risquer d'irréversibles ruptures de compétences. Or, l'investissement dans la recherche revient cher, et fabriquer des produits sans parvenir à les exporter à une échelle satisfaisante coûte plus cher encore. Las, les concurrences américaine et est-asiatique promettent de devenir de plus en plus redoutables…

À maints égards le Royaume-Uni présente quantité de similitudes avec la France en tant que grande puissance pauvre. Sans doute son influence s'avère-t-elle plus importante sur des États plus prometteurs en termes de puissance (Canada, Australie), moyennant quoi elle dispose d'une force de frappe et surtout d'une projection nucléaire désormais moindres que celles de la France, et, par ailleurs, le Brexit et une dévolution de l'Écosse risquent d'affaiblir à terme notre voisin et allié ; le chaotique retrait d'Afghanistan en août 2021 a démontré que le « Global Britain » cher à Boris Johnson n'est pas près d'advenir, et que la si précieuse « relation spéciale » avec les États-Unis (déjà écornée sous Obama puis Trump) relève de l'histoire du XXe siècle.

S'interdire la puissance globale : Allemagne et Japon

En juin 1945, l'Allemagne n'existe juridiquement plus, contrôlée par les quatre armées soviétique, américaine, britannique et française, chacune disposant bientôt d'une zone de contrôle. Il faut attendre 1949 pour qu'à l'ouest de l'ancien Reich émerge sous l'égide des Occidentaux une République fédérale (RFA) et, à l'est, sous contrôle soviétique, une République (dite) démocratique (RDA). Dans les deux États, les constitutions prohibent la production de l'atome à usage militaire et la projection des troupes hors des nouvelles frontières. La réunification d'octobre 1990 ayant suivi la chute du mur de Berlin (et du bloc communiste) ne change rien ; sauf exceptions supervisées par les Occidentaux, la Bundeswehr ne se déploie pas hors des frontières et Berlin ne procède à aucune recherche nucléaire à usage militaire. Quant à l'opinion, elle ne vit pas ces entraves à la façon du traité de Versailles de 1919 mais au contraire très positivement. Scrutin après manifestations, enquêtes sociologiques après tribunes médiatiques, l'opinion allemande démontre constamment un pacifisme sans faille : controverses lors d'envois de soldats et de matériels en ex-Yougoslavie et en Afghanistan dans les années 1990-2000, rejet quasi unanime de l'expédition d'Irak en 2003, soutien populaire à l'abstention de soutenir la France au Mali à partir de 2013, soulagement à la victoire de Joe Biden et au maintien de l'OTAN de conséquence, etc. Non pas que l'Allemagne ait renoncé à la puissance – elle a continué longtemps à entretenir une armée de conscription et produit des armements en grande quantité – mais à l'emploi de sa dimension militaire et stratégique hors de ses frontières. Il ne s'agit pas d'une neutralité à l'helvétique puisque l'Alliance atlantique compta toujours la RFA puis l'Allemagne réunifiée en son sein, en dépit de la récurrence de manifestations pacifistes et/ou antiaméricaines. Cette puissance économique et industrielle considérable s'interdira sans doute longtemps encore d'incarner une puissance globale pour les raisons historiques et politiques déjà mentionnées.

Au contraire de son allié allemand, le Japon demeura après sa capitulation de 1945 un État, bien qu'à souveraineté réduite ; les États-Unis s'emparèrent de plusieurs îles stratégiques, maintinrent une force d'occupation plusieurs années durant, imposèrent la Constitution de 1947 puis le traité de San Francisco de 1951 interdisant la projection de forces au-delà de l'archipel et la poursuite d'un processus nucléaire militaire. Jusqu'aux années 2000, un profond pacifisme animait la population japonaise, traumatisée par la double défaite de 1945 (face aux Américains mais aussi aux Russes en août 1945) et les bombardements nucléaires. Dans les années 2000 cependant, une part croissante de l'opinion suivit le Premier ministre nationaliste Shinzo Abe et le lobby Kaigi, favorables à une révision constitutionnelle, dans ses revendications d'un retour à une plus large autonomie stratégique. Ainsi, en 2015, la diète adopta une résolution permettant une interprétation restrictive de l'article 9 de ladite Constitution, celui-là même en vertu duquel « le Japon renonce pour toujours à la guerre ». Et donc au nucléaire militaire... On notera que, contrairement à Berlin, Tokyo avait accédé à l'état du seuil et produit du nucléaire civil. Le contexte de rapide montée en puissance de la Chine et l'expansionnisme affiché de Pékin sur l'archipel des Senkaku poussent le Japon à renforcer son alliance avec les États-Unis, mais aussi à nouer de nouveaux partenariats militaires avec l'Inde, l'Australie et Singapour ; ensemble, ces quatre États constituent dorénavant une alliance baptisée « Quad ». Ce schéma de mise en ordre de bataille assumé ne procède pas d'un positionnement passif, et tranche singulièrement avec le cas allemand. Objectivement, l'Allemagne ne vit pas avec une Russie faible (face à l'OTAN) et non frontalière une proximité aussi délicate ou périlleuse. Il apparaît probable qu'en cas d'aggravation des tensions avec la Chine et d'accroissement (pas nécessairement corrélé) du sentiment de crainte du Japon, ce dernier exigera des États-Unis le retour à une souveraineté stratégique complète, échaudé par l'erratique présidence Trump, pouvant alors prétendre à devenir une grande puissance globale. Une perspective que Pékin craint comme la peste et rejettera. De toutes ses forces ? Si oui, avec quelles conséquences ?...

Futures grandes puissances potentielles : Canada et Australie

Pays immense, le deuxième derrière la Russie en superficie, et doté d'atouts considérables (énergie fossile, relative insularité stratégique, haut niveau de formation et de technicité…), le Canada n'a jamais quitté l'alliance britannique. Il fut d'abord dominion puis allié, dépêcha des troupes à la Couronne (1812, 1914, 1941), redoubla cette alliance en adhérant à l'OTAN en 1949. L'idée selon laquelle cet État serait structurellement pacifiste, sans doute conçue au vu des nombreux casques bleus canadiens déployés à travers le monde et des soutiens à divers processus de conciliation, est fausse. En revanche, Ottawa n'a jamais revendiqué d'indépendance stratégique ni manifesté une prétention à incarner une grande puissance globale, et pas davantage remis en cause les alliances avec Londres, Washington et l'OTAN. L'accroissement des tensions dans l'Arctique avec Moscou ne poussera vraisemblablement pas les Canadiens à s'affaiblir en s'en défaisant. On peut donc parler d'un État qui ne renonce pas au *hard power* (participation aux combats en Irak et en Afghanistan, renforcement militaire dans le grand nord face à la Russie, etc.) mais dans le strict cadre de ses solides alliances avec des États assez unanimement admis comme frères. Même la perspective (très hypothétique) de l'accession à l'indépendance du Québec n'affaiblirait qu'à la marge le Canada comme puissance.

L'Australie, elle aussi ancien dominion, a noué en 1951 une alliance tripartite, l'Anzus, avec les États-Unis et la Nouvelle-Zélande, cette dernière l'ayant quittée en 1985, renforçant cette alliance de l'Aukus avec Washington et Londres en 2021. Géographiquement et démographiquement à peine plus modeste que le Canada, l'Australie bénéficie d'une entière insularité stratégique, et donc d'une solide alliance avec un supergrand. Pourtant, à l'instar du cas nippon, Canberra perçoit l'expansionnisme chinois comme une menace de plus en plus caractérisée, et a entrepris dans les années 2010 un formidable effort militaire, notamment *via* l'acquisition d'une flotte entière d'insubmersibles, articulé avec le renforcement de ses partenariats avec l'Inde, Singapour, le Japon et la France (cette dernière ayant été évincée au profit des États-Unis pour la fourniture de sous-marins, en septembre 2021). Au fond, ne manque à l'Australie, comme au Canada, que la possession de la bombe et un siège permanent au Conseil de sécurité pour cocher toutes les cases illustrant le statut de grande puissance globale ; elle ne tentera pas de les obtenir faute de nécessité, protégée par son grand allié. À l'inverse des Canadiens, les Australiens pourraient revendiquer et se voir attribuer un rôle actif de gendarme régional ; après tout, l'Indonésie semble sans cesse plus instable, Pékin convoite les zones insulaires et archipélagiques du Pacifique Sud, la Nouvelle-Calédonie française pourrait devenir indépendante et nouer une alliance avec la Chine, etc. Or, ici aussi, la présidence Trump a laissé des traces. Avant même un éventuel retour à une politique américaine de retrait relatif ou d'affaiblissement de ses alliances, l'Australie cherche à se hisser à un niveau de persuasion et de dissuasion très élevé dont elle a, par ailleurs, les moyens. Si son opinion et ses gouvernants le souhaitent, elle deviendra à n'en pas douter une grande puissance régionale s'étendant au-delà de son environnement océanique immédiat.

Deux colosses nucléarisés qui se neutralisent : Inde et Pakistan

Voilà bien un cas de figure original : deux puissances pauvres en termes de PIB/h, n'ayant ni siège permanent au Conseil de sécurité, ni bases hors de leurs frontières, ni vrais alliés militaires, ni situations socio-économiques et ethnoconfessionnelles stables, mais fortement peuplées et officiellement dotées de l'arme atomique depuis mai 1998. Toutefois, la particularité principale de New Delhi et Islamabad consiste en leur conflit mutuel permanent depuis la désagrégation désastreuse des Indes britanniques en 1947 ; trois guerres ouvertes, d'innombrables affrontements localisés, des alliances de revers, croisées, une diplomatie systématiquement hostile, des dépenses militaires mirifiques et deux instrumentalisations religieuses croisées au profit de la rivalité politique… Le Cachemire, vaste zone montagneuse disputée depuis les indépendances, constitue l'enjeu principal de ce face-à-face excessivement dangereux au regard des nouvelles capacités nucléaires des frères-ennemis.

Des deux rivales, l'Inde possède davantage d'atouts qui lui permirent déjà de vaincre la seconde, à commencer par une armée plus nombreuse (et qui le demeurera sûrement au regard de l'écart démographique de un à six) et une unité nationale moins soumise aux aléas d'un clanisme nord-ouest pakistanais (tribus pachtounes) très ancré, mais l'alliance de revers chinoise permet au Pakistan d'espérer compenser cette faiblesse structurelle. Afin de parer à cette « compensation », New Delhi – orpheline d'une Union soviétique amie et partenaire – a finalisé un accord de coopération nucléaire en 2005 avec Washington, abandonnant définitivement sa vieille posture de pays non-aligné et « progressiste ». Ce conflit ancien, multifactoriel (historique, religieux, hydrique...) et larvé grève lourdement les capacités de montée en puissance dans d'autres secteurs et sur d'autres zones de chacun des deux antagonistes qui se neutralisent et s'affaiblissent mutuellement.

États aux rentes religieuses et pétrolières : Arabie saoudite et Iran

Un autre tandem de frères-ennemis mérite l'attention. Gardienne des Lieux saints de La Mecque et Médine, défenseuse autoproclamée d'un islam ultrarigoriste d'émanation salafiste (wahhabite) et du sunnisme (plus de 85 % des musulmans du monde) de façon générale, l'Arabie saoudite, dont la tribu des Saoud a donné son nom à cet État crypto-théocratique lors de sa création en 1932, cherche, depuis son soudain enrichissement massif né des chocs pétroliers des années 1970, à imposer au sein de l'*Oumma* comme à l'extérieur son dogme avec force milliards de dollars ; construction de mosquées nombreuses et immenses, envoi aux quatre horizons d'imams et de « professeurs » d'arabe prosélytes, octrois arbitraires et diplomatiques d'autorisations au *hadj* (le pèlerinage à La Mecque) selon les États, soutiens financiers à quantité de madrasas rigoristes, défense de régimes ou de groupes islamistes radicaux, etc.[1] En quelques décennies, l'influence de Riyad ou plutôt de la doctrine wahhabite a essaimé dans le monde entier, au point que certains courants

1. Sur les différents types d'islamisme, on lira avec profit Anne-Clémentine Larroque, *Géopolitique des islamismes*, PUF, « Que sais-je ? » (2e éd.), 2019.

radicaux se sont retournés contre leur fondateur saoudien tel un golem, l'accusant d'avoir trahi la cause par son attitude de débauche (dépenses somptuaires en Occident, mépris des autres musulmans une fois en villégiature, alliance américaine avec présence massive de troupes au sol en 1990-1991). Des attentats islamistes (y compris un régicide) sur le sol saoudien dès 1979 et plus encore le développement menaçant de Daesh ont bien traduit ce douloureux retour de bâton. Mais dans le pandémonium officiel saoudien, Israël a laissé place à l'Iran comme leader très proactif du monde chiite, honni par le rigorisme sunnite. Tandis que l'islam sunnite wahhabite a toujours été la raison d'être de l'Arabie saoudite, quintessence du non État-nation, ce n'est qu'en 1979 que l'Iran a adopté une posture quasi théocratique à l'intérieur, panchiite à l'extérieur.

On retrouve dans une certaine mesure le schéma de la rivalité indo-pakistanaise, à ces deux différences essentielles près : ni Téhéran ni Riyad ne possèdent l'arme nucléaire, en dépit des fortes tentations iraniennes. Et chacune des voisines rivales s'inscrit au sein d'un même monde religieux dans lequel elle tente de s'imposer comme le guide et modèle contre l'autre, non seulement sur le plan religieux mais aussi au niveau institutionnel ; un régime féodal bédouin d'un côté, une république théocratique de l'autre. Incontestablement, l'Iran est monté en puissance depuis le commencement du XXIe siècle, grâce à une politique panchiite de contournement tactique de l'adversaire ; Téhéran arme, finance et soutient politiquement des régimes ou des groupes à majorité chiite : le régime d'Assad en Syrie, les chiites (qui lui sont bien disposés) en Irak, les Houthis au Yémen, les Hazaras en Afghanistan ou encore et surtout le Hezbollah libanais. Sur le plan militaire, l'Iran pourtant sous embargo maîtrise mieux le *hard power* qu'une Arabie saoudite massivement équipée par les fournisseurs occidentaux. En revanche, la force de frappe financière saoudienne fut et demeure autrement considérable, qui a servi à répandre le salafisme dur à travers le monde. Aucun des deux ne parviendra néanmoins à court ou moyen terme à subjuguer l'autre, mais au fond peu importe au regard du caractère précieux de leur rente confessionnelle respective destinée à fédérer, au sein des frontières comme à l'extérieur. Irait-on jusqu'à suggérer que l'état d'hostilité leur vaut mieux qu'une victoire ? Quoi qu'il en soit, cette rente se double de celle énergétique ; l'Arabie saoudite abrite la première réserve de pétrole conventionnel au monde, l'Iran recelant la troisième ainsi que la troisième réserve prouvée de gaz naturel. Ces deux économies sont monoexportatrices, au sens où au moins 90 % de leurs ressources proviennent d'un même secteur, en l'espèce les hydrocarbures. Comme pour tous les États rentiers, c'est leur force depuis 1973 mais aussi, en définitive et davantage encore, leur faiblesse.

Puissances régionales toutes de retenue : Afrique du Sud et Brésil

On l'a vu, disposer des attributs ne suffit pas à faire la puissance ; l'autre condition *sine qua non* reste de la rechercher. Plusieurs cas de figure d'États réunissant objectivement des éléments constitutifs d'une puissance redoutable ont officiellement et réellement abandonné sa quête pour des raisons politico-historiques, d'autres connaissent un point de bascule vers son assomption.

Dans les décennies 1960-1990, l'Afrique du Sud constitue l'unique puissance économique et militaire sérieuse de toute l'Afrique australe, faisant la loi de l'Angola méridional au Mozambique en passant par ses modestes voisins septentrionaux, s'acquittant de sa mission tacite d'endiguer la pénétration de l'influence soviétique dans la zone. À partir des années 1970, Pretoria entame un processus de recherche nucléaire avec l'assentiment de ses deux principaux alliés, les États-Unis et le Royaume-Uni. L'aboutissement de ce programme aurait clairement propulsé l'ancien dominion britannique parmi les grands. Or, Nelson Mandela, parvenu au pouvoir en 1994 suite à la chute de l'Apartheid en 1991, décide immédiatement d'abandonner celui-ci, sans pour autant démanteler la puissante armée nationale. Ses successeurs poursuivront cet abandon, assumant même une relative retenue militaire dans les affaires de voisinage ou du Congo. Un renoncement unilatéral et complet (ne recherchant même pas à demeurer un État du seuil) de la recherche de la bombe atomique est rarissime, et en réalité unique hors écrasement militaire suivi d'interdiction internationale. De ce fait – surtout si l'on ajoute l'impéritie de ces derniers, un système de plus en plus rentier (diamants, or) et de préoccupantes tensions sociales et ethniques montantes –, l'Afrique du Sud s'éloigne nettement du modèle de puissance montante.

Le Brésil est un cas un peu différent, car, ayant maîtrisé (et maîtrisant encore ?) la technologie nucléaire, il a décidé, à l'instar de quelques autres États, de se maintenir comme État du seuil. Assumant toujours un rôle de puissance, il s'est doté d'une flotte aérienne de combat moderne, a acquis auprès de la France un porte-avions (l'ancien Foch) et entretient une armée digne de ce nom. Mais cet État, à tous égards le géant du cône sud-américain doté d'une masse géographique, démographique et économique importante et dépourvu de menaces militaires sérieuses à ses frontières ni sécessionnistes en leur sein, ne peut sérieusement projeter sa puissance sur d'autres continents, en dépit d'une rhétorique de la responsabilité sur la sécurité de l'Atlantique moyen jusque et y compris au golfe de Guinée. Ainsi en mai 2010, Washington avait sèchement ignoré une initiative turco-brésilienne au Conseil de sécurité visant à trouver un accord sur le nucléaire iranien. Comme Pretoria, Brasilia ne perdra sans doute jamais sa place de grande puissance régionale mais dans une zone relativement éloignée des principaux enjeux planétaires. On suggérera que l'un des attributs de puissance du Brésil, du moins sous un pouvoir qui serait rationnel et pragmatique (plutôt qu'inconséquent et mystique), pourrait se trouver au cœur de l'immense forêt amazonienne, l'un des poumons de la planète. Puisqu'il est acquis que ce poumon est indispensable au ralentissement des effets désastreux du réchauffement climatique par son émission d'oxygène et son absorption de CO_2, Brasilia pourrait légitimement « monnayer » l'arrêt de sa déforestation moyennant des compensations financières et diplomatiques. Après tout, renoncer à exploiter des ressources prodigues en gains économiques substantiels au sein de ses frontières souveraines correspond à un sacrifice. Cet élément de puissance potentiel lié à la protection de ressources planétaires vaudrait (ou aurait valu ?) aussi pour l'Indonésie, les deux Congo, Madagascar et même la Russie.

États-verrou et/ou États-front : Singapour, Turquie, Pologne, Arménie…

Tirer une forme de puissance de son positionnement géographique n'a rien de très nouveau, mais cela reste ou redevient évident concernant plusieurs États contemporains, en l'espèce admis – et soutenus – comme verrous stratégiques, soit qu'ils commandent une route obligée pour un commerce abondant, soit qu'ils constituent un fer de lance ou un saillant de front face à un État hostile et puissant.

À l'indépendance de la Malaisie en 1965, Singapour figurait sur les cartes comme une modeste cité de pêcheurs à son extrémité méridionale. Le commerce entre une Chine maoïste quasi autarcique et l'Occident était alors fort limité, et le détroit de Malacca ne présentait pas une priorité stratégique majeure. Le site offrait si peu d'intérêt pour les élites de la nouvelle Malaisie que Kuala Lumpur rejeta Singapour, lequel microterritoire insulaire proclama donc son indépendance. Un demi-siècle plus tard, son PIB dépasse nettement celui de sa voisine, ses forces aériennes et maritimes – délocalisées en Australie faute de place – sont tout à fait redoutables, et le détroit de Malacca voit plus de 33 % du commerce maritime mondial (un navire toutes les huit minutes !) passer devant son immense zone portuaire, la deuxième au monde pour les conteneurs en 2022 ! Pékin devenant l'adversaire systémique des Européens, des Nord-Américains et des Australiens, et restant l'ennemi récurrent de l'Inde, Singapour incarne mécaniquement un levier de puissance hors de proportion de sa réalité spatiale et démographique. D'autant que son activité est « boostée » par une Chine qui n'a plus de communiste que le nom mais devenue la réelle deuxième économie mondiale. On ne s'étonnera donc guère que ses alliés ou pourvoyeurs de matériels militaires soient notamment… l'Inde, l'Australie et les États-Unis. En cas de conflit conventionnel entre la Chine et les États-Unis et leurs alliés, le détroit de Malacca pourrait être interdit aux navires chinois et l'accès au précieux pétrole du Golfe sérieusement menacé… Fort de cette épée de Damoclès, Singapour incarne déjà une puissance-verrou.

La Turquie tire encore aussi une part importante de sa puissance de sa dimension de verrou, encore que de façon différente. Intrinsèquement, son poids démographique et son espace géographique sont bien supérieurs à ceux de Singapour, tandis que sa souveraineté sur les détroits – tant convoités par la Russie en quête de mers chaudes des siècles durant et jusqu'en 1917 – présente en revanche bien moins d'intérêt du fait d'un transit commercial plus modeste (quotidiennement deux cents navires). Certes, durant la guerre froide, l'espace turc représenta face à la surpuissante URSS menaçante à la fois un verrou et un fer de lance de l'OTAN. Mais depuis la chute du bloc communiste, l'intérêt turc ne se limite plus au Bosphore et aux Dardanelles sur un axe Russie/Méditerranée, se doublant d'un axe Proche et Moyen-Orient/Europe. Au fond, la rente géographique d'Ankara consiste dorénavant davantage en un versement d'aides sonnantes et trébuchantes à concurrence de 6 milliards d'euros en deux tranches depuis l'accord du 18 mars 2016, officiellement afin de secourir les trois millions de réfugiés syriens présents sur le sol turc. Le cauchemar de la plupart des États européens de voir à nouveau déferler, comme en 2015, des centaines de milliers de réfugiés est mis à profit par une Turquie les tenant ainsi en respect sur de lourds contentieux diplomatiques ou stratégiques liés à la Syrie, à la question kurde, à l'acquisition d'armements russes, aux droits de l'homme ou encore au conflit mémoriel et diplomatique avec l'Arménie.

La Pologne incarne un peu un mix des deux schémas précédents. Évidemment, elle ne représente pas un verrou au sens géographique du terme, mais affiche, elle aussi, la plus forte démographie relativement à son entourage (à l'exception de la Biélorussie, non européenne) ; la Turquie est bien plus peuplée que chacun de ses voisins (Iran excepté), et la Pologne abrite à elle seule la moitié des citoyens (soit trente-huit millions) des dix nouveaux entrants est-européens dans l'UE au cours des années 2000. En outre, à l'instar de Singapour aujourd'hui et d'Ankara durant la guerre froide, Varsovie fait face à un géant perçu par les Occidentaux, à tort ou à raison, comme menaçant et vindicatif, frontalier non seulement de ce dernier (enclave de Kaliningrad) mais de six autres États dont l'Ukraine et la Biélorussie. Enfin, comme les deux cas précédents respectivement très hostiles au PC chinois aujourd'hui et au PC soviétique jadis, la société et les gouvernements polonais entretiennent une profonde hostilité et une forte détermination vis-à-vis de la Russie. Pour Washington, il s'agit donc bien d'un *État-front*, à la fois verrou et fer de lance, ce qui explique l'engouement de l'OTAN pour ce pays mais aussi celui d'un Donald Trump qui, méprisant l'Alliance atlantique, envisageait au terme de son mandat de lui substituer une alliance bilatérale avec la Pologne. Cette convoitise ne faiblira qu'avec une hypothétique baisse générale et durable du niveau de tension entre Washington et Moscou, et procure en attendant une rente de puissance à Varsovie, lui permettant une diplomatie très vindicative à son encontre.

On ajoutera à cette liste d'États-*verrou* et/ou *front* le cas très particulier de la modeste république d'Arménie dont l'un des rarissimes atouts géopolitiques s'inscrit dans la possession de l'étroit corridor gardé par le village de Meghri. Grâce au Zanghezour, cette bande de terre de 9 km de large, déshéritée et dépeuplée, le pays entretient une frontière terrestre avec l'Iran par-delà le fleuve Araxe, et fait ainsi jonction entre la République islamique et la Russie *via* la Géorgie, partenaire commerciale et politique privilégiée de Téhéran. Les norias de poids lourds franchissant le pont sur l'Araxe entre Russie et Iran témoignent de l'importance de cet axe situé dans une zone caucasienne extrêmement montagneuse. Simultanément, le corridor de Meghri interdit sur un axe ouest-est la jonction entre Turquie et Azerbaïdjan, partenaires et alliés, le second étant en guerre ouverte avec l'Arménie depuis les indépendances caucasiennes postsoviétiques de 1991. Or, ni Moscou ni Téhéran ne comptent permettre un renforcement de ce tandem ni mettre en péril leur jugulaire commerciale *via* Meghri, et empêcheront donc vraisemblablement la création au sud du corridor, le long de l'Araxe, d'une route autonome reliant d'une part l'Azerbaïdjan, d'autre part sa partie occidentale disjointe (le Nakhitchevan) et la Turquie. Pour l'Arménie, cet attrait géographique d'une grande puissance (relativement) protectrice et d'un précieux fournisseur d'énergies fossiles (et acquéreur de productions agricoles et industrielles) – ses deux uniques débouchés régionaux face au blocus turco-azerbaïdjanais – procède d'un élément de puissance d'autant plus indispensable qu'en dehors du soutien de la diaspora, elle n'en affiche guère d'autres.

Pourquoi le Yémen ou l'Érythrée, riverains du détroit de Bab el-Mandeb et possesseurs (pour Sanaa surtout) de l'archipel des Hanish qui commandent le goulet méridional de la mer Rouge, ne figurent-ils pas ici parmi les États-*verrou* ou les États-*front* ? Car le premier est un État tribal et confessionnel failli, effondré et en guerre civile récurrente, et le second, ayant fait sécession de l'Éthiopie (en mai 1993), figure aussi parmi les plus pauvres et les plus instables au monde, régi depuis deux décennies par un pouvoir ubuesque. On ajoutera que la Somalie, située à proximité immédiate de la zone (golfe d'Aden), s'est elle-même disloquée en 1991-1992 et n'a plus jamais constitué un État pacifié et unitaire, les États du Puntland et de Somaliland ayant proclamé leur indépendance. Ce qui reste du pays (avec la capitale Mogadiscio) est en proie aux conflits claniques et mafieux et au terrorisme islamiste des terribles *chebbab*. En définitive, presque tous les États de la région, y compris le Soudan instable et appauvri par la perte des ressources pétrolières dues à l'accession à l'indépendance du Sud-Soudan en 2011, et l'Éthiopie en guerre civile au Tigré (2020-2021), accusent des faiblesses rédhibitoires. Or, les grandes puissances économiques ou militaires ne peuvent raisonnablement renoncer à protéger le trafic maritime en mer Rouge et, dans ce chaos régional général, elles élisent comme État-*verrou* Djibouti. Cette ancienne colonie française accueille ainsi de plus en plus de bases militaires ; aux côtés de la française, on trouve désormais l'américaine, la japonaise, la chinoise et même la turque !

Enfin, disons un mot des deux États qui, extrêmement différents par ailleurs, accueillent les deux grands canaux respectivement intermaritime et interocéanique de Suez et de Panamá, l'Égypte et l'État de Panamá. Pour l'heure, nulle puissance majeure ne les menace et ils n'incarnent donc pas des fronts. Cela dit, des islamistes surgis du Sinaï ou de Haute-Égypte pourraient tout à fait réussir à viser des super tankers et donc la première source rentière de l'État égyptien (10 % du trafic maritime mondial), et l'Amérique centrale a connu tant de guerres civiles meurtrières (Honduras, Salvador, Nicaragua) que le Panamá n'y échappera peut-être pas perpétuellement. Dans les deux cas, l'imposante présence politique, économique et militaire de Washington traduit sa volonté d'éviter une déstabilisation de ces États, entraînant la perte de navigabilité sur ces voies d'eau importantes.

Des démographies galopantes et… handicapantes : Égypte et Nigéria

Avec ses deux cent dix millions de citoyens et son taux de fécondité de 5,4, le Nigéria est déjà le principal géant démographique du continent africain et le sera davantage encore, sauf sécession ou cataclysme, dans les prochaines décennies. Quant à l'Égypte, qui compte déjà plus de cent millions d'habitants et dont le taux de fécondité est plus faible (3,4), elle accuse des densités extraordinairement contrastées.

Lorsqu'on observe d'un point de vue géopolitique un État à population abondante, on a spontanément tendance à le qualifier de « fort de sa démographie » et à induire comme atout structurel l'importance de son marché intérieur et la pléthore de ses soldats. Or, du fait de plusieurs fléaux mentionnés plus haut dont d'abyssales disparités sociales et lacunes infrastructurelles, le caractère rentier d'une grande partie des ressources financières, les captations mafieuses publiques et privées, de graves tensions confessionnelles (ou claniques), les menaces terroristes ou encore l'instabilité aux frontières – certains s'articulant à la manière de causes ou conséquences mutuelles – ces démographies abondante et galopante constituent en terme de puissance non pas un atout mais un handicap. En effet, la détérioration des conditions d'existence, les frustrations et les humiliations entraînent fatalement, surtout au sein d'une population jeune, désœuvrée et soumise à des densités considérables (quasiment un quart des Égyptiens vivent dans la seule mégapole tentaculaire du Caire, et 60 % des Égyptiens vivent sur moins de 7 % de la surface du pays, à savoir à peine plus que le delta du Nil !), une insatisfaction chronique. En outre, Le Caire comme Lagos accusent déjà des densités dépassant dix mille habitants au kilomètre carré sans sérieux plan d'occupation des sols. Et pourtant, ces masses démographiques contemporaines et en devenir représentent quand même aussi des éléments de puissance, potentiels au cas où les situations décrites s'amélioreraient – ces marchés intérieurs se mueraient en ressorts économiques –, et contemporains déjà ne serait-ce qu'à la manière d'épouvantails pour les voisins respectifs, bien moins peuplés et qui risqueraient la submersion en cas d'émigration massive. Au fond, le spectre du chaos dans ces États leur permet à la fois de susciter l'attention des grandes puissances inquiètes (notamment pour Suez) se traduisant par des aides, et de tenir en respect des voisins bien moins peuplés, en l'espèce la Libye ou le Cameroun.

Pays d'amont : Turquie, Éthiopie, Chine…

Accès à l'eau potable, production d'électricité, activités agricoles, navigation commerciale ou industrie touristique… Les fleuves constituent d'une façon ou d'une autre des ressources pour les États qu'ils irriguent et traversent. Aussi, dès lors qu'ils transcendent des frontières, ils représentent des enjeux stratégiques, l'État d'amont disposant en principe d'un levier de pression, l'État d'aval par le possible détournement des sources et l'altération du débit par l'érection de barrages. La Turquie en amont, qui accueille les sources du Tigre et de l'Euphrate, et la Syrie en aval se livrèrent dans les années 1980-1990 à un bras de fer pour le débit de ce second fleuve essentiel en termes d'irrigation, sachant que la première affichait une puissance militaire bien supérieure. De fait, la Turquie avait bâti un vaste réseau de barrages dénommé Atatürk (GAP), aux capacités de rétention (et de morcellement de l'habitat kurde…) considérables. Au seuil de la guerre, Ankara et Damas trouvèrent *in extremis* un accord mais, assurément, l'épée de Damoclès hydrique turque demeure. La Chine, détentrice du haut plateau du Tibet, possède pour sa part les sources du Brahmapoutre et de l'Indus, tandis que le principal pays d'aval, l'Inde rivale, utilise au quotidien les eaux du second, moyennant quoi elle figure elle-même comme pays d'amont du Pakistan ennemi ! Le recours à la menace nucléaire étant inopérant dans ce schéma de dissuasion, l'Inde et surtout la Chine possèdent un levier conventionnel à travers les ressources fluviales. Mais c'est probablement autour du débit du Nil que la situation apparaît la plus tendue, puisque d'explicites menaces d'attaques aériennes ont été proférées par l'Égypte, pays d'aval fortement dépendant du fleuve sacré et rejoint par le Soudan voisin, à l'encontre de l'Éthiopie, principal pays d'amont ; ce dernier crée en effet à des fins agricoles et hydroélectriques un gigantesque barrage dit de la Renaissance, qui pourrait amoindrir le débit fluvial au détriment du Caire et de Khartoum.

Aucune guerre, ces cent dernières années, ne fut réellement déclenchée du fait de litiges autour de ressources hydriques, certains conflits ayant eu l'enjeu de l'eau comme conséquence et non comme cause (plateau du Golan, nappe phréatique cisjordanienne, etc.). On doit même rappeler que plusieurs accords de paix ou de désescalade furent trouvés grâce à l'eau, à commencer par le traité de paix israélo-jordanien de l'Arava du 26 octobre 1994. Cela dit, le réchauffement climatique et l'augmentation de l'aridité de nombreux sols risquent fort d'accroître les tensions hydriques.

États-nains mais spartiates et férus de high-tech : Israël et le Rwanda

Très modestes en termes de superficie, de ressources naturelles lucratives (sauf pour le gaz, très récemment), de menaces militaires constantes et de démographie, quelques rares États compensent ces quatre faiblesses structurelles et plus ou moins irrémédiables à horizon de vie humaine par une politique déterminée couplant et survalorisant la force militaire et la high-tech. Dans un premier temps, la force militaire sert basiquement à se défendre pour survivre. Puis elle présente un intérêt à la fois stratégique – ne pas trop dépendre de ses alliés ou protecteurs, voire les convaincre de sa compétence comme « gendarme » régional –, économique, du moins si l'on peut produire et exporter des matériels militaires de pointe (à l'exemple d'Israël), et diplomatique, lorsqu'on dépêche à la demande d'États tiers des contingents de soldats réputés disciplinés et aguerris (ainsi des troupes rwandaises dépêchées au Mozambique).

Le cas israélien est bien connu, avec, lors de l'indépendance de 1948, des effectifs très faibles tant dans l'absolu que relativement à ses voisins-ennemis, un environnement stratégique calamiteux, un état de guerre constant, ouvert ou larvé, et une absence totale de ressources naturelles commercialisables. Nécessité faisant loi, l'État juif a développé un important pôle industriel de recherche et de fabrication dans le secteur militaire (Rafael, Elbit, etc.). Ces industries de pointe ainsi que différents services de sécurité, de surveillance ou de protection ont acquis au fil des décennies conflictuelles une maîtrise exceptionnelle intéressant nombre d'États sur plusieurs continents. Le bénéfice en est quintuple : favoriser la main-d'œuvre locale et retenir nombre d'ingénieurs (on ne peut délocaliser des productions sensibles, et de toute façon la nature de l'environnement proche-oriental l'interdirait tout à fait) ; rapporter des devises en grandes quantités ; dissuader des États de rompre des accords de paix (Égypte, Jordanie) ou d'entrer en conflit frontal (Iran, Syrie) ; convaincre une grande puissance partenaire d'États hostiles de laisser Tsahal agir contre eux dans une certaine mesure (Russie face à l'Iran sur le sol syrien) ; enfin intéresser les alliés traditionnels (États-Unis), et les amis dont on escompte qu'ils le deviendront (Européens). Rapportés au nombre de citoyens ou à sa superficie, le volume et la valeur des exportations high-tech civiles (médicales, optiques, agricoles, etc.) et militaires (drones, avionique, blindés, sécurité rapprochée, etc.) d'Israël relèvent de l'exceptionnalité.

Le cas rwandais, moins connu, moins étudié et, de fait, bien plus récent, présente des similitudes mais aussi de fortes disparités. D'abord, l'actuel régime dirigé par le Front patriotique rwandais de Paul Kagamé, militaire de formation et vainqueur du régime génocidaire précédent (1994), est parvenu au pouvoir sur un champ de ruines, de cadavres et de réfugiés dans un pays exclusivement agricole. Une évidente valorisation des armes certes, mais aussi la menace concrète et empirique d'une invasion par les ennemis repliés derrière la frontière de la République démocratique du Congo, ont contraint Kigali à ne pas baisser la garde. En à peine plus de deux décennies, l'armée rwandaise est ainsi devenue non seulement la principale de la région des Grands Lacs, dissuadant efficacement tout ennemi potentiel de tenter l'aventure, mais encore l'une des plus disponibles comme force de maintien de la paix en Afrique, au Tchad, au Soudan, en Centrafrique ou au Mozambique. Augmenté de redoutables services secrets, ce rapport disponibilité/efficacité permet à Kigali, au choix et selon ses intérêts, d'inspirer la crainte ou de susciter l'intérêt pour une alliance. Ensuite, le président rwandais a toujours entretenu comme modèle Singapour, tentant de réduire la part absolument primordiale de la production agricole au profit d'une diversification avec la modernité technique comme moteur : création de pôles de recherches en ingénierie, informatisation à marche forcée dès l'école, numérisation des paiements, couverture 4G puis 5G du pays. Ce choix, comme le rythme des réformes, tranchent singulièrement avec la plupart des États de la région et font du Rwanda à la fois une zone d'investissement attractive pour des entrepreneurs high-tech et télécoms étrangers occidentaux (et pas seulement chinois car il s'agit moins de bâtir des routes et des ponts que d'équiper les citoyens en ordinateurs), et, accessoirement, un îlot touristique haut de gamme. Encore le principal élément de puissance gagné par ce positionnement révolutionnaire réside-t-il moins dans la balance commerciale que dans la cohésion interne à la société rwandaise ; pour Paul Kagamé, lui-même réfugié et fils de réfugiés, ce saut vers la technologie et la consommation doit permettre de résorber drastiquement l'ancestrale différence socioculturelle entre éleveurs tutsi et cultivateurs hutu, réinventée en clivage racial par les colonisateurs allemands et belges puis par les deux républiques racistes de 1962-1994 jusqu'à l'issue fatale. Faire *nation* après un génocide passe ici par une révolution vers la modernité technologique et économique. On mentionnera à titre illustratif du caractère à la fois spartiate et techniquement moderne du régime de Kigali l'excellent bilan de sa lutte anti-Covid-19, lequel rappelle du reste celui d'Israël.

Quelques États, tels la Corée du Sud ou Singapour, se rapprochent de ces deux cas mais n'affichent pas tous leurs critères.

État tampon : la Jordanie (et les neutres), ou la force du faible

Certains États tirent force de leur faiblesse. Le royaume hachémite de Jordanie, créé *ex nihilo* en 1921 par la puissance mandataire britannique entre la Palestine et la Mésopotamie en guise de base pérenne, incarne l'un des États les plus pauvres et les plus faibles de la planète. Quasi totalement désertique, dépourvu des fabuleuses ressources pétrolières de ses voisins oriental (l'Irak) et méridional (l'Arabie saoudite), enclavé et ne disposant que d'une modeste et fragile ouverture maritime dans le golfe d'Akaba, en mer Rouge, il abrite une population d'à peine plus de dix millions d'âmes, dont une majorité d'anciens réfugiés palestiniens et une forte minorité de nouveaux réfugiés syriens, dont la loyauté au régime bédouin serait hypothétique par temps de grave crise institutionnelle. Aussi cette monarchie tribale pâtit-elle structurellement de deux faiblesses géopolitiques chroniques : à l'intérieur, la menace jamais tout à fait éloignée d'une déstabilisation, voire de tentatives de renversement (attentats palestiniens des années 1960-1970 dont la tentative de putsch de Septembre noir) ; à l'extérieur, le voisinage d'États tous plus puissants et occasionnellement instables ou belliqueux. Cette faiblesse endémique de la Jordanie a, certes, souvent suscité la convoitise territoriale de certains d'eux, mais en même temps nul d'entre eux ne souhaite l'anéantissement de cet espace politico-géographique qui les disjoint et permet à Israël et à l'Irak mais aussi à la Syrie et à l'Arabie saoudite de ne pas entretenir de frontières communes ! Autrement dit, non seulement Amman ne menace sérieusement personne, mais encore joue-t-elle un rôle de précieux tampon dans une région caractérisée par l'instabilité et la récurrence des secousses géopolitiques. Les bases aériennes britannique et française, le constant et considérable soutien économique américain, la protection israélienne (l'État hébreu a toujours proclamé que sa frontière stratégique orientale se situait sur celles de sa voisine, menaçant d'intervention militaire la Syrie en 1970, l'Irak en 1991 et Daesh en 2014-2016), et, finalement, le soutien politique de presque tous les États au roi Abdallah II menacé d'une révolution de palais en 2021, illustrent et incarnent bien ce qu'on appellera une rente de situation. Celle-ci ne confère pas de réelle puissance à la Jordanie, mais lui garantit une sauvegarde qu'en aucun cas elle n'aurait pu obtenir par ses propres forces.

D'autres États ont pu constituer des tampons, à l'exemple de l'Autriche et de la Finlande pendant la guerre froide, bien que ce statut, à la fois protecteur et invalidant en termes de puissance, ne tînt pas uniquement à leur proximité immédiate avec des camps antagonistes mais aussi à leur neutralité, contrairement à une Jordanie ayant fait la guerre et la paix et assumant diverses et changeantes alliances.

États-transit, États-hub, États-débouché (maritime)

Enfin de nombreux États accueillent des voies terrestres, ferroviaires ou des oléoducs importants, sinon essentiels, pour des voisins enclavés. D'autres encore abritent des plateformes aéroportuaires considérables

– des hubs – pour les marchandises ainsi que les hommes d'affaires et les touristes. Certains enfin, sans cesse plus nombreux, accueillent sur leurs rivages ces câbles sous-marins devenus si stratégiques en matière de transmissions. Le Kenya, par le truchement de son grand port de Mombassa sur l'océan Indien, constitue ainsi un débouché régional d'ampleur puisque l'Éthiopie (depuis la perte de sa fenêtre maritime devenue érythréenne en 1993), mais aussi l'Ouganda, le Rwanda et le Burundi enclavés ainsi que l'est de la République démocratique du Congo (villes de Goma et Bukavu) y exportent quantité de produits par voie terrestre. Le Cameroun permet au Tchad d'exporter son pétrole et à la Centrafrique ses productions agricoles par Douala sur l'océan Atlantique. La Jordanie permit naguère à l'Irak sous embargo dans le golfe Arabo-Persique de faire transiter ses produits par le modeste port d'Akaba, *via* l'étroite fenêtre maritime sur la mer Rouge. Les ports du Chili et du Pérou accueillent les produits d'une Bolivie que la guerre du Pacifique de 1879-1884 priva de son accès maritime. La Russie accueille le transit de républiques musulmanes ex-soviétiques d'Asie centrale vers l'Europe. La Géorgie assure le transit de l'oléoduc Bakou-Tbilissi-Ceyhan (BTC) de Bakou, sur la Caspienne, à la Méditerranée. L'Ukraine (bientôt partiellement contournée par le gazoduc Nord Stream 2 en Baltique) accueille encore le transit de marchandises et d'hydrocarbures russes vers l'UE. Les États de l'isthme centre-américain (Panamá, Costa Rica, Nicaragua, Honduras et Guatemala) sont incontournables sur l'axe nord-sud reliant la Colombie au Mexique. Les Émirats arabes unis ou encore l'Allemagne – *via* leurs gigantesques aéroports de Dubaï et de Francfort – incarnent des plaques tournantes à la fois touristiques et commerciales transcontinentales. Et ce ne sont là que quelques cas choisis pour leur diversité.

Carte 5. Principales revendications territoriales et puissances étatiques insatisfaites

CHAPITRE 6

Quelques cas hypothétiques d'objectifs stratégiques

L'Égypte vers la Cyrénaïque ?

L'Égypte jouxte une Libye indépendante de l'Italie depuis déjà 1951, mais dénuée auparavant de réelle existence protonationale, de conscience collective, d'unité sociétale. Au Caire, ne considère-t-on pas que l'unification de la Tripolitaine à l'ouest, de la Cyrénaïque à l'est (et du Fezzan essentiellement désertique) n'a historiquement guère de sens puisque la société libyenne – contrairement à l'égyptienne qui, elle, s'est constituée en *watan* dès le XIXe siècle – est fondamentalement organisée sur un mode clanique et tribal ? Les relations exécrables entre le colonel Kadhafi (lui-même issu d'une tribu bédouine) durant son long règne, de 1969 à 2011, et des dirigeants égyptiens successifs ont entretenu cette représentation d'un voisin dont la partie orientale, la Cyrénaïque, anciennement ottomane (comme l'Égypte), devait à terme revenir au pays des pharaons. Lubie ? Après tout, la chute du régime de Kadhafi, la baroque Jamahiriya arabe libyenne, a donné lieu au chaos interrégional et interclanique dans lequel différents États interviennent déjà plus ou moins massivement, à commencer par la Turquie et la Russie, et, moins directement, la France ou encore l'Italie. De tous ceux-là, un seul aurait théoriquement la possibilité d'organiser à terme une mise sous tutelle sinon l'annexion en bonne et due forme de la Cyrénaïque : l'Égypte. Immenses espaces mais faibles densités, infrastructures relativement développées à Benghazi et Tobrouk, gisements gaziers et champs pétrolifères en quantité (la Libye assure 2 % de la production mondiale des deux hydrocarbures), long littoral méditerranéen, langue et religion identiques… ; on convoiterait à moins une zone présentant de telles caractéristiques !

Turquie : retour à l'Empire ottoman ?

On a beaucoup glosé sur le « néo-ottomanisme » du pouvoir AKP islamo-nationaliste. De fait, le vocabulaire et la politique du premier gouvernement ne respectant à peu près rien du sacro-saint héritage du père de la nation Kemal Atatürk ni de l'esprit de l'OTAN donnent à croire à un quadruple projet. Il s'agirait pour le président turc d'assumer tout à la fois le statut de sultan, chef politique d'un espace souverain ou sous forte influence s'étendant sur quantité de terres jadis ottomanes – sud-est des Balkans, Transcaucasie, bassin syro-libanais, Mésopotamie (Irak), Méditerranée orientale –, et celui de calife, chef spirituel d'un monde arabo-musulman en déconfiture et dépourvu de leadership relativement puissant et consensuel. Défiance vis-à-vis de l'UE, divorce unilatéral avec Israël, soutien total à l'Azerbaïdjan, retour à un négationnisme agressif du génocide arménien, complaisance avec Daesh, campagnes de prospection gazière dans les eaux territoriales grecques, menaces sur la République de Chypre, envoi de mercenaires en Libye, soutien au Hamas plutôt qu'à l'Autorité palestinienne, axe diplomatique avec le Qatar, haut niveau de répression antikurde en Syrie et en Irak, etc. Le pantouranisme des années 1990, ce panturquisme fondé sur la langue d'origine et de grammaire turques de tous ces nouveaux États centre-asiatiques ex-soviétiques, avait fait long feu faute de capacité financière et diplomatique, du fait également de la loyauté de ces républiques vis-à-vis de Moscou. Aussi Ankara se tourna vers le concept de « Patrie bleue » et son environnement proche, moyennant tout de même quelques entorses à son principe de défense des musulmans qui inclut des propos outranciers et insultants sur la laïcité française mais pas le soutien aux Ouïghours musulmans du Xinjiang[1]…

1. Cf. Dorothée Schmid, *La Turquie en 100 questions*, Tallandier, 2017.

Inde : contrôler l'océan et faire pièce à la tenaille sino-pakistanaise

Ce géant à la fois démographique – le premier pays au monde devant la Chine en termes de citoyens dès 2030-2040 –, économique, géographique et militaire cherche tout autant à empêcher la Chine de dominer l'océan Indien que de renforcer son partenariat avec le Pakistan ennemi. Par rapport à ces deux priorités, la perte du désolé et inhabité glacier Aksai Chin conquis par Pékin en 1962 au nord-est du Cachemire pèse peu. Pour New Delhi, les archipels des Laquedives, des Maldives et des Seychelles doivent demeurer dans sa zone d'influence, tout comme les ports d'Afrique orientale fréquentés par les marins indiens depuis de longs siècles. Pour se faire, la marine indienne doit impérativement rivaliser avec la marine chinoise, ce qui, au regard des efforts budgétaires époustouflants consentis par Pékin sur les mers, semble perdu d'avance. D'où le développement d'une coopération navale tous azimuts avec les États-Unis mais aussi l'Australie et Singapour, avec force acquisitions de matériels neufs (en Israël et en France notamment) et manœuvres navales communes. Cela dit, bien qu'astucieuse, cette politique grève une partie importante des ressources conventionnelles et terrestres indiennes. Tenir la dragée haute à l'armée pakistanaise – déjà vaincue à trois reprises depuis 1947 – est une chose, espérer l'emporter contre une alliance militaire sino-pakistanaise en est une autre…

Pologne : le leadership est-européen et… Lvov ?

Aucun État d'Europe orientale autre que la Pologne ne peut sérieusement prétendre incarner le leadership de la zone ; du fait de son poids démographique, de sa relative importance économique et de sa situation géographique. Aussi bien, les gouvernements polonais successifs le revendiquent sans cesse plus ouvertement. Au-delà de ce statut finalement assez symbolique, Varsovie ne lorgnerait-elle pas l'extrême-ouest de l'Ukraine, à savoir Lvov (ou Lviv, l'ancienne Lemberg austro-hongroise) et sa région ? Après tout, la zone appartenait à la Pologne indépendante entre 1919 et 1939, on y parle bien davantage polonais et ukrainien que russe, et nombre d'habitants n'y sont pas orthodoxes mais uniates, c'est-à-dire (grecs) catholiques. Trois réalités particulièrement attractives au cas – très hypothétique pour l'heure – où l'Ukraine devait se démanteler sous l'effet conjugué de la pression russophile (et russe) à l'est, et de l'affaissement de la récente conscience nationale de sa population. Seule, la Pologne n'aurait en aucun cas les moyens de cette éventuelle ambition expansionniste, mais soutenue par un « Trump *bis* » qui négocierait par-dessus les autres États européens et les patriotes ukrainiens avec Poutine le partage du pays, ce serait une autre affaire…

Qatar : déstabiliser pour exister

Lorsqu'on croise les variables suivantes : trois cent cinquante mille sujets (du sultan), un taux de fécondité dépassant quatre et la faiblissime présence des femmes dans les pôles décisionnels, on obtient le chiffre approximatif de cinquante mille adultes mâles. Pour tenir la haute administration, l'armée, la justice et la diplomatie (tous les ouvriers et petits employés sont étrangers, asiatiques pour la plupart), le Qatar aligne moins de cinquante mille personnes ! Non seulement cette masse critique démographique lilliputienne ne permet en aucun cas une quelconque montée en puissance sérieuse à l'échelle planétaire, mais même régionalement – dans le Golfe et en péninsule Arabique – elle fait de la gazo-monarchie un petit confetti. Si l'on ajoute la configuration géostratégique calamiteuse de cette presqu'île minuscule bornée par les frontières de deux États plus ou moins hostiles (l'Arabie saoudite et les Émirats arabes unis) et dépourvue d'alliés à proximité, on comprend pourquoi Doha joue à fond la carte de la déstabilisation *via* le *soft power*. Pour peser, cet État tribal richissime d'être situé sur la première réserve mondiale de gaz naturel a successivement créé une chaîne de télévision critique à la fois des Occidentaux et des régimes arabes nationalistes en place, Al Jazeera, consenti à des dépenses somptuaires liées à son image (équipes de football, organisation de la coupe du monde 2022 à l'obtention extrêmement controversée) et financé maints groupes et programmes liés à la confrérie islamiste des Frères musulmans, du Hamas à des associations islamistes européennes en passant par les partenariats avec le pouvoir islamo-nationaliste en place à Ankara, sans oublier des lobbyistes en grand nombre. Si l'implication footballistique apparaît bien faible en termes de retour sur investissement, Al Jazeera contribua par contre à saper les fondements de plusieurs gouvernements qui s'effondrèrent lors du Printemps arabe, et les fonds versés au Hamas lui servent davantage à fabriquer des missiles qu'à subvenir correctement au bien-être de la population sur laquelle il exerce sa férule depuis son putsch de 2007 à Gaza. Dans tous les cas, c'est la déstabilisation que joue le Qatar, faute de pouvoir atteindre le statut de puissance réelle.

Algérie : s'imposer comme puissance majeure du Maghreb

À son indépendance, l'Algérie bénéficiait d'une impressionnante quantité d'atouts susceptibles de mener le nouvel État vers la prospérité et la puissance. Le régime en place, sous ses oripeaux divers, les a gâchés, négligés ou détruits. Nonobstant, Alger a toujours considéré devoir incarner la puissance dominante du Maghreb, d'une part, eu égard à sa glorieuse et douloureuse lutte de libération nationale face à la puissante armée française, d'autre part, à sa place centrale sur le plan géographique et énergétique, enfin et peut-être surtout en référence à son combat des non-alignés, des indépendances arabes, et du tiers-monde de façon générale depuis la grande conférence afro-asiatique de 1965. L'axiome stratégique est ainsi triple : empêcher le Maroc de maintenir et renforcer sa souveraineté sur le Sahara occidental ex-espagnol afin d'obtenir la biocéanité Atlantique/Méditerranée, rejeter tout déploiement de forces françaises à ses frontières sahariennes (y compris quand l'armée algérienne est incapable de les protéger efficacement contre les menées djihadistes, cf. l'attentat d'In Amenas en 2013), instrumentaliser à outrance la mémoire de la guerre d'indépendance de 1954-1962. Le moins qu'on puisse dire est que l'objectif n'a pas été atteint, notamment à cause de ces positionnements erratiques : le suivisme vis-à-vis d'une URSS qui s'effondrerait ; l'arabisation forcée au détriment du français qui fit reculer le nombre d'ingénieurs et de commerciaux capables de pénétrer les marchés francophones ouest-européen, canadien et subsaharien tout en faisant entrer le loup islamiste dans la bergerie (les professeurs d'arabe égyptiens provenant de la confrérie extrémiste des *Ikhwan*, les Frères musulmans ; l'adossement à la double rente pétrolière et gazière qui a exposé le pays aux aléas des cours des hydrocarbures, tendanciellement à la baisse ; l'adoption d'une posture radicale intangible sur la question israélo-arabe l'isolant tout à fait au sein d'un monde arabe pourtant de plus en plus acquis soit à la coopération discrète avec Israël, soit à une paix assumée, chaleureuse et lucrative à la façon des accords d'Abraham de 2020).

CHAPITRE 7

L'Afrique et la sphère arabe : marasme et effondrement géopolitiques

L'Afrique ? Non, les Afriques !

Personne n'évoque sérieusement l'Asie comme bloc homogène ou monolithique, pourquoi donc s'autoriser à le faire pour l'Afrique ? L'Afrique dans sa singularité, au sens d'une unicité, n'existe pas autrement que par sa stricte géographie continentale. Il ne s'agit que d'une projection européenne datant du XIXe siècle sinon des siècles antérieurs. Les Romains parlaient d'Ifrikiya pour désigner leurs possessions de la bande côtière correspondant aux Algérie, Tunisie et Libye actuelles, et c'était alors une toponymie plus géographique – on était au sud de Mare nostrum – qu'ethnique. L'Afrique *pense* ceci ou *vit* cela n'a aucun sens. Le continent compte cinquante-quatre États reconnus et plusieurs non reconnus, et abrite plus d'un milliard de personnes réparties en plusieurs centaines de collectifs linguistiques (trois cents pour le seul Cameroun !), sans compter les dialectes et patois. Plusieurs religions s'y côtoient – islam, catholicisme, protestantisme évangélique pour les plus considérables –, chacune étant célébrée ou vécue de façon différente selon les régions et les époques mais toutes durement concurrencées par diverses mystiques et spiritualités antérieures à leur avènement. Dans certaines régions qui transcendent les frontières nationales ou linguistiques, on vénère ou craint les esprits (Imana, Nganga, Djinn…), on jette des sortilèges, on entretient le culte des ancêtres ou de la nature (animisme), on fait allégeance à des confréries puissantes entretenant leurs propres syncrétismes, ainsi des Mourides du Sénégal. Par ailleurs, des groupes ethniques par milliers sont traversés par d'innombrables appartenances claniques, tribales et/ou clientélistes, sachant que l'ensemble des populations manifestent des aspirations politiques, sociales, sociétales et idéologiques puisant à tout le spectre existant, comme sur les autres continents. Enfin en matière diplomatique et stratégique, on note une extrême incohérence des alliances puisque presque toutes s'exercent entre un État d'Afrique et un État occidental (la France en particulier), et les groupements économiques (Communauté économique des États d'Afrique de l'Ouest, Cedeao) ou monétaires (franc CFA) n'imposent et ne permettent que de faibles règles et avantages. En revanche plusieurs dizaines de conflits – dont l'un a opposé huit antagonistes entre 1998 et 2003 en République démocratique du Congo dans une guerre qu'on a pu nommer la première guerre-mondiale-africaine – ont ensanglanté le continent sans qu'aucune institution commune au sens panafricain du terme ne parvienne à y mettre fin, et surtout pas l'UA (Union africaine) ayant remplacé l'OUA (Organisation de l'unité africaine).

Fléaux. Pourtant, on peut dégager au moins quatre traits caractérisant non pas *seulement* ce continent ni *l'intégralité* de celui-ci, mais assez prégnants tout de même pour les mentionner. Chacun agit comme un fléau et la conjugaison des quatre constitue pour l'Afrique une tragédie.

Le premier, frappant surtout l'Afrique et presque toute l'Afrique, est dû à la manière dont les Européens ont colonisé et surtout *décolonisé* dans les années 1950-1970, c'est-à-dire sans avoir bâti de solides pôles de formation. France, Royaume-Uni, Belgique et Portugal ont bien laissé des infrastructures et, parfois, une académie militaire, mais trop rarement d'écoles de formation en ingénierie, médecine, urbanisme, agronomie, commerce, administration, architecture, etc. Comment donc ces États tout juste émergents allaient-ils, en pleines Trente glorieuses, pouvoir concurrencer les États modernes ? Comment leurs entreprises pourraient-elles proposer des produits à haute valeur ajoutée d'une part, présenter des tailles critiques considérables d'autre part, dans un monde de marché hautement concurrentiel et sans cesse plus technicisé où l'Amérique du Nord et l'Europe occidentale, mais aussi le bloc communiste et très bientôt les dragons d'Asie orientale puis la

Chine et l'Inde, allaient rivaliser d'investissements dans la recherche et le développement et les industries de pointe ? Dans ce secteur comme dans d'autres, la faiblesse entraîne la faiblesse dans une quadrature du cercle vicieuse : peu de pôles de formation, peu de développement local, peu de perspectives et de débouchés professionnels et donc exils (vers l'Occident) quasiment sans retour, peu d'investissements étrangers, stagnation et pauvreté, etc. L'important n'est pas de blâmer *ad vitam aeternam* les anciennes puissances coloniales – les blâmes ne se mangent pas ni ne s'investissent dans des entreprises, et d'autres régions colonisées, comme l'Union indienne (devenue Inde, Pakistan et Bangladesh), ont réussi à atteindre un poids et une taille critiques dans l'économie-monde moderne – mais de soutenir dans une sorte de plan Marshall les États ou régions du continent africain pâtissant encore de cette absence chronique de pôles de formation de haut niveau. Mais d'où pourrait-il provenir, sinon d'une Chine avide d'expansion et de captation de richesses par le rachat de souverainetés ?...

Le deuxième fléau entravant le développement de la plus grande partie des populations d'Afrique porte un nom déjà évoqué : le clanisme. Il ne s'agit pas de prodiguer des leçons d'exercice de gestion des rapports entre collectifs (les Occidentaux l'ont trop souvent fait) mais de pointer du doigt ce que ce mode d'exercice des rapports sociétaux et économiques a de problématique dans le monde contemporain. Le chef du clan cherche d'abord à favoriser son groupe au détriment des autres et de l'État, de la région ou du district dont il a la charge. Que l'argent afflue, et il peut redistribuer suffisamment pour « acheter » l'allégeance des autres clans. Mais que les parts se réduisent, et les tensions surgissent, potentiellement violentes et toujours déstabilisatrices. Or, le concept d'État-nation qui, bien que non exempt de corruption morale et de coteries, présente en théorie une conscience universelle du bien commun transcendant les collectifs de toute nature fut imposé par les puissances européennes (sauf en Éthiopie) et, à ce titre, n'a jamais réellement réussi à effacer les modes de rapports de pouvoir et équilibres ancestraux. De toute façon, la crise récente de l'État-nation sinon de l'État de façon générale sur le continent africain et au Moyen-Orient traduit, accélère et explique alternativement le retour à un clanisme par ailleurs de plus en plus ethnoconfessionnel, notamment au Sahel et dans la Corne de l'Afrique. La prédominance du clan accroît les menaces d'instabilité, d'affaiblissement et de paupérisation des États, crée une atomisation des structures de pouvoir et d'allégeance, et cela dans un monde de titans. L'évolution est d'autant plus grave que plusieurs géants continentaux, qui auraient pu jouter à l'échelle mondiale, subissent eux-mêmes ce phénomène : la République démocratique du Congo, géant minier et minéral, le Nigéria, géant démographique et pétrolier, la Libye, géant gazier et pétrolier, le Mozambique, géant gazier, et même l'Éthiopie de tous les espoirs… avant la guerre civile qui éclata en 2020. Même l'Afrique du Sud, géant économique et technologique pour l'heure relativement stable en dépit de secousses sociales fortes, présente des failles ethnoraciales que le grand Nelson Mandela avait courageusement réussi à étouffer sur l'autel de la réconciliation *nationale*, mais dont rien ne dit qu'en cas de sévère dégradation socio-économique elles ne pourraient déchirer le pays. En dépit d'hypothèques ou de passés encore lourds de menaces, ce sont plutôt dans des États plus modestes tels le Maroc, le Ghana ou le Rwanda que les clivages identitaires s'avèrent les moins nocifs à l'heure actuelle.

Le troisième fléau réside dans la malédiction du pétrole. Pour le dire autrement qu'en se contentant de cette formule faussement paradoxale, il s'agit de la rente, qu'elle soit pétrolière, gazière, aurifère, diamantifère ou autre. Réaffirmons-le, un système économique principalement fondé sur la rente plutôt que la création ou la transformation locale de services et de produits à forte valeur ajoutée expose systématiquement à de graves déconvenues : fortes fluctuations (dont la chute) des cours, propension à la corruption et à l'enrichissement personnel et/ou clanique, dégradation de l'environnement, hausse de la criminalité sur les lieux d'extraction essentiellement masculins, perte d'autonomie diplomatique, encouragement aux revendications mafieuses-séparatistes, etc. Or, faute de pouvoir compter sur ces pôles économiques ou ingénieuriaux évoqués plus haut, la facilité fut d'extraire, ou plutôt – et pour cause – de *faire* extraire, par des entreprises extra-africaines au Maghreb, dans le golfe de Guinée, au Mozambique, en Afrique médiane et ailleurs, gemmes, pépites et hydrocarbures. À des échelles diverses et sur des produits différents, la plupart des régimes en place sur le continent ont énormément ou exclusivement misé sur la rente. Presque tous étaient ou sont autoritaires et claniques. La conséquence est connue.

Enfin le quatrième fléau est fruit de l'articulation des trois autres : la corruption. On prendra garde ici à n'user de ce mot-valise et bateau à la fois qu'à escient, car, galvaudé, il ne dit pas grand-chose de l'Afrique et impose une sorte de représentation d'un continent traditionnellement sujet à ce phénomène. Les Africains ne sont pas plus corrompus que les citoyens des autres continents, mais la lutte étatique contre celle-ci, à cause d'institutions publiques trop faibles et donc de mécanismes de contrôle insuffisamment nombreux et performants, n'est pas à la hauteur des enjeux. C'est la quadrature du cercle. Les rares futurs ingénieurs quittent le continent pour se former puis exercer leur magistère ailleurs. Faute de pôles d'excellence on se rabat sur les ressources naturelles dont on fera une rente. Ceux qui l'exploiteront feront allégeance à leur clan, leur tribu ou leur confrérie religieuse et non à l'État (traitant directement en sous-main avec les compagnies étrangères exploitant et transformant ces ressources), lequel, appauvri par l'absence de rentrées fiscales suffisantes et – on y revient – d'une balance commerciale excédentaire grâce à des productions à haute valeur ajoutée, ne pourra redistribuer des prestations sociales satisfaisantes aux populations défavorisées, lesquelles iront demander aide et assistance aux… clans, tribus et confréries riches de leurs rentes et devenues mafieuses, etc. Dans ce schéma, à tous les niveaux, l'État central est perdant et chacun trafique ce qu'il peut au détriment de la collectivité.

Conséquences en faits et chiffres. Quelques réalités géopolitiques traduisent fort bien la conséquence de cette funeste quadrilogie (conjuguée parfois à une accession récente à l'indépendance), sur la puissance de ce continent qui abrite déjà presque 20 % des humains (30 % en 2050 dans la plupart des projections démographiques) et plus d'un quart des États du globe. En ce début de décennie 2020-2030, aucun État africain ne dispose de base militaire hors du continent ni de capacités nucléaires, ni de forces de projection crédible et lointaine, et pas davantage de capacités opérationnelles en matière de cyberguerre ni d'accès à la technologie spatiale. Aucun État africain ne possède d'insubmersible, de divisions blindées dignes de ce nom, de capacités balistiques à moyenne ou longue portée ni de satellites-espions, et rarissimes sont ceux disposant d'une force aérienne ou d'une flotte de surface prêtes à affronter un ennemi sérieux. Nul type d'armements stratégiques se conçoit ni se fabrique en Afrique. Il n'existe ni coalition militaire d'envergure entre États du continent ni alliance militaire poussée entre l'un d'eux et Washington, Moscou ou Pékin à l'exception de l'Égypte, encore qu'à la condition du respect de l'accord de paix tripartite de Camp David (1978).

Sur le plan diplomatique, aucun État africain ne dispose d'un siège permanent au Conseil de sécurité (situation bien entendu liée à la colonisation et à la date de création de l'ONU ; l'Inde n'en dispose pas davantage), et les tribunaux internationaux ont condamné plus de ressortissants d'États subsahariens que de justiciables d'un autre continent, au point que nombre d'Africains critiquent « une justice des Blancs ». Y aurait-il davantage de grands criminels sur ce continent ? Depuis la fin du XXe siècle, sans aucun doute, mais, d'un côté, à cause de facteurs indirects à chercher hors du continent (quête effrénée de terres rares ou de diamants par des firmes et des États étrangers), de l'autre, du fait que les grands criminels d'Afrique subsaharienne ne bénéficient pas tous des soutiens diplomatiques, voire militaires, de leurs homologues syriens ou birmans, on y reviendra.

Au niveau économique, l'endettement cumulé des cinquante-quatre États africains, multiplié par cinq en quinze ans, correspondait en 2021 à 1 400 milliards de dollars, la Chine détenant à elle seule entre 15 et 20 % des créances[1]. Surtout, la part de l'Afrique dans le commerce mondial stagne depuis deux décennies à 2 %, considérant qu'en retranchant soit le pétrole du golfe de Guinée, soit la part des seuls Nigéria et Afrique du Sud, on tomberait à 1,5 %. Quant au volume d'échange entre États d'Afrique, il se situe autour d'une moyenne de 15,2 % seulement (d'où la création en 2019 de la Zone de libre-échange continentale africaine), contre 10 % entre États arabes mais 47 % entre États américains, 59 % entre États asiatiques et 69 % entre États européens ! La valeur totale des exportations africaines dans le monde dépassait à peine 760 milliards de dollars contre 4 109 milliards pour l'UE, 5 140 milliards pour les seuls États-Unis, et 6 801 milliards pour l'Asie. Seule l'Océanie, forte de l'Australie et de quelques micro-États, fait moins que les cinquante-quatre États d'Afrique, avec 481 milliards… Les brevets constituent un autre critère important ; le premier État d'Afrique (et deuxième du

1. Stéphane Ballong, « Qui détient la dette africaine ? », *Jeune Afrique* (version en ligne), 15 juin 2020.

monde arabe) en nombre de brevets déposés est l'Égypte qui n'arrive qu'à la 35e place mondiale, devant l'Afrique du Sud (41e), le Soudan (52e), et le Maroc (59e). Le premier État subsaharien est le Nigéria (69e), la Somalie s'inscrivant tout au bas du classement. Les brevets déposés en Afrique ne dépassent pas les 5 % de l'ensemble planétaire selon l'Organisation mondiale de la propriété intellectuelle[1].

La pandémie de Covid-19 aura hélas incarné un terrible révélateur de disparités et de carences extrêmes du continent dans son ensemble. Ainsi, aucun laboratoire africain n'a découvert à ce jour de vaccins, 1 % des vaccins avaient été produits en 2021 sur le continent, et seulement 1,4 % des citoyens africains avaient été vaccinés (avec de fortes disparités entre États et régions bien entendu) six mois après le début des campagnes de vaccination en Occident, en Russie et en Chine, contre 57,6 % pour les Occidentaux ; et encore, la majorité des vaccinés africains avaient reçu du CoronaVac ou du Sinopharm aux médiocres performances. Toujours sur le plan épidémique et sanitaire, c'est aussi en Afrique qu'on subit les plus graves pandémies (sida, Ebola et choléra notamment), sachant que le paludisme y tue plus d'un million de personnes par an.

Dans ce marasme, seuls les chiffres des infrastructures dénotent, avec un accroissement impressionnant du nombre de ports, d'aéroports, de routes et de voies chemins de fer. À y regarder de près, il s'agit de constructions essentiellement chinoises – 6 000 km de voies routières, vingt ports et quatre-vingts autres installations infrastructurelles majeures dont des aéroports et des voies ferroviaires – souvent de solidité douteuse et surtout avec pour double contrepartie coûteuse une emprise sur les dettes, et donc la souveraineté, des États concernés, et l'acquisition de terres rares dont l'exploitation par les pouvoirs locaux eut été bien plus lucrative que lesdites infrastructures. Quant aux investissements étrangers en Afrique, ils s'élevaient au chiffre extrêmement faible de 40 milliards de dollars en 2020.

Désastres climatiques et humains à craindre. C'est « en creux », indirectement, que des cyniques enregistreraient une « bonne nouvelle »

---

1. Rapport Cnuced 2019, et Peter Temey, invention-europe.com, 1er mars 2020. Le commerce n'échappe pas à la règle car dans le trafic mondial de conteneurs, l'Asie comptait en 2020 pour 65 %, l'UE 14,4 %, l'Amérique latine et l'Océanie 8,5 %, l'Amérique du Nord 7,5 %, et l'Afrique… 4 %.

en provenance du Moyen-Orient et d'Asie du Sud. En effet, au cours de la décennie 2010, la répression et la guerre en Syrie ont fait fuir dans les pays alentour et en Europe 7 millions de personnes (auxquelles il faut ajouter 6 millions de déplacés, c'est-à-dire de réfugiés à l'intérieur des frontières du pays), et, en Birmanie (Myanmar), massacres, viols et pillages ont poussé 2 autres millions de personnes vers le Bangladesh. Ajoutons que la terrible crise de subsistance au Venezuela a chassé encore plus de 1 million de personnes vers la Colombie. En d'autres termes, pour la première fois depuis presque un demi-siècle, l'Afrique a été « détrônée » s'agissant des vagues de réfugiés. Demeurent toutefois des gigantesques camps de réfugiés qui, à l'est du continent (ex. : Kenya), dépassent parfois 1 million de personnes. Surtout, le pire menace, même si la nature du péril a changé. Les projections du Groupe d'experts intergouvernemental sur l'évolution du climat (GIEC) indiquent qu'au terme du XXIe siècle, parmi les dérèglements climatiques graves et rapides, le réchauffement de l'air et des eaux dû aux différents types de pollutions sera, dans l'hypothèse basse, de 2 °C, dans l'hypothèse haute de 3 °C. Dans le premier cas, des villes portuaires du continent africain (et d'Asie) devront subir des travaux infrastructurels herculéens, et des dizaines de millions d'individus devront se déplacer de régions devenues soit trop arides, notamment dans la bande sahélo-saharienne, soit trop fréquemment inondées et soumises à des précipitations diluviennes. Somme toute, ces conséquences seront plus ou moins gérables, encore qu'à des coûts exorbitants pour des économies n'ayant pas connu de révolution vertueuse d'ici là. Dans le second cas, l'intégralité de la première région mentionnée – de Dakar à Djibouti –, immense et surpeuplée si le taux de fécondité demeure celui de 2021 (entre 4 et 7), sera plongée dans un état de canicule permanent où les journées seront brûlantes et les nuits insuffisamment fraîches (plus de 20 °C) pour que les organismes puissent récupérer. Or, sauf infrastructures telles que de grandes unités de production d'électricité, des aménagements agraires et des équipements en appareils rafraîchissants, l'existence deviendra simplement insupportable pour 300 à 400 millions de personnes. Partiront-elles ? Oui, en quelques décennies et pour des destinations prioritairement voisines : soit au nord vers les déserts de Mauritanie, du Maroc, d'Algérie, de Libye et d'Égypte – des États eux-mêmes déjà surpeuplés dans les zones développées (delta du Nil), économiquement ou politiquement fragiles (presque tous), et hostiles à une telle immigration subsaharienne de masse, fût-elle climatique (absolument tous !) ; soit au sud, vers les États parfois plus pauvres encore ou faillis que sont la Centrafrique, le (nord-) Nigéria, les deux Congo ou encore l'Éthiopie. Restera bien sûr l'hypothèse européenne par la Méditerranée, mais au regard des crispations politiques graves (montée des extrêmes droites) et des pactes éthiquement douteux (accord UE/Turquie) générés par l'arrivée de moins de 1,5 million de migrants en une décennie, on imagine aisément le rejet catégorique des capitales européennes devant ce qui apparaîtrait comme une menace de submersion définitive.

Monde arabe

Plusieurs plaies caractérisant une grande partie de l'Afrique subsaharienne se retrouvent dans le monde arabe, à commencer par cette malédiction du pétrole touchant les États producteurs, bien que de façon diversifiée. Pour un État tel les Émirats arabes unis, qui ne dilapide plus depuis longtemps sa rente pétrolière en dépenses somptuaires pour se consacrer à des investissements productifs et à l'après-pétrole, combien d'autres continuent – y compris après la chute de démiurges comme Mouammar Kadhafi ou Saddam Hussein – à gaspiller leur rente ? Le clanisme y revient aussi en force avec la fragilisation de la *watan* et la mise au pinacle d'un concept aussi englobant que mythifié déjà évoqué, l'*Oumma*.

Mais il y a sans doute pire. Nombre d'exégètes et de penseurs de l'islam insistent depuis de longs siècles sur la nécessité de réintroduire la *bidaa*, l'innovation, terme devenu excessivement péjoratif dans la novlangue des islamistes, et qui correspond à l'ensemble des nouveautés – idées, objets, pratiques, cultes – intervenus après la mort du prophète Mahomet et le début de l'Hégire, en 632. Pour eux, il faut rouvrir *bâb el ijtihâd* (la porte de l'interprétation et de la réflexion personnelles), c'est-à-dire notamment la possibilité de créer hors et au-delà du Coran. De fait, depuis le XIVe siècle de l'ère chrétienne, des dynasties successives au pouvoir dans le monde arabe ont renoncé à la *bidaa* et ont plongé leur monde dans une impasse qui lui interdisait la modernité. Face aux Turcs ottomans puis aux *Roumi* (les Romains, autrement dit les Européens), les pouvoirs locaux arabes découragèrent ou interdirent toute innovation technique, artistique, militaire, architecturale, agraire, philosophique, juridique, institutionnelle ou encore médicale. En termes de puissance, on trouve difficilement plus catastrophique[1]. Sur le plan géopolitique, non seulement le « lac arabe » qu'avait été la Méditerranée – occidentale du moins – des siècles durant devint en à peine plus d'un siècle (le XVe) un lac ottomano-européen puis occidental grâce aux navires à coque profonde et à l'usage de canons à poudre, mais sur terre, les Portugais, bientôt suivis des Espagnols, des Anglais et des Français, s'emparèrent aisément de comptoirs lucratifs au Maghreb et surtout sur les rivages de la mer Rouge et du Golfe. À partir de l'extrême fin du XVIIIe siècle, avec l'expédition d'Égypte de Bonaparte qui défit définitivement en 1798 les redoutables mamelouks (ceux-là mêmes qui avaient été les seuls à pouvoir stopper les invincibles Mongols, à Aïn Djalout en… 1260 !), le mouvement s'accélère et ne s'achèverait plus : nouvelles prises de possession anglaises et françaises dans le Golfe (futurs Koweït, Yémen, Soudan et Djibouti), conquête des environs d'Alger puis de toute l'Algérie par la France à partir de 1830, conquêtes ou mises sous protectorat de l'ensemble du monde arabe peu à peu arraché (sauf le Maroc) à l'Empire turc ottoman par la France, le Royaume-Uni et l'Italie.

La remontée en puissance d'un monde arabe date des années 1970 et aura duré quinze années tout au plus, entre le premier choc pétrolier de 1973, largement suscité par l'Arabie saoudite avec pour habile prétexte la quatrième guerre israélo-arabe dite du Kippour (ou d'Octobre), et qui offrit aux États producteurs de pétrole une fabuleuse manne de plusieurs centaines de milliards de dollars en quelques années (en grande partie investie dans des achats somptuaires et la propagande religieuse salafiste-wahhabite), et, en 1990-1991, l'invasion du Koweït par l'Irak voisin et la guerre qui s'ensuivit, ouvrant une période de déchirures plus graves au sein d'un monde arabe déjà (re)désargenté du fait du contre-choc pétrolier des années 1980, période non réellement refermée à ce jour. Entre ces deux dates, et pour la première fois depuis au moins l'épopée de Saladin (lui-même kurde) et de ses descendants ayyubides aux XIIe et

1. Lire de l'universitaire Gabriel Martinez-Gros, *L'Empire islamique. VIIe-XIe siècle*, Passés composés, 2019.

XIIIe siècles, les Arabes comme collectif jouaient un rôle politique important dans ce qu'on n'appelait pas encore à l'époque du conquérant de Jérusalem les *relations internationales*. Or, cette montée en puissance ne se sera appuyée que sur la rente des hydrocarbures. En réalité, jamais pendant la guerre froide les États ou groupes politiques arabes n'ont été unis, sauf de façon fort peu convaincante, et à peu près inopérante sur le terrain, contre Israël. À cet égard, nous disons bien « contre Israël » et non « en faveur des Palestiniens » ; le dernier clou dans le cercueil de cette fiction d'un monde arabe obnubilé sur le problème palestinien – chère aux tenants d'un « gaullo-mitterrandisme » conceptuellement fort creux – fut planté en 2020 avec les accords d'Abraham, soit la reconnaissance d'Israël par quatre États arabes (dont deux très importants) en dehors de tout processus de paix, et, notons-le, sans que cela suscite dans la fameuse et fantasmée « rue arabe » de contestation massive.

De fait, une fois dépassée la cause palestinienne et l'instrumentalisation outrancière par le régime civilo-militaire algérien de « l'éternelle ennemie française », restent des réalités calamiteuses chiffrées par le Programme des Nations unies pour le développement (PNUD) dès les années 2000 et qui se sont aggravées depuis. On pourrait multiplier – comme pour l'Afrique subsaharienne – des chiffres éloquents, en prenant soin de tenir compte de certaines disparités (le Maroc et les Émirats arabes unis, notamment, affichent de meilleurs bilans dans plusieurs secteurs clés), mais cela ne dirait pas encore tout du « désastre arabe », pour reprendre la couverture de l'hebdomadaire français aujourd'hui disparu, *L'Événement du jeudi*, parue justement pendant la crise du Golfe mentionnée plus haut. En réalité, le pire est ailleurs, qualitatif : la désunion profonde selon les zones entre clans, confréries, groupes confessionnels, nations et, surtout, alliances différentes sinon antagonistes. Certes, jamais le monde arabe n'avait été à la fois uni et puissant depuis au moins la chute des Abbassides en 1250. Il ne l'est pas davantage aujourd'hui mais, autour, évoluent dorénavant des rivaux surarmés, suréquipés en high-tech et très volontiers prédateurs[1]. Le déni de réalité, le complotisme exacerbé et/ou la pensée magique exprimés et entretenus par maints dirigeants arabes depuis de longues décennies ne peuvent

1. On lira avec profit sur le monde arabe (et l'islam) en crise profonde et pérenne : Gilles Kepel, *Sortir du chaos. Les Crises en Méditerranée et au Moyen-Orient*, Gallimard, 2018.

masquer la cruelle réalité suivante : rien de la modernité technologique, juridictionnelle, architecturale et – pour parler puissance – militaire ne se crée plus depuis bien longtemps dans le monde arabe, où le nombre d'ingénieurs est dix fois moindre en moyenne qu'en Occident et en Asie orientale. De l'usage respectivement antique et médiéval de la poudre puis de l'imprimerie (Chine et Europe) à la pointe de la recherche en intelligence artificielle contemporaine (États-Unis, Chine), en passant par l'électricité, la chimie, les vaccins, les véhicules à moteur (Europe, États-Unis), les navires de surface et/ou les submersibles (Chine, Europe, Empire ottoman, États-Unis, Russie/URSS/Russie, Japon), l'avionique (Europe, États-Unis, Japon, URSS/Russie), la balistique et l'espace (Europe, États-Unis, URSS/Russie/URSS, Chine, Corée, Inde, Israël), le nucléaire civil et militaire (Europe, États-Unis, URSS/Russie, Inde, Pakistan, Corée, Japon, Israël) et à présent le cyberespace sous ses différents usages et dimensions (États-Unis, Chine, Russie, Europe, Israël, Iran, Inde) ; le monde arabe fut et demeure quasi totalement absent.

Certes, cette liste en forme de litanie vaudrait aussi pour l'Afrique subsaharienne, l'Amérique latine et l'Océanie, mais le monde arabe, pour sa part, a particulièrement bénéficié d'une manne exceptionnelle issue d'une partie de ses sous-sols, et nombre de ses dirigeants prétendent devoir le faire revenir à un passé authentiquement glorieux et puissant. Amertume, déception et rancœur y sont donc d'autant plus profondes au sein de larges pans de la population arabe, qui entraînent des attitudes de rejet et de violence radicales.

Rapports conflictuels entre États et entités de la Ligue arabe au cours du demi-siècle passé (1971-2021)

	Maroc	Mauritanie	Algérie	Tunisie	Libye	Soudan	Égypte	Syrie	Liban	Irak	Koweit	Jordanie	Palestine	Hamas	Arabie saoudite	Qatar	Bahreïn	Émirats arabes unis	Yémen	Oman	Somalie	Djibouti	Comores
Maroc		**3**	2	1	2	1		1	1	2			2	1		1							
Mauritanie	2		1																				
Algérie	2		X	1	2		1					1	1		1		1	1					
Tunisie	1		1		**3**		1					1											
Libye	2				X		2						2										
Soudan	1		1		**3**	X	3	1	1	1		1		1							1	1	
Égypte			2		2	2		2		1				**3**	Al								
Syrie	2				1	2	2	X	**3**	**3**	2	**3**	**3**		**3**		2	2					
Liban								**3**	X				**3**										
Irak	2				1	1	2	**3**	2	X	**4**	**3**	2		**3**		2	2					
Koweit										**4**													
Jordanie								**3**		**3**			**3**	3	2	2							
Palestine	2		1		2	1		**3**	**3**	2		**3**	X	**4**									
Hamas	2			2			3	A				2	**4**		2	Al	2	2					
Arabie saoudite			1		2		Al	**3**	1	**3**		2	1	2		**3**	Al	Al	**3**				
Qatar	2						1	2		1	2	2	2	Al	**3**		**3**	**3**					
Bahreïn								2						2	Al	**3**		Al	2				
Émirats arabes unis														2	Al	**3**	Al		**3**				
Yémen															**4**				X		1		
Oman																			1				
Somalie						1															X	1	
Djibouti																					1		
Comores																							

1 : Différends diplomatiques et/ou économiques

2 : Tensions fortes, embargos et/ou boycotts, fermetures de frontières

3 : Actes de guerre : blocus et/ou combats ponctuels

4 : Guerres, invasions, annexions et/ou massacres

X : Guerres civiles

Al : Alliances pérennes

En fond gris foncé (colonne de gauche), États alliés aux États-Unis

En fond gris clair (première ligne), États étant ou ayant été en guerre civile

TROISIÈME PARTIE

Face à l'État, de nouveaux acteurs ?

Les relations internationales ne sont pas exclusivement *interétatiques*, contrairement à l'idée reçue – du fait de l'ambivalence, en français, des termes État et nation – et les « inter-socialités » observées par Bertrand Badie, qui prévalurent bien avant les États westphaliens, reprennent incontestablement depuis le second XXᵉ siècle de l'importance[1]. Néanmoins, insistons : même rudement défié, l'État reste l'acteur principal. Nous postulons que les premières cités sumériennes de la haute Antiquité présentaient déjà des caractéristiques de l'État au sens moderne et contemporain du terme, tout comme les autres structures collectives l'ayant concurrencé des siècles durant, à commencer par les clans, les réseaux commerciaux, les confréries religieuses et autres pré-États de type féodal. Aussi, l'État doit-il se concevoir ici dans son acception la plus large, celle de cette structure institutionnelle battant monnaie, établissant ou entretenant des frontières (quelles que soient leurs formes), faisant la paix et la guerre, imposant, même minimalement, des règles de fonctionnement dans le domaine sociétal, administratif, commercial, juridique et surtout fiscal, sur un territoire souverain. Ses concurrents ou adversaires, qu'on aurait pu distinguer entre supra-étatiques et infra-étatiques et dont on jugera de leur incapacité à le circonvenir, sont les suivants.

1. Bertrand Badie, *Inter-socialités. Le monde n'est plus géopolitique*, CNRS Éditions, 2020.

CHAPITRE 1

Les groupements d'États

Le fait n'est franchement pas nouveau mais jamais anodin ; des entités politiques ou économiques se liguent, s'allient, coopérèrent, ponctuellement ou durablement, avec des vocations différentes et parfois complémentaires. Après l'expérience cauchemardesque des deux guerres mondiales, la nécessité s'imposa aux… États de renforcer et d'institutionnaliser leur « concert », d'abord sur un volet politique, puis sur un volet économique.

L'ONU

Se demander si l'Organisation des Nations unies pourrait constituer une alternative aux États revient à poser la question suivante : qui mieux que *des* États pourrait s'avérer plus puissant qu'*un* État ? Car l'ONU incarne essentiellement un forum d'États, un cénacle au sein duquel s'exercent classiquement des rapports de force et se confrontent des intérêts au sens traditionnel du terme. Rien de bien révolutionnaire. Certes, nombre d'observateurs participent aux travaux des différentes institutions onusiennes intégrées (FAO, Unesco, CPI, etc.), des associations caritatives ou humanitaires aux ONG culturelles et écologiques en passant par des lobbies de tous ordres, mais dans le saint des saints où se prennent les décisions sérieuses et lourdes de conséquences, c'est-à-dire au Conseil de sécurité, l'organe exécutif onusien, on ne compte que des États. Mieux : ceux qui, *in fine*, emportent la décision ou sans lesquels aucune initiative diplomatique ou militaire d'envergure ne peut être adoptée contre un État (sauf à contourner l'ONU) sont les cinq membres permanents du Conseil. L'objection qui consiste à pointer l'importance de la négociation, du multilatéralisme, de la recherche du consensus n'est pas infondée mais ne fait que déplacer le problème ; oui ou non, sort-on de la primauté de l'État comme acteur grâce à cette organisation fondée en 1945 ? La réponse est non. C'est si vrai que même quand les [États] membres de l'ONU s'accordent pour dépêcher des forces de maintien de la paix, d'interposition ou de protection des populations en un lieu donné (Casques bleus ou autres), ce sont bien des États dont on sollicite des militaires fonctionnaires et des matériels et non des familles, des groupes religieux, des entreprises ni des associations. Il en va de même quand il s'agit de sévir contre des États, de hautes personnalités ou des organismes criminels ayant transgressé la Charte. Les sanctions financières, les embargos commerciaux ou les offensives militaires proviennent d'États, ces structures qui, seules, rappelons-le, assument l'emploi de la coercition par les armes parmi les autres prérogatives régaliennes telles les finances et la justice dont le rôle, aux côtés des canons, existe aussi dans les relations internationales. Qui a bâti l'ONU en 1945 sinon des États ? Et sur quel autre socle très amélioré en représentativité et, en principe, en efficacité, que l'expérience précédente de la Société des Nations (SDN), soit déjà un forum d'États, l'a-t-on érigée ? À quoi correspondent le Conseil de sécurité et l'Assemblée générale sinon à des cénacles interétatiques ? Parmi les institutions clés de l'ONU, seul le secrétaire général échappe à cette nature, mais ce particulier est nommé à ce poste relativement important après négociations entre les plus puissants parmi les États. Et l'on peut remonter une fois encore aux décidément fondateurs traités de Westphalie et bien plus loin encore, sachant que dès la haute Antiquité quantité d'entités politiques se comportaient déjà comme des États.

En termes de puissance, on retrouve les deux cas de figure depuis la décennie 1950 : celui où s'imposa la volonté de l'ONU sur un régime particulier, acculé à négocier, à obtempérer, à capituler ou à littéralement disparaître sous l'effet cumulatif de la puissance de grands États ; celui où, en revanche, des États tinrent tête à l'ONU en dépit de résolutions contraignantes assorties de sanctions. Cela dit, a-t-on besoin de l'ONU pour créer des coalitions d'États *ad hoc* ? Certainement pas, comme en témoignèrent successivement l'alliance syro-jordano-égyptienne sous l'égide de Nasser contre Israël en mai-juin 1967, les deux coalitions africaines rivales au Congo (ex-Zaïre) de 1998 ou encore celle, imposante (quarante-quatre participants tout de même...), emmenée par le président américain George W. Bush en Irak en 2003. Toutes se sont fort bien passées de l'aval onusien, y compris quand un membre permanent du Conseil de sécurité en prenait la tête comme dans le dernier de ces cas !

Question subsidiaire : doit-on reprocher à l'ONU ses échecs ? Ainsi posée, elle n'a guère de pertinence. Il faudrait plutôt interroger chacun des États puissants qui la composent, sa volonté d'éviter ou d'aggraver des conflits, son goût pour la conciliation, et, bien davantage encore, sa perception de ses intérêts bien compris sur chaque dossier et surtout lors de chaque crise. Et lorsque l'ONU fit naufrage au Rwanda, ce sont les États-Unis, la France et (dans une bien moindre mesure) les trois autres membres permanents qui négligèrent l'instrument susceptible de stopper l'horreur. Des États comme la Nouvelle-Zélande et la République tchèque tentèrent de l'éviter et d'alerter sur le génocide en cours mais leur poids était alors insignifiant. Parallèlement, doit-on féliciter l'ONU de ses succès ? Car enfin, en coopérant, les États qui la composent n'ont-ils pas réussi à sauver la planète d'une apocalypse qui, autrement, serait peut-être advenue par la faute de deux seuls États-titans ? La réponse est de même nature : sur un certain dossier et à un certain moment, les supergrands ont trouvé un accord qui les favorisait, et tant mieux si leur décision – en l'espèce de régler des différends sans recours à la guerre directe et de haute intensité – a permis de sauver le plus grand nombre d'humains et de biens possibles. Cette incontestable réussite onusienne, insuffisamment appréciée, est sans doute le Traité de non-prolifération nucléaire (TNP) adopté sous l'impulsion des cinq grands en 1968, et jamais réellement transgressé à ce jour. La course sans fin à la plus grande quantité de bombes les plus puissantes n'ayant pas de sens et coûtant fort cher, Soviétiques et Américains préférèrent engager une limitation commune, mutuelle et respective (suivis par les Français, les Britanniques et les Chinois qui, de toute façon, n'auraient pu égaler leurs forces de frappe), à condition naturellement d'entraver l'accès à la bombe d'autres... États ! C'est ce qu'on appelle fermer la porte juste derrière *soi*, et demeurer dans l'entre-*soi* interétatique. Et qu'en serait-il d'une réforme de l'ONU telle que celle entamée mais avortée en 2005 ? Meilleure représentativité au Conseil avec élargissement à de nouveaux membres permanents ? Partage du droit de veto par zones spatiales ou séquences temporelles ? Rien n'y ferait ; on aurait encore et toujours affaire à des États.

La justice internationale et les ONG

Selon l'adage très critique, la justice est presque toujours celle des vainqueurs. Un peu comme pour l'ONU, le citoyen lambda recherche de bonne foi des décisions équilibrées, frappées au coin de l'équité, objective, équitable, échappant aux intérêts égoïstes des États et des multinationales, insoumise aux passions et aux lobbyistes. Dans les relations internationales, ce type de justice n'existe pas. Depuis les premières conventions de Genève du crépuscule du XIXe siècle au Tribunal international de justice de La Haye, en passant par les tribunaux pénaux internationaux d'Arusha pour le Rwanda ou de diverses cités pour l'ex-Yougoslavie, juges et juristes peuvent bien incarner la plus profonde honnêteté intellectuelle et juger selon les plus stricts termes et canons du droit, ils doivent tenir compte des États. En amont, les tribunaux existent par la bonne volonté des plus puissants parmi ces derniers ; croit-on sérieusement que Nuremberg aurait pu se tenir sans la volonté expresse des trois grands vainqueurs du IIIe Reich ? Et qu'une fois tenus, les travaux et délibérations auraient pu déboucher sur des verdicts différents de ceux menés et prononcés par les juges… sous pression des États, à commencer par l'Union soviétique et les États-Unis ? Ce serait pécher par grande naïveté. Il s'agit là d'un cas très particulier ? Soit, prenons donc des cas plus récents post-guerre froide : de grands procès liés aux assassinats de masse au Rwanda et en ex-Yougoslavie se sont effectivement tenus (à Arusha à partir de 1997 notamment, et à La Haye encore récemment avec Ratko Mladić le 8 juin 2021) et se conclurent par des condamnations, mais dans le premier cas la France a longtemps traîné avant de coopérer sérieusement, dans le second cas la Russie traditionnellement proserbe était trop faible avant 1999-2000 pour entraver la bonne marche de ces procès.

N'oublions pas les procès qui ne se tiennent pas mais qui en disent aussi long que les autres. Ainsi, le Tribunal pénal international pour le

Cambodge, destiné à juger les criminels Khmers rouges pour le génocide de 1975-1979, ne s'est-il jamais tenu (tout juste a-t-on très tardivement jugé et condamner Dutch, dit Camarade n° 2), faute d'acceptation de l'allié chinois ; il en est de même pour les massacres de nature génocidaire des Rohingyas musulmans par la Birmanie (Myanmar). Il n'y aura pas avant longtemps de Tribunal pénal international sur la Syrie – cinq cent mille tués majoritairement civils (et cela en moins de dix ans, soit cinq fois plus qu'en soixante-quinze ans de conflits israélo-arabes toutes violences confondues !) et autant de blessés, treize millions de réfugiés et de déplacés, des dizaines de milliers de domiciles détruits – faute d'acceptation par l'allié russe. On pourrait du reste incriminer des alliés des États-Unis, du Royaume-Uni ou d'autres puissances, voire les États-Unis et les autres grandes puissances elles-mêmes. Pour leur part, on l'a dit, des intellectuels et des politiques africains critiquent la surreprésentation d'inculpés et de condamnés africains dans les procès internationaux pour crimes de guerre, contre l'humanité ou de génocide. Juste si l'on se borne au constat chiffré, la critique manque de cohérence sur le fond ; incontestablement, c'est bien en Afrique subsaharienne qu'eurent lieu dans les décennies 1990-2010 la plupart des pires crimes collectifs, notamment dans l'Afrique des Grands Lacs. Mais ces observateurs négligent un argument essentiel invalidant leur critique : si moins de criminels passent en justice hors Afrique noire, ce n'est pas parce qu'on y compte davantage de criminels qu'ailleurs, mais du fait des choix politiques des membres permanents du Conseil de sécurité et d'autres États puissants, ceux-là mêmes qui ne considèrent pas comme un enjeu majeur ce qui se produit dans cette zone déshéritée qu'incarne ce continent africain. Au passage, posons la question : qui établit les normes juridiques internationales, met sur pied des tribunaux, et a créé la Cour pénale internationale en 2002 à Rome, sinon les États ?

On concédera toutefois deux nuances de taille, la première correspondant au constat suivant : à l'origine de la principale norme juridique et judiciaire liée au crime de génocide, on ne trouve pas un État ni même un leader politique mais un modeste juriste ayant échappé à la Shoah. Nonobstant, il a bien fallu que les États acceptent de valider et d'endosser la définition de Raphaël Lemkin pour qu'en décembre 1948 elle figure dans le marbre du droit international, c'est-à-dire précisément dans la Convention sur la prévention et la répression des génocides.

Seconde nuance : l'adoption du droit d'ingérence – même incomplète et pas toujours suivie d'effets – fut à la fin des années 1960 le fruit de revendications de médecins groupés en ONG et sauvant des vies sur des champs de bataille, notamment au Biafra (Nigéria, 1967-1970) puis au large du Vietnam (boat people, 1975-1979) et dans maintes autres zones de conflit, d'exode ou de famine. Médecins sans frontières (MSF) et Médecins du monde (MDM) d'abord, puis des dizaines d'autres ONG comme Amnesty International et Human Rights Watch allaient porter le devoir d'ingérence (sous-entendu, dans des États souverains) si constamment et fortement que crise après crise, le Conseil de sécurité allait finalement accepter tant bien que mal d'imposer à des États (modestes) d'ouvrir leurs frontières à des fins d'opérations humanitaires d'ONG, parfois même armées (Somalie, opération Restore Hope, 1992-1993), puis lors d'un sommet mondial de 2005 une « responsabilité de protéger » votée à l'unanimité par l'Assemblée générale des Nations unies. Or, là encore, l'énoncé des fruits positifs de ces pressions morales de ces humanitaires porte en lui la nuance établie plus haut : à la fin des fins, ce sont bien des États (puissants) qui, à condition de s'entendre, endossent ou imposent…

Groupements politiques ou religieux

Union du Maghreb arabe (UMA), groupe de Visegrád, Ligue arabe, Organisation de la conférence islamique (OCI), Format Normandie, groupe de Minsk, 5 + 1, Union pour la Méditerranée (UPM), Organisation des États turciques, etc. On compte plusieurs dizaines d'associations d'États à vocation politique, diplomatique ou religieuse, réunies soit *sui generis* pour résoudre un conflit précis, soit bâties pour peser durablement dans une zone commune, soit encore dans le cadre d'un processus d'unification politique à venir. Elles ne correspondent ni à des alliances militaires, ni à des groupements de nature économique même si, le cas échéant, leur association s'avère facilitatrice de plus amples relations commerciales ou stratégiques. On reste cependant entre États[1].

1. On notera que l'UMA (Union du Maghreb arabe, jeu de mots avec l'*Oumma*) n'a existé que sur le papier, le colonel libyen Kadhafi s'ingéniant méticuleusement à empêcher ou casser toute entité qui ne le plaçait pas à sa tête, et, dans un registre de relations mixtes mais

Groupements économiques

Le terme *économique* est performatif qui interdit déjà *a priori* un rôle d'acteur politique prépondérant. Pour un État, le renforcement de ses capacités économiques et financières grâce à une meilleure coopération ou à une mutualisation avec des partenaires accroît son potentiel en termes de puissance politique, voire militaire. Encore faut-il, d'une part, en amont, que cet État le souhaite, d'autre part, en aval, que ce groupement économique crée une synergie suffisante pour constituer un vrai *booster* pour l'État en question et pas seulement pour ses partenaires. Charles de Gaulle, patriote ombrageux très soucieux de la pleine souveraineté française, fut d'abord peu porté à la construction européenne mais comprit ce qu'elle pouvait lui prodiguer de puissance économique pour une contrepartie politique somme toute modeste. De fait, absolument tous les États de la CEE puis de l'UE y ont objectivement gagné, chacun pouvant écouler librement et donc lucrativement ses productions dans le reste de la zone dans un cercle vertueux.

Malgré les efforts diplomatiques de Pékin pour convaincre ses voisins régionaux de créer une zone de prospérité, en particulier tournée contre les Occidentaux et les États-Unis spécialement, l'Association of Southeast Asian Nations (Asean) a pour l'essentiel conservé une vocation économique et commerciale qui n'empêche aucunement certains de ses membres de maintenir ou de nouer des partenariats politiques et militaires avec Washington, à l'exemple de l'Inde ou des Philippines. Mieux : ni l'Asean ni l'Organisation de coopération de Shanghai (OCS, s'étant substituée en 2001 au groupe de Shanghai) ne prennent le pas sur les antagonismes diplomatiques profonds entre la Chine et la majorité des autres membres, ces derniers exprimant sans cesse plus de craintes quant à la montée en puissance militaire de leur géant de voisin. Perspectives de gains économiques d'un côté, perspectives de soumission à la volonté de Pékin de l'autre... Le Mercosur, accord de libre-échange économique créé par le traité d'Asunción (Paraguay) et

---

comportant un important volet économique, le processus de Barcelone puis l'Union pour la Méditerranée échouèrent rapidement, pour des raisons du reste moins économiques que politiques (l'Allemagne voulut y entraîner toute l'UE au grand dam des États du Maghreb) et sociétales (Droits de l'homme).

regroupant plusieurs États d'Amérique du Sud, pour sa part, fonctionne plutôt bien depuis sa création en 1991, mais, sauf le cas contemporain du Venezuela de Nicolás Maduro en bisbilles graves avec son voisin colombien – et en froid avec la plupart des autres États du cône sud-américain –, il s'agit d'un groupement d'États dont les régimes s'entendent globalement et que les échanges ne contribuent donc que partiellement à rapprocher. En réalité, sur le plan économique et financier, les géants américain (étasunien), européen et chinois entretiennent chacun un volume d'échanges plus important avec chacun des États du Mercosur que ses membres mutuellement ! On retrouve certes un tel schéma en Afrique et en Océanie mais sans accord aussi poussé. En bref, ce marché commun n'a jamais pu constituer un facilitateur et un accélérateur de puissance vis-à-vis de l'extérieur du cône. Quant à l'Alena, accord similaire adopté en 1994 (et augmenté en 2018), il regroupe trois États alliés dont deux appartiennent à la surpuissante et surintégrée OTAN, et dont le pilier central – les États-Unis – représente huit fois le PIB des deux autres réunis… Là encore, on ne peut considérer que ce marché commun se substitue en quoi que ce soit à chacun de ses membres. Avec la Cedeao en Afrique de l'Ouest, on trouve un schéma différent, puisque ce sont quinze États parmi les plus pauvres du monde qui s'associent afin de réduire leur dépendance à l'extérieur du groupement et de monter en force économiquement. Seulement, cumuler les faiblesses ne permet pas toujours de gagner en force. Quantité d'autres accords de libre-échange ou de partenariat commercial privilégié existent entre États, le plus souvent de nature bilatérale. Aucun tandem n'a accédé à la souveraineté en devenant… État lui-même, à l'exception de rares confédérations.

Reste le cas de l'Organisation des pays producteurs de pétrole, l'Opep. Créée en 1960 par seulement cinq États (elle compte treize membres en 2022), l'organisation acquiert rapidement une vraie puissance suite aux deux chocs pétroliers de 1973 et 1979 jamais tout à fait disparue à ce jour, y compris lors des phases de contre-chocs de 1986, 1998 ou encore 2008. Mais l'Opep, certes puissante car sectorielle consacrée à la ressource naturelle économiquement la plus précieuse (une fois traitée et raffinée) au monde, n'a pas plus vocation à se substituer aux États que les autres groupements puisqu'elle en incarne l'émanation. Les décisions du cartel sont bien le fruit d'un rapport de force entre pouvoirs étatiques. Ainsi lors de la guerre du pétrole entre Moscou et Riyad, en 2020, les membres les plus modestes n'avaient pu que subir la conséquence logique, une chute des cours du baril de brut et ainsi de leurs ressources, la plupart des États de l'Opep étant monoexportateurs. Par surcroît, l'Opep pâtira de l'inévitable dépréciation tendancielle du pétrole due à la multiplication de ses sources, à commencer par les schistes nord-américains sans cesse plus rentables, et aux énergies de substitution non carbonées.

Il faut dire aussi un mot des Brics auxquels nous avons déjà fait un sort. Concept né d'un banquier de Goldman Sachs en 2001 et dont l'acronyme signifie Brésil, Russie, Inde, Chine, Afrique du Sud, presque aussi indigent de celui de « choc des civilisations », il prétendait inclure les grands pays émergents face aux États-Unis, qui, groupés contre la première puissance mondiale, auraient visé à la détrôner. L'unique critère sérieux et dénominateur commun à ces cinq États était leur croissance soutenue. Or, non seulement on ne bâtit pas une réalité sur un seul critère économique, mais, en l'occurrence, ces États présentent-ils quantité d'intérêts divergents, de secteurs concurrentiels, d'absences de complémentarité, et, pour certains, des relations conflictuelles confinant à l'état de guerre (Inde/Chine) ! Finalement, quand le taux de croissance de plusieurs d'entre eux stagna ou s'effondra, on cessa de citer à tout bout de champ cette nouvelle association dont l'inconsistance trouve traduction dans la maigreur des fonds dotant la banque créée *ex nihilo* en 2015 à Shanghai, la New Development Bank, et l'incapacité à créer un « G *bis* » à l'image des G7 (ou G8 quand la Russie en était) et G8 occidentalo-asiatiques demeurés les mètres étalons des rencontres au sommet entre géants économiques.

En réalité, de tous les groupements économiques, financiers ou commerciaux, seul l'européen pourrait réellement constituer une entité de puissance en soi tant il a atteint un niveau d'intégration et d'efficacité important, et cela en dépit du (ou grâce au ?) Brexit de 2020. Cela dit, longtemps, les deux puissances du continent, la France et le Royaume-Uni, revendiquèrent de conserver jalousement leur autonomie stratégique par-delà leur appartenance fidèle et assumée à la CEE, Londres l'ayant intégrée en 1972. D'autres, plus nombreux, comme la riche Allemagne, le Benelux, l'Italie ou encore le Danemark, ne conçurent jamais vraiment d'autonomie stratégique sérieuse hors de l'égide américaine par le biais de l'OTAN, rejetant donc toute instrumentalisation d'une CEE/UE à vocation originelle intrinsèquement économique (en dépit du volet stratégique avec l'Union de l'Europe occidentale, l'UEO, de 1954 à 2011) au profit du politique. Jusqu'aux années 1990 au moins, l'Europe n'exista donc quasiment pas politiquement en dépit de sa montée en puissance économique largement due à l'Union. On nuancera cependant le propos pour deux raisons. D'abord, avec à la Défense puis au Quai d'Orsay Jean-Yves Le Drian, Paris a tenté ces dernières années de conférer une dimension sans cesse plus géopolitique à l'UE. Cette tendance fut facilitée par l'inconséquence et son mépris antieuropéen d'un Donald Trump, ainsi que par le Brexit d'un État n'ayant jamais abandonné son allégeance stratégique au grand allié outre-Atlantique, comme on le vit encore récemment avec éclat dans l'affaire australienne des sous-marins français. Ensuite, il serait injuste de négliger des initiatives économiques européennes prises dans le champ du politique ; ainsi, pour punir la Russie d'avoir annexé la Crimée (2014), l'UE a solidairement décidé d'appliquer des sanctions à l'encontre de Moscou. Ailleurs, face à la Chine qualifiée de « défi systémique » au sommet de l'OTAN de juin 2021, l'UE donne de la voix. C'est vrai dans d'autres cas, devant des régimes autoritaires comme la Biélorussie et contre des gouvernements ou des institutions financières inconséquentes comme la banque centrale du Liban, depuis août 2020, ou encore dans des contextes plus positifs (soutien financier au processus de paix israélo-palestinien d'Oslo, 1993-2000). Reste que l'arrivée à la Maison Blanche d'un président revenant aux fondamentaux (défiance antirusse, priorité de la coopération avec l'Europe, regain d'intérêt pour l'OTAN) d'une part, la volonté d'autonomie de plusieurs membres de l'UE vis-à-vis des juteux investissements chinois (ex. : la Hongrie) d'autre part, renvoient aux calendes la perspective d'une autonomisation stratégique d'une Europe forte de ses intégration et solidarité économique. On admettra cependant que le plan de relance proposé par Emmanuel Macron à Angela Merkel – accepté par elle et par le Conseil – en 2020, par son ampleur (750 milliards d'euros, dont 40 % en emprunts !), est si considérable que sa nature en devient politique.

Ajoutons un mot des nouveaux collectifs virtuels et numériques que sont les *followers* des réseaux sociaux ou les groupements de consommateurs. Si les uns et les autres, réunis à grande vitesse sur l'ensemble de la planète pour l'occasion contre la politique d'un État ou la responsabilité d'une marque dans un drame, peuvent exercer d'authentiques pressions et obtenir des résultats – un recul gouvernemental, des excuses, des dédommagements –, ils sont bien trop volatiles et monorevendicatifs pour peser sur les structures ou les grandes orientations d'un État, et l'on rejoint là le défaut fondamental de concept d'*opinions publiques*. Telle n'est de toute façon pas leur vocation, eux dont l'existence est, par ailleurs, si éphémère.

CHAPITRE 2

Les géants privés de l'économie, du commerce et de la finance

Pour les plus sévères parmi les progressistes, les tiers-mondistes et autres souverainistes occidentaux, la grande finance domine le monde à travers, entre autres activités pendables, la spéculation boursière. Le monde serait acquis à la prédation commerçante, l'économie et la technologie domineraient le politique et par conséquent l'État comme entité politique par excellence. C'est sans doute pécher par pessimisme et faire abstraction, d'une part, de la résilience des États dont la plupart survivent aux entreprises, d'autre part, à leur propre part de vocation économique, enfin à la volonté des régimes autoritaires parmi les États les plus puissants de maintenir intacte leur autorité.

Les multinationales

Le monde contemporain se caractérise par la présence de firmes mondiales d'une richesse inouïe. Les *majors* pétrolières encore, les entreprises d'achats en ligne (Amazon), les géantes du high-tech, quelques firmes en secteurs plus traditionnels tels la grande distribution, le luxe, les automobiles ou l'aérospatiale ; chacune des cent premières entreprises mondiales dépasse en avoirs et actifs les PIB de plusieurs États réunis.

Tout n'est pas faux dans le constat critique d'une forme débridée de capitalisme mondialisé, mais certains de ses aspects et prodromes existaient depuis longtemps. Dès le XVIIe siècle en Angleterre et aux

Provinces-Unies, les Compagnies des Indes étaient privées et sollicitaient la protection de l'État en cas de menace d'un autre État ou de révoltes d'autochtones, gérant les affaires « indigènes » de manière relativement autonome. Au XIXe siècle, les charbonnages d'Europe occidentale et d'Amérique du Nord pesaient de plus en plus lourdement sur les gouvernements, tout comme pèseraient sans cesse davantage au début du XXe siècle de grandes firmes de production de matériels stratégiques comme les moteurs de véhicules, de navires ou d'avions de guerre (Renault, Dassault), suivies par les *majors* pétrolières qui participeraient aux agendas politiques et stratégiques des grandes puissances ; partage d'influence franco-britannique au Moyen-Orient après la Première Guerre mondiale (Royal Dutch Shell, Compagnie française des pétroles, etc.), investissements dans les anciennes colonies d'Afrique subsaharienne (Elf), alliances pétrolières (l'accord dit du Quincy en Arabie saoudite, 1945), coups d'État directs (la CIA en Iran, 1953) et interventions militaires d'envergure (l'Irak, 1990 et 2003), main de fer de Moscou dans le rapport avec les oligarques, etc. De grandes banques peuvent aussi intervenir – comme en amont de l'expédition de Suez – ou encore de grands constructeurs de chantiers portuaires comme le Groupe Bolloré. On pourrait aussi évoquer le rôle de multinationales dans l'extraction de minerais ou d'or dans des conditions de travail indignes impliquant notamment des enfants et, pire encore, dans l'activité criminelle de milices protégeant des zones aurifères et diamantifères sous couvert de revendications idéologiques ou territoriales fantoches, en Afrique subsaharienne tout particulièrement.

Il va de soi que des firmes ont orienté une partie de la vie internationale depuis au moins un siècle, naturellement dans le sens de leurs intérêts propres, moins dans celui des États, très rarement en faveur du bien-être des populations locales. D'abord car l'emploi de la force n'entre pas dans leur vocation, même si des mercenaires (non assumés) se font financer pour défendre localement telle mine, telle carrière ou tel champ, ou pour expédier *ad patres* un chef de district, de secteur ou de gouvernement insuffisamment coopératif. Ensuite, si les multinationales sont puissantes au regard de certains États, c'est de la faiblesse de ces derniers et en regard de celle-ci. En effet, si ces entreprises privées peuvent renoncer à fournir des produits à un État, pour des raisons sécuritaires ou humanitaires liées aux droits de l'homme – cas de figure fort rare –, des États peuvent pour leur part boycotter des entreprises ou leur interdire l'accès à certaines zones, expulser ou juger et emprisonner certains de leurs personnels, mais aussi dénoncer des contrats lucratifs ou, plus virulemment, procéder à des expropriations et des nationalisations. Certes, ces menaces proviennent essentiellement d'États autoritaires, mais l'UE et les États-Unis, entités authentiquement démocratiques, prennent régulièrement des sanctions à l'encontre d'entreprises nationales ou multinationales ne respectant pas certaines normes, Washington adoptant même des mesures de rétorsion sous forme de pénalités exorbitantes en vertu des lois américaines d'extraterritorialité juridique. Les entreprises ayant tenté de commercer avec l'Iran en dépit du retrait américain de l'accord de Vienne du 14 juillet 2015 (le Joint Comprehensive Plan of Action, JCPOA), en 2018, en savent quelque chose…

C'est sans doute en définitive fiscalement que les multinationales défient les États en les affaiblissant. Jusque très récemment, elles ne s'acquittaient que de taxes marginales sur la vente des produits et des services dans des États n'abritant pas leurs sièges respectifs. Ainsi, une multinationale enregistrée en France n'était taxée et imposée que sur ses activités dans le pays, ce qui représentait un manque à gagner certain si l'essentiel de ses profits s'enregistrait à l'extérieur des frontières. De plus, de grandes firmes travaillant en Afrique, au Moyen-Orient ou en Asie du Sud s'exonéraient généreusement de taxes dans les pays où elles développaient leurs activités pour peu que ceux-ci soient faibles et sujets à la corruption. Et lorsque le fisc des États abritant leur siège social montait au créneau, ces entreprises les quittaient pour s'immatriculer dans des paradis fiscaux caraïbes, océaniques ou même ouest-européens. Une fois encore, les États ont développé un réflexe westphalien en se réunissant pour s'entendre sur un changement de règle du jeu. Déjà en 2015 le G7 avait pensé contraindre les multinationales à s'acquitter d'un minimum de TVA sur les produits et services qu'elles délivraient, y compris hors des frontières de leurs États originels. En juin et juillet 2021, le G7 puis le G20 ont adopté le principe d'un impôt mondial sur les sociétés, une réforme fiscale qui contraindrait les Gafam à s'acquitter d'une taxe d'au moins 15 % sur leurs revenus obtenus partout sur la surface du globe. Or, contrairement à l'idée reçue, aucune entreprise au monde n'est tout à fait déterritorialisée, y compris celles dont l'existence et les produits semblent n'exister que virtuellement et sur

Internet. Autrement dit, quand bien même une multinationale n'aurait qu'une boîte aux lettres, celle-ci correspondrait à une adresse postale, et donc à une voie carrossable d'une localité située dans des frontières étatiques, tant il est vrai qu'aucun territoire n'échappe à la souveraineté des États. Quantité d'États exigeaient depuis longtemps déjà une telle mesure dont l'efficacité tient à la condition *sine qua non* de sa large, sinon unanime, application, mais il a fallu tout le poids d'une nouvelle administration Biden/Harris pour entraîner la décision, même allégée finalement. Et preuve fut ainsi une fois de plus administrée que non seulement ce sont *in fine* les États qui – unis et surtout entraînés par les plus puissants d'entre eux – disent la loi, y compris la fiscale.

Par ailleurs, l'avènement des réseaux sociaux et la constitution de groupes de citoyens transfrontaliers font sans cesse davantage peser la menace réputationnelle sur des entreprises cherchant à se prémunir contre une publicité négative ; affaires de mœurs, pollution, travail d'enfants, expropriation de paysans locaux, etc. Non seulement un État disposant de services de propagande un tant soit peu actifs et compétents peut divulguer des « informations » gênantes pour une entreprise – l'inverse étant plus compliqué – mais l'État accusé de telles turpitudes rendra moins de comptes à des clients qu'à ses pairs. Pour peu que certains d'entre eux (un seul suffit au Conseil de sécurité, s'il n'en est pas lui-même !) le soutiennent, les conséquences des accusations le visant demeureront indolores. En définitive, faisons le constat suivant : ce que les firmes d'envergure internationale peuvent tenter d'entreprendre avec certaines chances de réussite face à des États faibles en se livrant à des menées corruptrices ou coercitives, elles ne le peuvent que très difficilement face à des États puissants.

Followers et alii… *Quid* enfin des *followers*, joueurs, consommateurs, supporters ? Appartenir à un groupe international et transfrontalier de consommateurs est-il mobilisateur ? Depuis deux décennies, des *class actions* se sont bien constituées contre des firmes multinationales mais au-delà de l'action judiciaire en soi, que sont devenues ces associations ? Avec quelles autres armes que la communication et la justice, et pour quelles revendications autres que celles strictement liées à leurs contentieux C face à une entreprise E ? Et qu'en est-il des groupes de *followers* ? Que plusieurs centaines de millions de jeunes visionnent et « likent » tel chanteur et tel mannequin procurera, certes, du plaisir et des retombées lucratives à ceux-là, mais leurs fans – surtout eu égard au caractère parfois terriblement éphémère de la présence sur les réseaux sociaux – incarneront-ils réellement une puissance en soi ? Même questionnement pour les lecteurs de *Harry Potter*, les fans de telle équipe de football, les amateurs d'une star du rap, les adeptes d'un hashtag [sur Twitter] et autres commentateurs d'un événement mondain, sportif, artistique ou même diplomatique.

Les Gafam (et autres BATX[1] chinois)

Posons la même question pour les entreprises d'un type nouveau que sont les Gafam, acronyme de Google, Amazon, Facebook, Apple et Microsoft qui incarnent de nouveaux acteurs des relations internationales. Leur puissance de frappe financière et, par définition, leur pouvoir d'influence apparaissent titanesques et nombre d'observateurs notent que chacune de ces multinationales est plus riche que plusieurs dizaines d'États à travers la planète, l'ensemble pesant plus de 6 000 milliards de dollars, soit l'équivalent du troisième PIB au monde ! On ne peut contester le poids fantastique de ces caisses de résonnance et porte-voix mondiaux dans un monde caractérisé par un engouement exceptionnel pour la communication au sens large du terme. Facebook et Twitter comptent des centaines de millions d'abonnés – dont la plupart des chefs d'État et de gouvernement, certains se voyant arbitrairement rejetés –, plusieurs milliards d'humains font quotidiennement usage d'Internet et donc d'un serveur et d'ordinateurs individuels. Et pourtant… Lorsqu'un État très puissant, centralisé et désormais technicisé comme la Chine décide de limiter la portée d'Internet et des Gafam, il sévit avec une vigueur et une efficacité implacables : interdiction d'usage des connexions Internet avec l'étranger, surveillance tous azimuts des internautes et des sites chinois, capture, internement et autocritique forcée du P-DG d'Alibaba (le A des BATX), Jack Ma, et démantèlement de tout regroupement préfigurant la montée en puissance des firmes chinoises. Le PCC tient à conserver la haute main sur l'information

1. Selon les initiales des quatre entreprises du web chinois à partir des années 2010 : Baidu, Alibaba, Tencent et Xiaomi.

et les communications. En face, les sanctions de l'État américain à l'encontre de Huawei firent chuter la firme chinoise géante de la première à la cinquième place mondiale en moins d'un an. Prétendre ainsi à l'effacement des frontières et à l'affaiblissement des États s'agissant du cyberespace semble décidément aussi présomptueux que paresseux ; quand ceux-ci conjuguent détermination et capacités techniques, ils se défendent redoutablement bien.

En 2019, on considéra ici et là que le rendez-vous élyséen de Mark Zuckerberg, le fondateur et P-DG de Facebook, traduisait bien la nouvelle puissance des Gafam face aux États, y compris les puissants d'entre eux, en l'espèce la France dont le président dispose pourtant de prérogatives considérables. En d'autres termes, Emmanuel Macron aurait été contraint de recevoir un jeune P-DG américain eu égard à la force de son entreprise. Proposons une hypothèse alternative et demandons-nous dans quelle mesure ledit patron de Facebook n'a pas été, lui, « convoqué » par ce chef d'État militant pour que les Gafam ne s'exonèrent plus de la fiscalité des États. Après tout, en cas de litige grave entre les deux hommes, lequel aurait disposé de l'outil de puissance le plus déterminant ? Zuckerberg, fort d'un réseau social capable, sur son injonction, de lancer une campagne de dénigrement de la personne du président français ou du pays tout entier ? Voire. Ce dernier aurait-il dû démissionner de sa fonction ? Le tourisme ou les investissements florissants en auraient-ils pâti ? Nul ne pourrait sérieusement le prétendre. En revanche, si Mark Zuckerberg avait été malencontreusement appréhendé rue du Faubourg-Saint-Honoré par un juge d'instruction, gagnant menottes aux poignets un véhicule de police, le cliché diffusé *urbi et orbi* aurait fait plonger l'action de Facebook au-delà de toute mesure. Et si, à la manière d'un Al Capone moderne, il se voyait reprocher par la justice d'un État puissant un menu larcin fiscal nécessitant son maintien en détention jusqu'à un procès faisant grand bruit, que deviendrait son entreprise ? Certes, ce schéma relève de « l'arme atomique », et, de toute façon, une démocratie comme la France n'emploie pas ce type de procédés. Mais dans l'absolu, à la fin des fins, c'est bien l'État (et *a fortiori* si, autoritaire, il n'y rechignait pas) qui l'emporterait assurément.

On retrouve la prépondérance de l'État s'agissant des installations des grands *data centers*. Ils ont beau appartenir à des entreprises privées, ils se trouvent bel et bien sur un territoire souverain. Donc, l'État abritant les installations des Gafam peut y intervenir comme bon lui semble en cas de nécessité (jugée) absolue par son gouvernement. Et Elon Musk et Jeff Bezos pourraient bien « délocaliser » fréquemment leurs matériels, ils finiraient par rencontrer un État, soit au décollage de leurs fusées, soit même une fois en orbite face à ses satellites tueurs possédés par les trois ou quatre plus puissants d'entre eux...

Enfin faisons un sort à l'affirmation aussi péremptoire qu'erronée selon laquelle les réseaux sociaux n'ont pas de frontières et qu'on ne peut empêcher l'information de circuler. Que le lecteur fasse l'expérience d'un tweet adressé à un ami vivant en Chine ; son échec instantané lui démontrera que des États puissants – quand ils le décident – peuvent facilement créer leurs propres réseaux sociaux *nationaux* en entravant ceux en provenance de l'étranger. Depuis la censure des insolentes chansons de gestes des troubadours et celle des livres imprimés et de la presse papier, a-t-on réellement inventé la censure ? *On y revient, décidément : la nature de la puissance d'une entreprise est moins considérable que la nature de la puissance d'un État. Lorsque ce dernier plie ou échoue, ce n'est pas son statut d'État qu'il faut questionner mais la réalité de sa puissance.*

Cependant, il existerait bien un moyen pour l'un des Gafam – ou une quelconque entreprise ou ONG, au demeurant – de tenter efficacement de contrecarrer des États : en devenir un ! Poussons ce raisonnement pas si absurde et imaginons Elon Musk ou Jeff Bezos acquérir pour leur entreprise respective, moyennant finances et en toute légalité, une île auprès de l'un des États caribéens désargentés et y proclamer la création d'un État. Si, une fois l'effet rhétorique passé, l'entité jusqu'alors économique assumait et organisait les attributions classiques de l'État en se dotant d'une force armée, d'une justice, d'une monnaie, d'une diplomatie et de couleurs officielles, elle pourrait théoriquement en attaquer ou en annexer un autre. Cela dit, il est fort à parier qu'avant la métamorphose, des États puissants auraient entravé le « mutant » dans sa marche à leur club. Car depuis les traités de Westphalie, voilà au moins un phénomène ayant peu varié : les États sont excessivement jaloux de leur nature politique profonde et l'ONU ne reconnaît pas d'hybridations ni d'objets politiques non identifiés comme membres de plein droit...

Banques, fonds de pension, spéculateurs en Bourse

En janvier 2021, des dizaines de milliers de petits porteurs d'actions, généralement passionnés par les jeux en ligne, s'étaient ligués pour contrer de grands fonds d'investissement ayant fait le choix de spéculer à la baisse sur une entreprise de jeux vidéo, GameStop. Le procédé consistant à acheter en meutes avait si bien fonctionné que ladite entreprise avait été soudainement surcotée. Vieille comme le monde postnéolithique, la spéculation trouve depuis plusieurs décennies dans la Bourse ses modes et champs d'épanouissement maximaux, mais, en l'espèce, on assista au triomphe de la conjugaison de la spéculation boursière et des réseaux sociaux. Plus classiquement, les fonds d'investissement non souverains – et tout particulièrement ceux des retraités américains si richement dotés – interviennent souvent parmi les géants capables d'inverser telle tendance sur tel secteur dans une séquence donnée.

Pour autant, les investissements boursiers et la spéculation sont-ils à même de promouvoir ou de mettre à bas des États ? Même si la politique d'imposition fiscale sur les dividendes de certains d'entre eux peut gêner, telle n'est pas la vocation de ces « communautés » dont le principe moteur, pour ne pas dire la raison d'être, reste monomaniaque qui consiste à faire gagner toujours plus d'argent, et le viatique le pragmatisme mathématique le plus (dé)passionnément apolitique.

Reste le cas des grandes institutions bancaires et financières mondiales, si différentes soient-elles, à commencer par la Banque mondiale, la Banque européenne pour la reconstruction et le développement (BERD) ou encore le Fonds monétaire international (FMI). Si la marge de manœuvre de chacune d'elles existe s'agissant du soutien à tel État ou tel projet infrastructurel, toutes demeurent indissolublement liées à la gouvernance étatique mondiale. Le choix du directeur du FMI se fait ainsi après négociations entre grandes puissances financières, il en va de même pour la sélection des bénéficiaires de prêts et d'investissements ou des cibles de sanctions, les États-Unis demeurant strictement incontournables sur la totalité des décisions d'importance. Incidemment, le jour hypothétique où des monnaies concurrentes (l'euro) ou carrément alternatives car cybernétiques (le libra et d'autres cryptomonnaies) concurrenceront sérieusement le dollar, le « temple » de la finance mondiale menacera ruine. Ce temps ne semble pas advenu.

CHAPITRE 3

Civilisations, religions, clans, régions…

Au sortir d'un demi-siècle d'opposition idéologique entre deux grands blocs, auxquels peu d'États et de collectifs échappaient réellement, sommés de choisir leur camp respectif, l'un des deux s'effondra en quelques années. Il était alors stimulant pour les chercheurs en relations internationales de bâtir un nouveau paradigme. Puisque le temps des idéologies politiques était prétendument révolu, la nouvelle ère s'incarnerait nécessairement (sauf pour les tenants d'une fin de l'histoire à la Francis Fukuyama et du consensus de Washington où tout ne serait qu'économique) dans la dimension identitaire : la civilisation, la religion, l'ethnie, la tribu.

Carte 6. Conflits et tensions dans le monde arabo-musulman

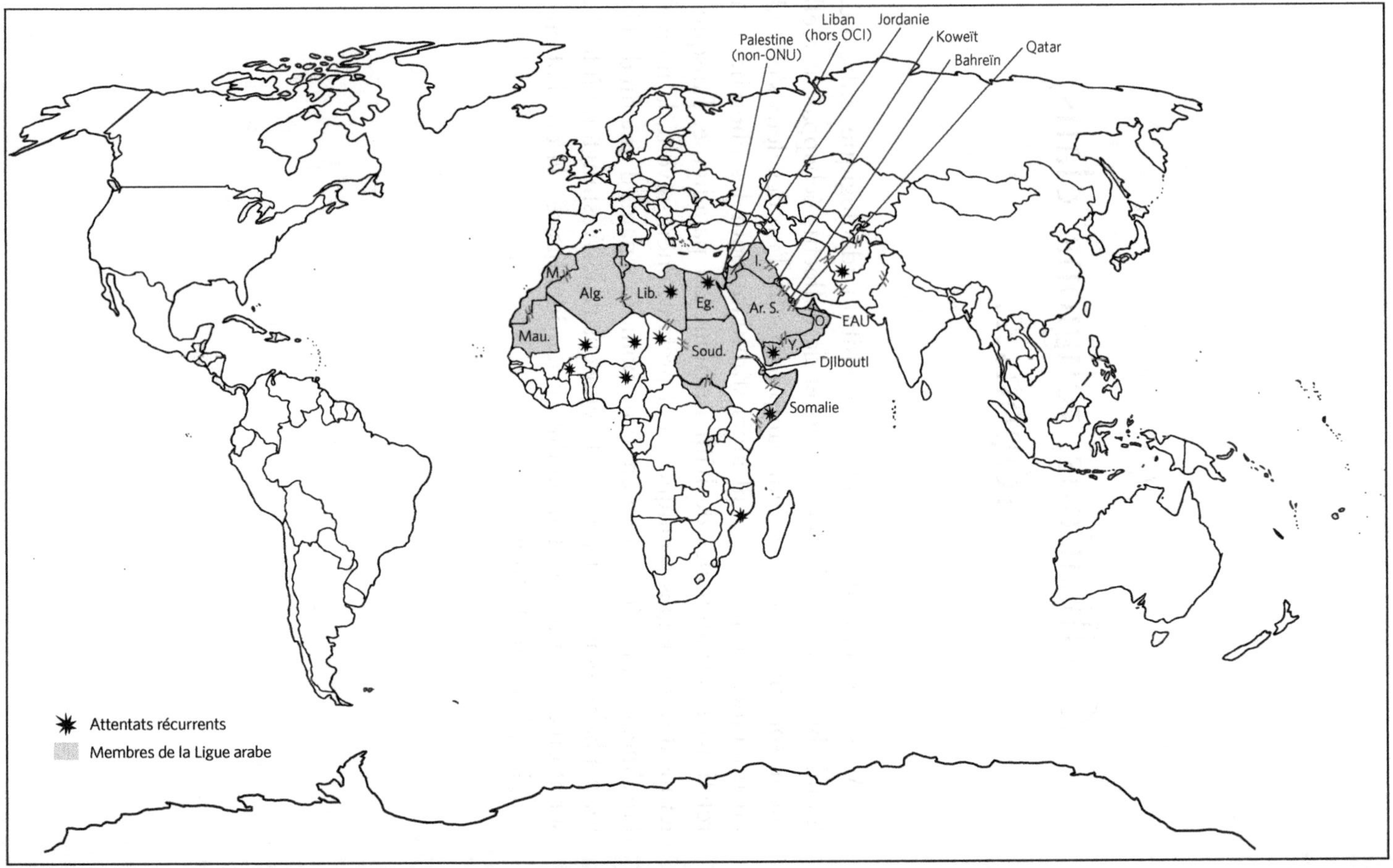

Le « choc » de Huntington

Parmi les hypothèses avancées au terme de la décennie charnière 1989-2001, celle communément admise comme la plus stimulante fut *Le Choc des civilisations* de Samuel Huntington, titre éponyme de son article puis de son ouvrage parus en 1993[1]. Pour le résumer à outrance, les rivalités entre groupes idéologiques auraient cédé la place à celles – nombreuses et potentiellement destructrices – entre groupes civilisationnels. Nous avons eu l'occasion de critiquer sévèrement cette thèse éminemment discutable[2]. En premier lieu, définir conceptuellement et limiter spatialement une civilisation relève de la gageure. S'il existe de tous temps des individus et des collectifs ne partageant pas les mêmes langues, coutumes, cultes, croyances, goûts culinaires, pratiques sociales, codes vestimentaires, types d'humour ou encore couleurs de peau, prétendre que des collectifs ou États peuvent se confronter sur la base d'un socle de ces « critères » s'avère spécieux. Que des régimes politiques tentent de les instrumentaliser pour légitimer la paix ou la guerre, voilà qui va de soi et n'est vraiment pas nouveau ; qu'ils fassent de ces critères une priorité et la variable principale de leur prise de décision est tout à fait rarissime et ne concerne heureusement que les plus fanatiques d'entre eux. En second lieu, empiriquement, tout démontre (et Hegel lui-même affirme) que ce sont des intérêts politiques, économiques ou militaires qui déterminent la plupart des interactions – conflictuelles le cas échéant – entre États ; dans cette perspective, chaque régime se moque bien de connaître la civilisation de celui auquel il a objectivement intérêt, à un instant T, à faire la guerre ou pas.

Pour ne remonter qu'au milieu du XIXe siècle, dans les Amériques, on assista à deux guerres « intracivilisationnelles » d'une cruauté notoire. La première se déroula entre nord et sud des États-Unis, opposant entre eux des anciens colons parfaitement issus du même continent, parlant la même langue, ingérant la même nourriture, priant le même Dieu et

---

1. Samuel Huntington, « The Clash of Civilizations? », *Foreign Affairs*, 1993. Cet article a donné lieu à un ouvrage – forcément plus fourni et plus convaincant – publié en France sous le titre *Le Choc des civilisations*, Odile Jacob, 1996.
2. Frédéric Encel, *Mon dictionnaire géopolitique* (entrée « Civilisation »), PUF (2e éd.), 2019.

se vêtant de la même manière. La seconde eut lieu en plusieurs phases entre de jeunes États du cône sud-américain, tous issus de la même matrice européenne, hispanique (Brésil et plateaux guyanais exceptés) et catholique. Or, entre 1825 et 1935, des conflits d'une rare violence provoquèrent des centaines de milliers de morts, et, au milieu du XXe siècle, sauf face au péril communiste réel ou présumé perçu comme commun (mais pas seulement en Amérique latine), les États qui composent cette « civilisation » seront aussi concurrents, voire antagonistes (Venezuela/Colombie, Chili/Bolivie, Pérou/Équateur), que bien d'autres à travers la planète, tandis qu'aucune alliance ne viendra sceller durablement une proximité fusionnelle.

Et que dire d'une Europe dont les nombreuses entités politiques ont rarement cessé depuis le haut Moyen Âge de s'affronter, portant récemment la violence meurtrière à incandescence en l'espace de trois décennies à peine ? Anciens temps, anciennes mœurs ? Certes pas, puisque dans les années 1990, en pleine construction européenne et à peine le mur de Berlin abattu, plusieurs collectifs de Yougoslavie se déchiraient dans une guerre civile meurtrière à laquelle échappe de peu – pour l'heure – l'est de l'Ukraine en conflit de « basse intensité » depuis 2014. On ajoutera que l'Occident comme civilisation présente effectivement des spécificités en termes de mode d'organisation économique, de rapport au temps, à Dieu, à l'espace, à l'argent et à la place des femmes dans la cité, sauf qu'en 1942, l'Occident présentait un visage sensiblement différent dans sa partie européenne… Pour sa part, l'ex-URSS constitue-t-elle une civilisation ? Les Biélorusses avec les Yakoutes ? Les Nenets avec les Caucasiens ? Les Ukrainiens du Donbass avec les Tatars de Crimée ? Ou faut-il retrancher l'Asie centrale ex-soviétique et encore largement russophone et russophile de la « civilisation musulmane » ? Au Rwanda en 1994, des centaines de milliers d'Africains, noirs, catholiques et ruraux francophones et rwandophones assassinent par centaines de milliers en quelques semaines des Africains, noirs, catholiques et ruraux francophones et rwandophones, généralement leurs voisins de surcroît. On ajoutera qu'au sein de cette « civilisation africaine » qu'établit Huntington (et, dans sa foulée ou bien avant lui, nombre d'observateurs paresseux), nul État ni collectif citoyen n'aura réagi sérieusement, tandis qu'à l'inverse, quantité de guerres meurtrières eurent lieu *avant* la colonisation européenne et *depuis* la fin de cette colonisation...

Sur le continent asiatique, le fait que Japonais, Chinois, Vietnamiens et Cambodgiens, par exemple, partagent des géographies, des philosophies, des modes gastronomiques et des physionomies (aux yeux des Occidentaux du moins) et parfois des écritures relativement proches ne les prédispose pas à se représenter comme parties prenantes d'un même bloc civilisationnel ni ne les a dissuadés de se livrer à des guerres et des invasions dénuées de clémence tout au long de l'histoire et jusqu'aux années 1970. Entre l'Inde et le Pakistan, déjà trois conflits et un état de guerre larvée caractérisent leurs rapports. Différence de civilisation liée à la religion ? Comment expliquer alors que deux cents millions d'Indiens musulmans – environ 15 % de la population – demeurent loyaux à leur pays et non au Pakistan voisin ? Question identique pour Israël, où 20 % de la population est constituée d'arabophones, musulmans pour la grande majorité, dont certains intègrent même Tsahal dans des unités combattantes (Druzes et Bédouins), les autres demeurant également loyaux à l'État juif dont ils sont citoyens lors de chaque guerre israélo-arabe. Autre question concernant, justement, le monde arabe : entre les vingt-deux États composant la Ligue créée en 1945, pour lesquels l'arabe est la langue vernaculaire majoritaire et l'islam la religion ultramajoritaire (sauf le Liban), voire la religion d'État, il n'y eut jamais de bloc géopolitique sérieux au-delà du mince vernis fédérateur d'une cause palestinienne instrumentale, et, au contraire, pendant la guerre froide et à chaque événement politique ou militaire d'envergure (guerres du Golfe, Printemps arabe, accords d'Abraham), la Ligue se déchire entre au moins deux camps. Quant aux conflits ou rivalités interarabes, on les compte par dizaines : Maroc et Algérie, Libye et tous ses voisins, Égypte et Soudan, Syrie et tous ses voisins, Irak et Koweït, Arabie saoudite (plus Bahreïn et Émirats arabes unis) et Qatar, etc. Encore ne pointe-t-on là que les tensions ou conflits interétatiques, mais quantité de guerres civiles, de vagues d'attentats et de campagnes de répression ont déjà provoqué presque un million de morts et une dizaine de millions de réfugiés et déplacés arabes en moins d'un demi-siècle, au Liban, en Jordanie (Palestiniens), au Yémen, en Syrie, en Libye, en Algérie, en Somalie et dans les territoires palestiniens (Hamas/Autorité palestinienne). Étendre le concept de civilisation à l'ensemble du « monde musulman », soit à cinquante-sept États répartis sur quatre continents, est plus aberrant encore. La pratique de l'islam – extrêmement différenciée par ailleurs selon les rites, les États, les régions, les obédiences et les contextes – est un critère absolument insuffisant pour dégager une prétendue « civilisation ». Et que dire du solide et multiforme partenariat israélo-azerbaïdjanais entre un État juif en conflit avec des collectifs et États musulmans chiites, et un État (laïc mais majoritairement) musulman chiite ? Entre une Chine asservisseuse de musulmans ouïghours et une Turquie islamo-nationaliste adepte des Frères musulmans ? Ailleurs, et à l'inverse, en Afrique subsaharienne notamment, on a déjà pris des conflits intertribaux pour des conflits interconfessionnels, tandis que chaque clan antagoniste accueillait en son sein des chrétiens et des musulmans…

N'en ajoutons pas. La simple longueur de la liste des alliances et des conflits « contre-nature » aux yeux des tenants de la thèse de Huntington est si considérable qu'elle l'invalide en soi. Mais il y a pire : aucune prétendue civilisation ne lutte ès qualités contre une autre à la manière des orwelliennes Oceania, Estasia et Eurasia de *1984*[1]. L'Afrique combat-elle l'Europe ? L'Europe combat-elle l'Asie ? L'Asie combat-elle l'Amérique ? Ni sur le terrain, ni même dans les esprits comme *représentation.* À notre connaissance en effet, aucune enquête sociologique ou universitaire digne de ce nom n'a démontré que, sondages après sondages, un nombre substantiel de gens s'affirmaient membres d'une civilisation en lutte contre une autre. Beaucoup de citoyens évoquent *la* civilisation au sens d'un comportement humain éloigné de la barbarie, c'est-à-dire à haut niveau de conscience, de respect de la vie humaine (et/ou animale), de la dignité, de l'égalité des citoyennes et citoyens devant la loi, des libertés fondamentales, mais pas *les* civilisations dans leur acception huntingtonienne, ces ensembles dont Fernand Braudel disait : « Les civilisations, c'est donc la guerre, la haine, un immense pan d'ombre les mange presque à moitié. La haine, elles la fabriquent, s'en nourrissent, en vivent[2]. »

Il n'existe pas de choc *entre* civilisations, mais des chocs *au sein des* civilisations, ces ensembles trop fluctuants et indéterminés sinon

1. Paru en 1948 (rééd. George Orwell, *1984*, Gallimard, 1982).
2. Fernand Braudel, *La Méditerranée*, Flammarion, 1985, p. 172.

imaginaires dont nul n'est capable d'établir scientifiquement les contours conceptuels, géographiques et décisionnels. Et ces chocs demeurent ceux d'États – parfois d'autres acteurs infraétatiques – intervenant sur la base soit de représentations « lacostiennes », soit d'intérêts prosaïques évoqués plus haut, soit des deux à la fois.

Les grandes Églises

Il fut un temps médiéval et moderne où la papauté disposait de terres, de sujets, d'un système fiscal, d'une diplomatie, de forces armées et d'ateliers où l'on battait monnaie ; bref d'un proto-État. Les papes, tel le guerrier Jules II, confondaient alors allègrement au sens ambivalent du terme ce qui était censé revenir à Dieu avec ce qui n'appartenait en principe qu'à [un] César. Ce temps est révolu, moins par sagesse pontificale que du fait des nouveaux rapports de force issus des traités de Westphalie puis de différents revers de fortune militaires. Finalement, les accords du Latran de 1929 avec le régime fasciste italien de Benito Mussolini accordent un confetti souverain de quelques dizaines d'hectares à Rome au Vatican, micro-État abritant le Saint-Siège, son pendant et sa raison d'être théologique et théocratique. Demeure ainsi une diplomatie active qui, censée promouvoir la paix et la fraternité, agit surtout en faveur d'intérêts liés aux États et groupes catholiques à travers le monde, comme l'illustrent les trois exemples géopolitiques suivants. Tout au long de la guerre froide, et plus particulièrement avec le pape polonais et conservateur Jean-Paul II dans les années 1980, le Vatican n'aura de cesse de promouvoir l'Église comme levier d'influence dans des sociétés est-européennes corsetées par le communisme ; son influence sur la chute de celui-ci, non déterminante, n'aura pas été tout à fait négligeable. Quelques années plus tard, en 1991, le Vatican reconnaissait souverainement et concomitamment à l'Allemagne et à l'Autriche l'indépendance de la Croatie catholique, en pleine décomposition de la Yougoslavie et au grand dam des Serbes orthodoxes (et accessoirement de la France de François Mitterrand !). Un parfum de début de XXe siècle... À peine deux ans encore, et le Vatican reconnaîtrait Israël par le truchement de l'Accord fondamental du 30 décembre 1993, laquelle reconnaissance mettait fin *de facto* et par le biais du politique à ce chapitre de « l'enseignement du mépris » (Jules Isaac) théologique faisant du Juif un être/peuple déicide condamné à errer de terre en terre sans jamais recouvrer sa souveraineté sur Sion. Le Vatican avait naturellement pris des orientations géopolitiques avant ce trio, mais nous l'avons choisi justement pour leur dimension emblématique. Or, tout impressionnantes fussent-elles, dans aucun de ces cas elles ne créèrent les tendances ni les événements. L'URSS a chuté plus sûrement face au titanesque projet américain de « guerre des étoiles » et suite au désastre afghan que sous les « n'ayez pas peur ! » du pape Jean-Paul II. La Croatie n'aurait pas renoncé à son indépendance et n'aurait pas été moins reconnue par d'autres États importants sans le Vatican, et Israël aurait poursuivi comme depuis 1948 son existence – et la ligne politique de ses gouvernements successifs – sans l'accueil d'un nonce apostolique. Du reste, le Vatican semble intervenir avec moins d'efficacité depuis : silence assourdissant et consternant lors du génocide pourtant intercatholique des Tutsi rwandais, impuissance manifeste devant le marasme des chrétiens d'Orient (minoritairement catholiques, il est vrai) depuis deux décennies, nécessité de gérer en interne des scandales en série, etc. Or cet effacement relatif intervient au moment où deux périls menacent le catholicisme : la baisse drastique de fréquentation des églises en Europe et dans une moindre mesure dans les Amériques, et la redoutable concurrence au sein de la chrétienté des diverses Églises évangéliques submergeant des pans entiers de présence catholique en Afrique subsaharienne et en Amérique latine. Mécaniquement, moins il y aura de catholiques, moins les papes pourront se prévaloir d'une représentativité considérable, et plus Staline pourra ricaner *post mortem* d'une réponse satisfaisante à sa célèbre question de 1935 en guise de rebuffade à Pierre Laval : « Le pape, combien de divisions[1] ?... »

Justement, parmi les groupes confessionnels les plus puissants, on compte depuis au moins les années 1990 ceux se réclamant de l'évangélisme. Influents sous Ronald Reagan, davantage encore sous George W. Bush puis autour de Donald Trump, les évangéliques américains ont pesé sur la politique étrangère de Washington, successivement, contre le bloc communiste, le dictateur irakien Saddam Hussein et la République islamique d'Iran, ou en faveur de l'indépendance du Sud-Soudan ou

1. Brice Couturier, *Les Idées claires*, France Culture, 12 février 2013.

d'un soutien actif à Israël. Là encore, il convient toutefois de nuancer. D'abord, Reagan, Bush Jr (après le 11-Septembre) et Trump n'avaient guère besoin des voix évangéliques (sauf durant les scrutins, encore que cet électorat votât déjà républicain) pour les convaincre de leurs stratégies et objectifs mentionnés dont ils ne doutaient pas du bien-fondé. Ensuite, issu du protestantisme, l'évangélisme rejette comme l'islam sunnite et le judaïsme toute pyramide cléricale, et les pasteurs tiennent lieu de souverains pontifes de leurs chapelles respectives. Or, celles-ci sont nombreuses, souvent concurrentes, parfois antagonistes. Hors des États-Unis, source principale de l'évangélisme depuis le XVIIIe siècle, celui-ci s'étend de façon fulgurante en ce début de XXIe siècle en Amérique latine ainsi qu'en Afrique subsaharienne, mais, sauf au Brésil, sa progression s'effectue principalement dans des États modestes, voire extrêmement pauvres ; face à des régimes hostiles qui œuvreraient à freiner leur activisme à la tête d'États puissants et centralisés comme la Chine, les Églises évangéliques ne pourraient s'implanter.

En définitive, c'est plutôt *au sein* des États que les Églises jouent leurs meilleures parties, comme structurants ou aiguillons identitaires, jamais comme concurrentes institutionnelles.

Clanisme, tribalisme et ethnoconfessionnalisme

La nation est très récente dans l'histoire des hommes, de leurs organisations collectives et de leurs allégeances. L'une des formes d'allégeance les plus anciennes est le clan, cet ensemble humain lié par le sang, des alliances matrimoniales entre familles. Le clanisme – un ensemble de clans constituant une tribu – n'est pas systématiquement de nature confessionnelle, et l'on a ainsi vu dans les années 2010 en Afrique subsaharienne (Nigéria) des conflits intertribaux où chaque antagoniste se composait de clans chrétiens et musulmans. Le clanisme comme mode de régulation des rapports sociaux se caractérise en revanche par d'invariables plus petits dénominateurs communs originels : la langue, l'ethnie, la transmission patriarcale et l'exercice solitaire ou népotique du pouvoir, l'obéissance aux règles du groupe et à sa justice volontiers rétributive, l'allégeance au chef prioritairement à d'autres autorités, et un attachement cadastral assez strict à la terre ancestrale pour les sédentaires, aux routes de transhumance pour les rares nomades restants. Certains clans ne comportent que quelques milliers de membres, d'autres plusieurs millions. En France, où le clanisme fut toujours l'un des plus faibles au monde et où le concept antinomique d'État-nation règne en maître depuis plus de deux siècles sur les consciences, dans les lois et les représentations, on accole volontiers au clan les qualificatifs de mafieux et violent. Si rien ne prédispose les membres d'un clan à davantage de goût pour le vol ou l'extorsion qu'au sein d'autres collectifs, le mode même de fonctionnement clanique consistant à administrer les ressources et redistribuer les richesses au sein du groupe sans respecter les frontières ou les normes fiscales de l'État dans lequel il évolue induit en effet mécaniquement le recours fréquent à la contrebande et à la dissimulation de ressources.

Clans et tribus ne sont pas nécessairement séparatistes. La puissante ethnotribu des Pachtounes – elle-même subdivisée en quatre grands clans – n'a jamais cherché à créer un État entre le Pakistan et l'Afghanistan, séparée qu'elle fut par la ligne frontalière britannique Durand en 1893. Les Druzes ne revendiquent pas davantage un État souverain et, au sein des États-nations israélien et syrien dans lesquels ils vivent (outre le Liban, État non *nation* et lui-même confessionnalisé), ils font même preuve d'une loyauté sans bornes, quels que soient leurs gouvernements. On pourrait étendre le schéma aux Bédouins du Sinaï égyptien ou aux Mau-Mau du Kenya. Ne pas abattre l'État pour mieux en tirer profit et bénéfice ! Les Druzes échangent leur loyauté et la combattivité de leurs soldats contre une liberté de culte totale et la liberté pour leurs femmes de ne convoler qu'avec des Druzes. Les Alaouites de Syrie, par le truchement de la conquête du pouvoir par Hafez el-Assad à Damas en 1970, vont littéralement prendre possession du pays et de ses richesses – créant *de facto* une dynastie au sein d'un État officiellement républicain ! –, jamais comme clan naturellement mais sous couvert de nationalisme arabe et à la tête du parti panarabe Baas. On retrouve un schéma assez similaire en Libye avec, dès 1969, la prise du pouvoir par un Mouammar Kadhafi dont on négligea trop longtemps qu'avant d'être colonel, arabe, libyen ou (prétendument) progressiste et panafricain, il était issu de la tribu des… Kadhafa dont il avait placé des membres à la tête des rouages de la Jamaarya islamique[1]. Et comment oublier que le despote irakien Saddam Hussein avait permis à sa tribu, celle des Tikriti, de s'arroger prébendes, richesses et honneurs tout au long de son règne sanguinaire à la tête de l'*État* irakien (lui-même né des cartographes et stratèges britanniques en 1932 !), sans même évoquer les ethnoclans Tigréens, Oromo et Amharas d'Éthiopie en pleine guerre en 2020-2021 au sein d'un État pourtant extrêmement ancien et réputé structuré et puissant ?

Si la France éprouve tant de difficultés à donner chair au fameux G5 Sahel, cette force transnationale sahélienne alliée censée l'accompagner dans la lutte contre les djihadistes, c'est moins du fait d'un manque de compétence diplomatique ou militaire que des rivalités entre clans d'une part, entre ethnotribus (Touaregs et Peuls notamment) d'autre part. C'est pourquoi la mort au combat du président tchadien Idriss Déby, un Zagawa dont le clan valorise le métier des armes et fournit au Sahel un contingent important de soldats aguerris, fut un rude coup porté à la coalition. Dans ce schéma général, les pétromonarchies du Golfe et la Jordanie voisine (ainsi que l'Irak à l'origine) présentent un cas particulier. À son indépendance, chacun de ces nouveaux États bédouins a été confié par l'ancienne puissance impériale mandataire britannique à une famille issue d'une tribu puissante et/ou prestigieuse, ainsi des Hachémites descendants du Prophète et anciens gardiens à ce titre des Lieux saints de La Mecque et Médine[2].

Toutefois, on notera que c'est la structure étatique qui, avec ses symboles, ses frontières fixes et âprement défendues, sa justice, son armée (bien que dirigée par la « famille ») et son économie, a été adoptée avec même, comme aux Émirats arabes unis, un rééquilibrage entre représentation et allégeance tribale et nationale au profit de cette dernière. Hommage du clan à l'État-nation… Or, justement, là où le clanisme était puissant sous les royaumes africains et l'Empire ottoman notamment,

1. Le parcours de Kadhafi et, à travers lui, une forme de clanisme caporaliste, violent et corrompu, a inspiré le roman de l'écrivain algérien Rachid Mimouni, *Une peine à vivre*, Paris, Stock, 1991.

2. Gardons-nous de ricaner : à plusieurs reprises, non sous les Mérovingiens mais bien au récent et éclairé XIXe siècle, les grands États européens dirigés par des familles aristocratiques comme les Bourbons, les Hohenzollern et autres Habsbourg décident de confier à des pairs de vastes territoires européens, ainsi de la Belgique (et donc indirectement le futur Congo) qui revint aux Saxe-Cobourg…

là où il prévalait avant l'arrivée de l'État-nation d'origine européenne et où s'affaissent les États subsahariens et arabes modernes, il revient en force. Parfois, il incarne la cause de cet affaiblissement, plus souvent son retour en est-il la conséquence. En termes de puissance, deux questions se posent. Premièrement, la tribu, si nombreuse, organisée, et transfrontalière soit-elle, présente-elle assez de forces pour surclasser ou vaincre un État qui s'opposerait trop catégoriquement à son enrichissement ? Deuxièmement, en cas de possibilité, ne scierait-elle pas la branche sur laquelle elle se trouve ? À la première question, on doutera que les rentrées fiscales et la masse démographique de la tribu puissent rivaliser avec ces pôles de puissance vastes, assez riches et peuplés que sont les États (non faillis) ou les grands ensembles économiques. Dans le contexte actuel, les lilliputiens claniques – même producteurs d'un pétrole de moins en moins rare quelques années encore – ne peuvent incarner des acteurs sérieux. Ensuite la volonté ; un clan peut s'accommoder d'un État faible, comme au Liban, pas d'un État complètement failli. Car alors les ressources ne parviennent plus et le chaos total ne profite à personne, comme on a pu l'observer à certaines époques dans les cas somalien et centrafricain.

On pourrait faire mention de cas extrêmement marginaux de gens se constituant délibérément en tribus villageoises et agricultrices, non confessionnelles ni ethniques, tels les groupes anarcho-libertaires des années 1970 en France (Larzac) et aux États-Unis (Californie), ou marxistes non violents en Palestine mandataire britannique puis en Israël (kibboutz). Ils demeurèrent tout à fait anecdotiques à l'échelle de la planète et firent long feu. Les groupes confessionnels du type congrégations ou confréries présentent au moins un point commun avec les clans : ils cherchent dans l'État et contre l'État ce qui peut les promouvoir, et ne souhaitent donc pas s'y substituer. Les évangéliques, qui essaiment à travers le monde depuis plusieurs décennies à partir des États-Unis, tentent de modifier la politique morale et éthique des gouvernants en place, et le cas échéant d'orienter leur politique étrangère s'il ne s'agit pas d'États trop modestes. Mais aucun groupe évangélique ne revendique la fin de l'État, souhaitant rendre à César et à Dieu ce qui leur appartient respectivement. Et l'État revient à César. En 1099, quand les croisés s'emparèrent de Jérusalem et des alentours, leur chef Godefroy de Bouillon refusa de prendre la couronne du nouveau royaume de Jérusalem ; celui-ci ne pouvait être que d'En Haut. Après sa mort un an plus tard, ses successeurs furent bien plus prosaïques qui assumèrent le titre de roi à la tête d'un État assez ordinaire dans sa forme féodale classique et bel et bien administré comme tel. Les hindouistes poussent le parti nationaliste au pouvoir, le BJP, à toujours plus de faveurs pour les sanctuaires, temples et écoles de formation des moines, au détriment des mosquées et des églises. En Israël, même les ultraorthodoxes (*haredim*), généralement non sionistes, ne souhaitent pas abattre l'État hébreu – Dieu y pourvoira à l'arrivée du messie –, se contentant d'exiger toujours plus de respect des prescriptions religieuses et surtout de bénéficier de ses largesses afin de construire des institutions talmudiques, des synagogues et des logements à bas coût pour familles très nombreuses. En terre d'islam, la notion d'*Oumma* est bien défendue par les islamistes, mais faute de volonté des chefs d'États musulmans, y compris des plus pieux, d'effacer leurs propres frontières (échecs de la République arabe unie en 1958-1961 et de l'Union du Maghreb arabe dans les années 1980), celles-ci restent finalement pérennes et solides. Seuls les plus fanatiques des islamistes, on l'a vu, remettent donc véritablement en cause l'État, non seulement en pays musulmans mais en Europe à des fins chaotiques et avec pour objectif la stricte séparation des musulmans (et des musulmanes en particulier) d'avec les autres, et de proclamer des républiques islamiques ou des califats selon les contextes et les sensibilités idéologiques.

Décidément, les groupes religieux ne représentent pas en définitive une concurrence très redoutable pour l'État comme acteur. Qu'ils souhaitent ardemment en modifier le régime ou parfois plus prosaïquement les orientations gouvernementales est une chose acquise, mais cela ne signifie pas qu'ils cherchent à s'y substituer. Osons le point commun : comme l'anarchie, la théocratie n'existe qu'au niveau conceptuel, pas comme système de pouvoir, impraticable. Et, sauf choix de collectifs autonomes quasi autarciques monacaux, excessivement rares, c'est bien encore l'État que choisissent de tolérer ou de promouvoir (faute de mieux ici-bas ?) les groupes confessionnels.

Entités infraétatiques : régions, villes

Exception faite de ceux détenus par des microrégimes rigoureusement dictatoriaux, les États ne se présentent jamais comme des blocs monolithiques dont l'intégralité des décisions et prérogatives n'appartiennent qu'à un homme ou à un clan et s'appliquent à l'ensemble du territoire indivis. États fédérés, régions, départements, districts et villes disposent d'un minimum de pouvoir selon les degrés de décentralisation et les institutions. Parfois, ces entités administratives, car pesant d'un poids économique ou démographique considérable et/ou se vivant comme entités culturelles, cherchent un destin politique.

États fédérés et régions. Avec la stabilité et l'absence de crainte de conflit aux frontières, les États centraux peuvent se permettre le luxe de l'autonomisation de leurs régions, soit pour conjurer un réel indépendantisme, soit plus simplement à des fins d'amélioration des partages de prérogatives et de ressources en vue d'un meilleur développement. L'UE, de ce point de vue-là, est un laboratoire aussi intéressant que non concluant. Dans les années 1990-2000, l'idée s'était développée selon laquelle l'interrégionalisation était l'avenir. Puisque les États se fondaient au sein d'un ensemble pacifié plus large et les tracés frontaliers se désépaississaient en linéaments, des régions limitrophes pouvaient constituer de nouveaux ensembles économiques, culturels et, à terme, pourquoi pas, fiscaux et administratifs. En France, pays de l'État très puissant et très centralisé, on accélérait la décentralisation. Dans d'autres États déjà quasiment fédérés comme l'Allemagne, on accordait des droits et des libertés au plus près du citoyen. Or, le processus n'a pas tenu ses promesses. Jaloux de leurs prérogatives, les États ont délégué aux régions plus de problèmes que de responsabilités, et celles des régions ne concernent quasiment jamais les fonctions régaliennes mais plutôt les questions locales. Pire : il n'y eut pas de fusion interrégionale, tout juste des rapprochements mineurs et logistiques concernant surtout les transports de frontaliers, plus occasionnellement les échanges culturels. Nord-Picardie et Wallonie, Languedoc/Catalogne, Provence-Alpes-Côte d'Azur/Lombardie furent autant de futurs tandems bien éphémères, sachant en outre qu'en Europe centrale et orientale, les régions étaient non complémentaires ou trop réduites pour obtenir une réelle autonomie. À l'inverse, plusieurs régions connaissent un engouement très profond pour l'indépendance ; en Flandre belge, en Padanie (nord de l'Italie), en Écosse, en Catalogne et au Pays basque – pour des motivations et dans des proportions très diverses –, entre un tiers et la moitié du corps électoral a déjà manifesté, parfois à plusieurs reprises, une volonté sécessionniste. Désir d'État, encore et toujours... Sur les autres continents, du fait soit d'États moins décentralisateurs ou tout à fait autoritaires, soit de frontières moins apaisées, ces projets de régionalisation transfrontalière n'eurent à peu près aucune existence.

On a pu penser que certains États fédérés connaîtraient quant à eux davantage de fortune en termes d'émancipation. Ainsi, aux États-Unis mais aussi au Canada (Québec, Ontario...), des États fédérés ont pu reconnaître officiellement et « souverainement » le génocide arménien (des villes le firent également), alors même que l'État fédéral ne s'y était pas encore livré. Au-delà de ces déclarations à portée symbolique, et même si des observateurs s'amusent à rappeler que le PIB de la Californie serait le septième du monde devant celui de l'Italie, cela n'en fait toujours pas un État. Une fois encore on confond *masse* ou *degré* d'une part, et *nature* d'autre part. À la limite, les États fédérés les plus autonomes et parfois propres à s'émanciper de leur propre État tutélaire ou rivaliser, voire jouter, avec des États limitrophes seraient ceux que... l'État abandonne à leur sort ! Au nord du Nigéria, trois parmi les États fédérés – ceux, musulmans, qui appliquent la sharia – sont littéralement abandonnés par Lagos. Au nord-ouest du Pakistan, dans ces fameuses zones dites « tribales » (en réalités pachtounes et montagneuses), Islamabad a cédé une partie de son contrôle au profit de seigneurs de la guerre qui, de l'autre côté de la frontière avec le faiblissime État afghan, font plus ou moins la loi. Officiellement, le Pakistan n'y est bien entendu pour rien. À l'extrême est de l'Inde, l'Assam – jadis royaume (hindou) indépendant – n'obéit que très partiellement aux injonctions du pouvoir fédéral dans sa rivalité avec son modeste voisin (chrétien et tribal) du Mizoram. À l'est de l'immense République démocratique du Congo, les deux Kivu et l'Iturie échappent largement – en l'espèce à son corps défendant – au contrôle de Kinshasa. Cela ne signifie pas que les gouverneurs de ces régions cherchent nécessairement à circonvenir ou concurrencer l'État tutélaire, mais face aux menées d'États voisins, de milices locales assassines et de firmes extractrices de métaux précieux, ce sont bien les autorités locales qui sont, seules, à la manœuvre, pour le meilleur ou pour le pire des populations.

Cités. Les cités-États précédèrent les États. Quantité furent extrêmement puissantes, sous l'Antiquité (Ur, Akkad, Sumer), le Moyen Âge et la Renaissance (Gênes, Venise). Mais le monde contemporain est celui des entités géantes ou universelles, et l'on ne rappellera jamais assez à quel point westphalien les États sont jaloux de leurs prérogatives. Pour les villes d'aujourd'hui, passer outre (ou se substituer à) l'État s'avérerait très difficile, question de masse critique – même si certaines mégapoles de vingt ou vingt-cinq millions d'âmes dépassent largement le poids démographique de plusieurs dizaines d'États – mais surtout de statut. Même une grande capitale abritant des sièges sociaux de multinationales et dotée de forces de police conséquentes ne peut rivaliser car, là encore, la nature des deux entités diffère. Cela dit, on peut tout à fait imaginer des villes faisant sécession, soit face à un gouvernement honni (Commune de Paris contre le gouvernement Thiers), soit pour rejoindre un État tiers (Trieste entre Italie et Autriche-Hongrie). Par ailleurs, le prestige ou la richesse de certaines cités permettent à leurs maires respectifs de jouer un certain rôle politique, bien que le plus souvent borné aux frontières de l'État. Pour ce qui relève du diplomatique, le maire de New York, de Jérusalem, de Paris ou de Moscou pourra, ici ou là, jouer un certain rôle, mais confiné au culturel, au sportif, au mémoriel ou au symbolique. Au fond, la part diplomatique de la ville résiderait presque dans les jumelages qu'elle décide, à l'image de ces deux réalités : chaque mairie communiste d'Europe de l'Ouest était jumelée avec une ville d'Europe de l'Est durant la guerre froide, et, dans la France contemporaine, plusieurs villes ont contracté un jumelage avec des villages arméniens du Karabakh non reconnu comme État, suscitant des protestations azerbaïdjanaises et l'irritation du Quai d'Orsay.

Enfin, quand une ville importante, et *a fortiori* une capitale, élit un maire défavorable au gouvernement en place (ainsi d'Istanbul), elle peut constituer un effet d'entraînement sur le reste de la société et/ou un bastion-tremplin en vue d'une (re)conquête du pouvoir, à l'image d'un Jacques Chirac à Paris dans les années 1977-1995, voire dans certains cas la locomotive d'un séparatisme.

CHAPITRE 4

Les opinions publiques, les grandes personnalités

Manifestations, sit-in, émeutes, slogans scandés ou peints, tribunes médiatiques traditionnelles, tweets, podcasts, gestes désespérés immédiatement connus du monde entier, discours alarmistes diffusés en direct *urbi et orbi*... Sans doute faut-il remonter au terme des années 1960 aux États-Unis puis ailleurs en Occident – en l'occurrence contre la guerre au Vietnam – pour trouver la dernière grande vague d'expression publique des « opinions », portée alors seulement par les radios, télévisions et publications de presse papier et non encore par le formidable amplificateur d'Internet et des réseaux sociaux. Plus, plus loin, plus fort... Cela dit, l'opinion publique existe-t-elle davantage aujourd'hui qu'hier et qu'avant-hier comme puissance déterminante ? Rien n'est moins sûr.

L'opinion publique, ce concept hautement problématique

Ce qu'on qualifie d'opinion publique est un concept davantage qu'une réalité et quasiment jamais un acteur. C'est-à-dire que cette réalité si volatile change tant de forme et de fond, s'avère si insaisissable à qui croit la manipuler à son profit ou sincèrement bénéficier de son soutien, varie tellement selon les circonstances, qu'on ne peut sérieusement en faire un critère tangible de puissance.

En premier lieu, si l'opinion publique peut faire sens en démocratie, ce n'est pas le cas en régime autoritaire et *a fortiori* totalitaire. Dans le premier cas, elle s'exprime à travers les sondages et surtout des scrutins universels, secrets, réguliers, sincères et transparents. On aura ainsi *l'état de l'opinion*, encore qu'imparfaitement ; on ne peut savoir avec précision que par des enquêtes sociologiques minutieuses quels points programmatiques de tel candidat ont convaincu dans l'isoloir tels électeurs de le plébisciter au détriment des autres. En démocratie, les personnes parvenues à des postes de responsabilité souhaitant généralement s'y maintenir, elles ne peuvent en aucun cas négliger une opinion publique incarnée dans un corps électoral ; une opinion publique ou plus authentiquement… *les* médias ? Libres et plus ou moins nombreux, en démocratie, ne sont-ce pas eux qui façonnent l'opinion publique ? Voire. D'une part, évoquer « *les* médias » ne signifie pas grand-chose tant ils sont divers dans leurs approches, les lecteurs, auditeurs téléspectateurs et internautes privilégiant ceux dont ils se sentent déjà proches (confirmation donc des sensibilités). D'autre part, les citoyens sont capables de se forger leurs propres convictions et ne suivent pas nécessairement les tendances ou consignes de leurs médias lors des scrutins comme le démontrent régulièrement des pronostics déjoués. Enfin nombre de citoyens refusent de suivre des supports généralistes ou politiques au profit de médias spécialisés (musique, histoire, nature, sports, etc.). En revanche, des couvertures médiatiques épaisses et récurrentes contribuent largement à *créer* la réalité d'une émotion de l'opinion publique. À cet égard, les directeurs de rédaction et certains reporters sont en effets acteurs en cela qu'ils suscitent, amplifient ou orientent la réaction de nombreux citoyens ignorant jusque-là une situation critique. Donc, même en admettant ce schéma, l'opinion publique ne sera toujours pas un acteur… Sous un régime autoritaire, tout cela n'existe pas faute de liberté d'expression, ce qui ne signifie pas que les revendications et insatisfactions n'existent pas, mais elles s'expriment tout bas ou, quand survient la révolte, dans la rue et souvent par les armes.

Deuxièmement, l'opinion publique (en démocratie donc) peut changer radicalement et parfois à un rythme soutenu en fonction des *contextes* ; une victoire ou une défaite militaire, une vague d'attentats, une crise économique grave, des affaires de corruption à haut niveau, des faillites bancaires, etc. Beaucoup dépend de la façon dont on interroge l'opinion publique. Un sondage fermé où le sondé ne peut répondre que de manière binaire en pleine médiatisation d'un fait sensible démontrera ce qu'on veut bien démontrer : un positionnement clair. Mais si l'on ouvre la question en inscrivant ce fait parmi d'autres sujets, se trouvera-t-il parmi les priorités ? Si l'on obtient un « non » massif d'un panel représentatif de sondés quant à telle sanction contre l'Iran, on dira de l'opinion qu'elle s'y oppose. Mais si l'on remplace le choix manichéen par la place de ladite initiative parmi dix priorités dont la santé, la sécurité, le pouvoir d'achat, le logement, l'emploi et l'éducation, on ne pourra vraisemblablement pas conclure aussi rapidement à une opposition franche de l'opinion publique…

En troisième lieu, précisément : les opinions publiques occidentales s'intéressent sensiblement moins aux affaires étrangères qui, par définition et sauf guerre civile ou menace directe aux frontières, n'impliquent pas leur quotidien, ni ne menacent leurs conditions d'existence. Ajoutons que les questions stratégiques et militaires sont souvent techniques, que la plupart des contacts diplomatiques sont tenus secrets, et qu'elles échappent souvent au traditionnel clivage droite/gauche et à ses dérivés et variantes (travailliste/conservateur, démocrate/républicain, SPD/CDU allemands, etc.) tels qu'on les connaît en Occident sur le plan social, sociétal ou économique. À titre indicatif, seuls 17 % des Américains ont un passeport, et combien de Français ou de Britanniques seraient spontanément et respectivement capables, répondant à un sondage, de situer le Tchad ou l'Afghanistan sur une carte ? On peut décliner à l'infini, mais l'on se rassurera déjà en doutant que les manifestants pakistanais islamistes vociférant contre la France pour sa liberté de caricaturer puissent en dire grand-chose sur les plans historique ou géographique.

La meilleure preuve du caractère conceptuel et inopérant de l'opinion publique reste la séquence irakienne de 2002-2003. Dans les mois qui précédèrent l'expédition des États-Unis et de leurs alliés, la totalité des enquêtes d'opinion montraient des scores de 55 à 90 % en sa défaveur, confirmés dans les rues de Londres, Milan ou Paris par des manifestations gigantesques et l'absence de manifestations parallèles en sa faveur. Incontestablement – car invariablement et massivement des mois durant, dans les sondages comme dans la rue – on assistait alors à une expression claire et imposante. Las… Tous les gouvernements ayant choisi, en dépit de leurs opinions publiques hostiles à leur participation à la coalition, de passer outre et d'engager des troupes en Irak furent reconduits aux affaires lors des différents scrutins intervenus par la suite, du Danemark au Royaume-Uni en passant par l'Australie, la Pologne, les Pays-Bas, l'Italie ou encore le Canada[1] ! Comment donc expliquer ce phénomène ? Un soudain revirement, les opinions publiques trouvant finalement très positive une guerre en Irak alors même qu'elle démontrait ses incohérences et ses échecs ? Évidemment pas. En réalité, on avait demandé aux gens s'ils étaient pour ou contre une guerre, concept déjà intrinsèquement rédhibitoire en Occident, de surcroît une guerre dont on ne percevait à l'extérieur des États-Unis ni l'urgence ni la légitimité ; certes, ils s'y étaient donc dits opposés mais en réponse à une question fermée (oui/non/ne sait pas) et alors que la majorité d'entre eux n'avaient pas défilé. La vérité est que cette question irakienne n'avait aucun caractère de priorité par rapport aux autres préoccupations tels l'emploi, la santé, le logement, l'éducation, la sécurité, la lutte antipollution, etc. Or, manifestement, sur toutes ces questions prioritaires, les gouvernements pro-Bush proposaient des réponses satisfaisantes et c'est ce qui comptait. *Telle apparaît l'opinion publique, avec sa volatilité structurelle, son insaisissabilité en tant qu'instrument de pouvoir, sa faible scientificité comme objet d'étude, son existence excessivement aléatoire comme acteur politique...* Ici ou là, l'opinion publique peut pousser à une initiative politique ou militaire forte, mais ne confondons pas ; *l'acteur* de cette initiative ne sera pas ce concept mais le chef d'État ou de gouvernement qui va souverainement décider d'en tenir compte, ou du moins tenter de *démontrer* qu'il en tient compte, en tout cas pour partie. Quand l'opinion publique américaine et les opinions occidentales plus généralement s'émeuvent (comment le sait-on ?) de la crise humanitaire en Somalie et des images télévisées d'enfants aux ventres gonflés, le président George Bush *père* sur le départ dépêche en décembre 1992 des troupes à la demande de l'ONU. Pourtant, dix mois plus tard, lorsqu'une embuscade tue en quelques heures dix-huit soldats américains, son successeur Bill Clinton ordonne le retrait du

1. Seule exception à cette règle : l'Espagne. Alors que, comme ailleurs, le parti du Premier ministre sortant José María Aznar allait l'emporter au vu des sondages malgré son engagement auprès de Washington, l'attentat meurtrier de la gare d'Atocha renversa la situation. Aznar accusa les Basques de l'ETA tandis que le carnage était le fait d'islamistes, et l'électorat fit payer ce mensonge à son dauphin Mariano Rajoy en élisant *in extremis* José Luis Zapatero. Ce nonobstant, au scrutin suivant, Rajoy fut élu !...

contingent américain sous le choc ressenti par… l'opinion publique. D'accord avant les morts, en désaccord après ? Était-ce la même « opinion » ou des pans ici, d'autres pans là ? Les émus de 1992 étaient-ils les mêmes que ceux de 1993 ? En outre, ceux qui crient le plus fort sont-ils les plus nombreux ? Est-ce parce que des manifestations se multiplient et des émeutes éclatent que la majorité de « l'opinion » s'oppose à une politique ? En Mai-68, en France, des millions de travailleurs et d'étudiants sont en grève. Fin juin, aux élections législatives anticipées, le parti conservateur du président de Gaulle obtient dans les urnes une victoire absolument écrasante. Où est finalement l'opinion publique ? Avec ou contre Mai-68 ? *Pour* la contestation pendant les grèves, *contre* la contestation une fois les accords de Matignon signés ? En définitive, l'erreur de perception ne réside-t-elle pas dans sa dénomination sémiologique même ? L'*opinion* n'est pas le jugement et moins encore l'analyse, et *publique* implique ici tout le monde, c'est-à-dire en réalité personne en particulier, l'ensemble fluctuant au gré des circonstances.

Et les réseaux sociaux, une révolution ? Sans doute pas. Ils n'ont pas créé mais amplifié et accéléré des mouvements d'opinion *ad hoc*, thématiques et sectoriels. L'un des plus puissants, universels (et légitimes) est #MeToo, créé sur Twitter en octobre 2017 par des femmes ayant subi des violences ou harcèlements sexuels. #MeToo a ainsi fait trembler de hautes personnalités, des cours de justice, des directions d'entreprise et même des gouvernements, pas des États.

Personnalités, individualités

Il arrive que des particuliers non dirigeants d'États pèsent d'un poids géopolitique considérable, soit par leur aura spirituelle ou religieuse, soit par leur importance économique et financière, soit encore par la haute distinction intellectuelle (en général le prix Nobel de la paix), certains ayant « simplement » brillé à la tête de grands États.

Personnalités religieuses. Le pape de l'Église apostolique et romaine, même si celle-ci est en nette perte de vitesse depuis la fin du XXe siècle, représente sur le papier plusieurs centaines de millions de fidèles ou, du moins, de baptisés. Absolument impossible à quantifier, son degré d'influence – y compris face à des États – est admis comme non négligeable, et de fait les homélies papales sont écoutées dans toutes les chancelleries et l'avaient déjà été du temps sinistre de Pie XII par les démiurges totalitaires Staline et Hitler. Le dernier souverain pontife à avoir marqué les esprits et incontestablement joué un rôle d'influenceur primordial est Jean-Paul II, parvenu au trône de saint Pierre en 1980. Pourtant, si spirituel, convaincant et rescapé (de l'attentat du Turc Ali Akça du 13 mai 1981) fût-il, l'influence qu'il exerça en Pologne lors des grandes grèves de Solidarność puis de la chute du mur ne puisa-t-elle pas surtout à son pays d'origine ? Autre que polonais, les Polonais l'eurent-ils autant suivi dans son fameux « n'ayez pas peur ! » ? Voire. Quant à ses successeurs, ils « règnent » sur des ouailles de plus en plus vieillissantes et des églises sans cesse plus désertées, notamment en Europe occidentale. D'où, sans doute, le choix par le conclave de 2013 d'un pape, François, provenant du dernier grand foyer de catholicité active aux côtés de l'Afrique subsaharienne francophone (bien que férocement grignoté par l'évangélisme) : l'Amérique latine. Dans le protestantisme éclaté et dépourvu de hiérarchie ecclésiale, les personnalités religieuses sont plus rares, sauf s'agissant des redoutables télévangélistes américains apparus dans les années 1980, à commencer par Billy Graham. L'influence de personnalités évangéliques reste prépondérante, comme on a pu le constater sous le mandat de Donald Trump mais pas seulement aux États-Unis ; du Brésil à l'Afrique subsaharienne en passant par la Corée du Sud, la lame de fond évangélique a bien souvent pour écume les prêches très éloquents de pasteurs mettant leurs fidèles en transe (le « parler-les-langues » à travers des danses, chants et sermons fiévreux).

La question se pose aussi pour les autres chefs religieux en chrétienté d'Orient, minoritaire et très plurielle, comme le catholicos (patriarche de l'Église arménienne) Krikor Bedros XXI (mort en mai 2021), le patriarche maronite Bechara Boutros Rahi du Liban, mais encore et surtout le patriarche orthodoxe de Russie Kirill qui, certes, étend son magistère sur environ cent cinquante millions de fidèles dont l'immense majorité sont citoyens d'une grande puissance, mais des fidèles qui, par ailleurs, désertent les églises et dont le taux de natalité est catastrophiquement bas. Si Vladimir Poutine le sollicite néanmoins, est-ce pour son excellente exégèse des Évangiles ou sa propension à conforter la part orthodoxe très majoritaire de la population russe dans le soutien public au nationalisme du Kremlin ? *Le pouvoir qu'on vous prête vous en donne ; l'oublier interdit de comprendre…*

L'islam sunnite, lui, est orphelin d'un calife depuis l'abolition du califat par le chef d'État turc – d'origine musulmane – Kemal Atatürk en 1924. D'où – entre autres variables explicatives – la profusion de « califes » autoproclamés dans la galaxie islamiste radicale, de Daesh à Boko Haram. Là, une place de leader spirituel est à prendre qu'aimeraient pourvoir Saoudiens (gardiens des Lieux saints de La Mecque et Médine), Égyptiens (grâce à la grande Université islamique d'Al-Azhar), Marocains et Jordaniens (dont les souverains descendent du Prophète) mais aussi Turcs. Plus localement, on aurait tort de négliger des chefs de confréries musulmanes traditionalistes très puissantes tels les Mourides qui, au Sénégal, se révèlent capables d'orienter des pans entiers de la population. On ajoutera qu'à l'instar des télévangélistes américains et au moins aussi radicaux, des personnalités liées à la confrérie radicale des Frères musulmans ont influencé des décennies durant les masses ; l'Indo-Pakistanais Sayyid Abu Ala Maududi et, plus récemment et « cathodiquement », Youssef al-Qaradawi furent sans doute les principaux.

En terre d'islam chiite – environ 10 % des musulmans s'en réclament, essentiellement au Grand Moyen-Orient –, un ayatollah Khomeyni pesa davantage sur le destin de l'Iran et du chiisme de façon générale, moins du fait d'un quelconque prestige personnel (hors de sa propre sphère) que par le côté révolutionnaire de son approche du pouvoir par le chiisme. Tandis que les leaders chiites avaient des siècles durant laissé aux sunnites rivaux et très majoritaires l'exercice du pouvoir politique temporel, Khomeyni imposa une approche bien plus politique et fit assumer par l'Iran moderne un rôle proactif et expansionniste de leader central et incontesté du panchiisme.

Le judaïsme, bien que non prosélyte et infiniment minoritaire (environ quatorze millions de Juifs dans le monde, dont précisément sept millions en Israël [en janvier 2022] et environ cinq millions aux États-Unis), n'est pas en reste. Quelques sommités rabbiniques ont ainsi tenté, depuis la diaspora ou de l'intérieur d'Israël d'orienter des politiques gouvernementales israéliennes avec des fortunes diverses. Le rabbin Zvi Yehouda Kook, depuis Israël, milita résolument dans le sens des implantations avec un succès très relatif, le rabbin Menahem Schneerson (dit de Loubavitch), depuis New York, échoua à empêcher Menahem Begin de renoncer au Sinaï en 1978, le rabbin Ovadia Yossef (en Israël) échouant pour sa part à faire admettre à ses ouailles de soutenir durablement le processus d'Oslo dans sa seconde phase, en 1995.

Dans l'Asie des philosophies orientales et d'une forme de polythéisme, le dalaï-lama, chef spirituel tibétain et admis comme d'essence divine par ses fidèles, a joué un certain rôle dans la prise de conscience par l'Occident du sort du Tibet, mais, tout empreint de profondeur spirituelle qu'il fût, il ne parvint ni à modifier la politique de l'État chinois de l'intérieur, ni à soulever de telles ferveurs extérieures qu'elles auraient pu encourager de sérieuses sanctions occidentales à l'encontre de Pékin. En revanche, même démissionnaire et réfugié en Inde, il reste une variable d'ajustement non négligeable entre New Delhi et Pékin à chaque crise entre les deux géants antagonistes. En Inde, justement, un proche du Premier ministre nationaliste Narendra Modi, le gouverneur du plus grand des États fédérés, l'Uttar Pradesh, Yogi Adityanath, influence nombre d'Indiens attachés à l'hindouisme, mais guère au-delà des frontières du pays tant les adeptes de cette philosophie orientale y sont peu nombreux. Enfin l'empereur du Japon, garant de l'unicité du pays et de sa dimension shintoïste, a récemment démissionné, tout comme l'avaient fait avant lui le dalaï-lama et même le pape Benoît XVI ! S'agissant des libres penseurs et contrairement au credo fantasmatique de sympathisants complotistes et/ou ultranationalistes, les grands maîtres des grandes obédiences maçonniques n'ont jamais réussi (ni seulement cherché ?) à créer ou à abattre un État, et certainement pas à s'y substituer. Subsistent également chez des populations animistes amérindiennes et subsahariennes, chamanistes sibériennes et aborigènes d'Australie des chefs spirituels localement influents.

Personnalités morales, artistiques, sportives, fortunées. On peut évoquer aussi des influenceurs professionnels tel Richard Attias, organisateur de grands forums mondiaux où se pressent les puissants pour partager la table… d'aussi (voire de plus) puissants qu'eux. Plus récemment, *via* la phénoménale résonnance des réseaux sociaux, la jeune militante écologiste Greta Thunberg a pu inciter des gouvernants à promettre des progrès en matière de restrictions d'émissions de gaz polluants et de protection de l'environnement. De son côté, le footballeur Cristiano Ronaldo, repoussant ostensiblement deux bouteilles de Coca-Cola lors d'une conférence de presse, fit chuter quelques heures durant la cotation de la célèbre boisson américaine et perdre 4 milliards de dollars à la firme.

Sans dresser d'inventaire à la Prévert des grandes stars engagées, on rappellera Jim Morrison et Joan Baez dans la chanson (notamment contre la guerre au Vietnam), George Clooney au cinéma (pour l'arrêt des massacres et en faveur de l'indépendance du Sud-Soudan), Angelina Jolie (entre autres en défense des enfants), Pelé ou Maradona pour le football, et d'anciens présidents prestigieux (Nelson Mandela) et autres prix Nobel tel Elie Wiesel peuvent contribuer à orienter l'expression diplomatique ou l'aide financière (bien plus rarement le positionnement géopolitique) de gouvernements soucieux d'apparaître sensibles à telles causes qu'ils pensent porteuses. Certaines sommités morales, artistiques ou sportives se portant candidats à des postes exécutifs importants, de l'acteur Arnold Schwarzenegger (gouverneur de Californie) aux comiques Beppe Grillo en Italie et surtout Volodymyr Zelensky en Ukraine en passant par le footballeur George Weah au Libéria, réussirent à remporter des scrutins importants, cherchant non à abattre mais à renforcer l'État de leur prédilection ! Le champion d'échecs russo-arménien Garry Kasparov échoua en revanche à se présenter face à Vladimir Poutine. Le rocker américain des Pink Floyd Roger Waters et le chanteur français Enrico Macias militent en faveur respective des Palestiniens et des Israéliens (et de la paix), le chanteur et acteur Charles Aznavour s'engagea derrière la cause arménienne, et avant eux de nombreuses stars chantèrent pour alerter contre la famine en Éthiopie (cf. *We Are the World* en 1985), et, avant eux encore, les athlètes noirs-américains John Carlos et Tommie Smith avaient levé le poing ganté de noir sur le podium des JO en 1968 afin de réclamer la fin de la ségrégation aux États-Unis. Pour autant, aucun d'eux n'a jamais réussi à infléchir substantiellement la politique d'un État. L'apartheid sud-africain (1948-1991) n'est pas tombé parce que des intellectuels du monde entier s'en émouvaient mais parce que nombre de citoyens sud-africains – y compris chez les Blancs – le rejetaient, et des États puissants et par ailleurs amis – États-Unis, Royaume-Uni, France – boycottaient de plus en plus sévèrement son économie. On rétorquera que si ces États exerçaient des pressions sur ce régime, c'était parce qu'ils en étaient poussés par lesdits intellectuels et nombre de citoyens. Sans doute, dans une certaine mesure inquantifiable, cela a-t-il pu jouer en effet. Rien ne prouve que ce fut décisif.

D'autres personnalités incarnent des épouvantails ou des boucs émissaires commodes pour des gouvernements les chargeant de tous les péchés. Ainsi de George Soros, milliardaire américain d'origine juive hongroise, objet de vindicte constante pour le pouvoir ultranationaliste hongrois de Viktor Orban dont l'ancien allié fasciste, le parti Jobbik, use et abuse d'accents très volontiers antisémites. Ainsi également de Fethullah Gülen, chef d'un réseau d'éducation musulman traditionaliste, que cible de manière littéralement obsessionnelle son ancien allié politico-religieux, Erdogan. Dans les deux cas, les accusations portent sur une trahison présumée et une volonté d'abattre les pouvoirs en place en nuisant à la gloire et à la puissance de la nation. Ces personnalités cristallisant des fureurs gouvernementales représentent, en creux, des éléments géopolitiques. Pourtant, sauf des chefs politiques ou religieux en exil – comme un Hissène Habré ou un Rouhollah Khomeyni –, ils ne pèsent guère sur la chute, la création ou la survie des États. Et que faire de Aung San Suu Kyi, prix Nobel de la paix birmane qui, une fois à la tête du gouvernement birman, ne s'élèvera pas contre les expulsions massives, tueries et viols de l'armée et d'une partie de la population à l'encontre de la minorité rohingya musulmane ? Lui retirer son prix ? Ce fut fait par le comité (non gouvernemental) Nobel. Ce châtiment influa moins encore si c'est possible sur la politique de la junte de Rangoon et sur son puissantissime allié chinois qu'avait influé la promotion de la récipiendaire, laquelle fut à nouveau condamnée et embastillée en 2021…

Enfin d'autres personnalités encore, parce que multimilliardaires, parviennent également à impulser des initiatives d'envergure comme la création de grandes fondations à vocation humanitaire (Bill & Melinda Gates), la mise sur chantier d'infrastructures dans des États pauvres ou encore l'impulsion de projets spatiaux (Blue Origin de Jeff Bezos, SpaceX d'Elon Musk). Un tweet de l'un de ces derniers peut ainsi influer sur les cours en Bourse, et l'annonce d'une décision de Mark Zuckerberg est un événement aux conséquences potentiellement très importantes auxquelles on se prépare sur toute la partie connectée de la planète. Quant au divorce de Bill et Melinda Gates, annoncé en mai 2021, il pourrait avoir des répercussions majeures sur des secteurs entiers de l'économie. Sans être milliardaires, des militants fortunés peuvent influer localement sur des réalités ou des évolutions géopolitiques. Ainsi de ces hommes d'affaires américains et australiens juifs orthodoxes ayant consacré une partie de leur fortune à acquérir auprès de Palestiniens de Jérusalem-Est des logements afin de les redistribuer à bas coût à des résidents juifs.

Seulement, à la fin des fins, Joan Baez, Jane Fonda ou Jim Morrison flétrissant la guerre du Vietnam ont-ils réellement fait évoluer la politique de Richard Nixon ? La photo parue en 1972 de la petite Vietnamienne Kim Phuc blessée au napalm, courant nue en hurlant aux côtés de son frère sur fond de soldats américains, n'y a-t-elle pas contribué bien davantage ? Sans doute, en plaçant les citoyens américains devant l'horreur crue de la guerre et la souffrance des civils et non pas « uniquement » des soldats ; d'abord à son corps défendant, ensuite en militant elle-même pour la paix. Fussent ces chanteurs de raï ou le romancier algérien Rachid Mimouni dénonçant la gabegie et la haute corruption des élites algériennes et arabes qui déclenchèrent le Printemps arabe à Tunis en décembre 2020, ou bien plus sûrement un humble vendeur de denrées d'une petite cité de l'un des plus modestes États arabes, Mohamed Bouazizi, en s'immolant publiquement par le feu, exaspéré par une ultime humiliation, héros et révolutionnaire malgré lui ? De leur côté, les prix Nobel de la paix mère Teresa, Elie Wiesel et Nelson Mandela ont-ils contribué à faire évoluer la politique des grands États ? Dans une certaine prise de conscience (en Occident surtout) de l'extrême pauvreté en Inde pour la première, de l'abysse que fut la Shoah pour le deuxième, de la nécessaire lutte contre le racisme dans la réconciliation pour le troisième, sans doute, et tout cela est fort appréciable. Mais y a-t-il objectivement moins d'égoïsme étatique, d'antisémitisme (négationniste ou pas) et de racisme de la part de certains régimes politiques ? Admettons-le charitablement, en guise d'hommage à ces courageuses personnalités. Greta Thunberg a-t-elle favorisé la lutte contre les pollutions ? Peut-être a-t-elle eu une influence (difficilement mesurable) sur la propension de certains citoyens à fermer le robinet en se brossant les dents ou à consommer moins de viande rouge, mais sa capacité à contraindre des gouvernements à cesser la production de charbon, à interrompre la déforestation massive ou à taxer plus lourdement des entreprises très pollueuses nous aura échappé. Edward Snowden aura-t-il créé les conditions d'une diplomatie ouverte, expurgée de ses accords cachés, trahis, cyniques ? Même le puissant président Woodrow

Wilson n'y était guère parvenu en 1918, et pour cause : la diplomatie est et demeurera un exercice dont le public n'aperçoit que la pointe émergée de l'iceberg, le reste procédant des sempiternels intérêts et rapports de force interétatiques ou intercollectifs.

En définitive, à de rares exceptions près, les personnalités de renom, même influentes et prestigieuses, meurent hélas bien avant l'État dont elles contestaient l'existence ou la politique.

CHAPITRE 5

Les « entrepreneurs de colère et de violence[1] »

Ils ne cherchent pas tant à abattre l'État qu'à prospérer en son sein, à s'en nourrir en transgressant ses lois, à l'affaiblir suffisamment pour promouvoir leur idéologie ou leur *business*, en général les deux à la fois. Leur caractéristique étant le recours fréquent et extrême à la violence, ils constituent une plaie pour l'État, parfois un commode épouvantail en même temps qu'un prétexte à une répression ou à l'absence de réformes.

Mafias

Il ne s'agit pas de minimiser le poids ni le rôle des mafias, en particulier au XXe siècle en Occident. D'abord le plus souvent ethnotribales, elles essaimèrent à partir de l'Italie (Cosa nostra, Camorra, 'Ndrangheta, etc.) en Occident, du Japon (yakuzas) en Asie orientale, de maintes tribus ailleurs dans le monde, avec par conséquent une allégeance forte au chef et à la pyramide hiérarchique dépassant le simple goût du lucre, du luxe et du meurtre. Les mafias ont pour objectif en principe unique de s'enrichir et d'enrichir chaque membre, sans véritable idéologie alternative que celle qui leur permet d'y parvenir ; pro- ou antifascistes selon

1. Nous empruntons cette formule à Bertrand Badie (*op. cit.*), ainsi qu'à Bernard Rougier qui, pour sa part, évoque des « entrepreneurs de colère » à propos du président turc Erdogan et d'autres personnalités aux postures similaires (Bernard Rougier, *Les Territoires conquis de l'islamisme*, PUF, 2021).

les nécessités, favorables ou pas à tel gouvernement selon son degré de corruptibilité, respectueuses des lois et coutumes du groupe et non de celles de l'État, pratiquant une justice ultrarétributive de type vendetta. Les chefs mafieux peuvent tenter d'interdire des activités terroristes ou criminelles de droit commun si celles-ci risquent d'entraîner des réactions sécuritaires étatiques qui, par ricochet, les affaibliront ; qu'on se réfère au scénario du fameux film de Fritz Lang, *M le maudit*, diffusé en 1931. Mais la mafia peut tout aussi bien tremper dans des trafics au profit de terroristes servant leurs intérêts face à tel gouvernement trop hostile et trop efficace. En Irak, au Nigéria, en Libye, en Afghanistan, des islamistes se sont mués en chefs mafieux et *vice versa*, au gré des avantages que chacune de ces casquettes prodiguait. Dans tous les cas, les mafias se jouent du fisc et des frontières ou, plutôt, jouent et gagnent *grâce* aux frontières ! Par définition, la contrebande et le trafic illicite transfrontalier disparaissent quand disparaissent les entraves à la circulation des biens et les douaniers qui les accompagnent. Logiquement, puisque les trafics des armes à feu, des drogues dures, des terres rares et des otages, voire des esclaves, « rapportent » davantage que d'autres activités plus classiques et locales de type casino, prostitution, extorsions et blanchiment, les organisations mafieuses d'envergure internationale qui s'y adonnent acquièrent une certaine puissance. En Amérique latine, les cartels de la drogue ont ainsi pu insolemment défier les États des décennies durant jusqu'à contrôler de vastes zones montagneuses tropicales (en Colombie en particulier, Pablo Escobar à la tête du « Cartel de Medellín »), à leur détriment. Même des contrées moins exotiques dans l'imaginaire commun et objectivement développées et démocratiques comme les Pays-Bas subissent les activités mafieuses ; en l'espèce, la Mocro Maffia profite de la présence de sièges de firmes internationales – attirées par des avantages fiscaux – pour exercer, parfois dans le crime de sang, son magistère.

Ne pas sous-estimer les mafias donc, notamment car la défense de leurs intérêts passe volontiers par l'assassinat de hautes personnalités politiques, y compris dans les démocraties, mais ne pas les surestimer non plus dans leur capacité de nuisance face aux États. D'abord, l'évolution mentionnée plus haut est à double tranchant car on touche justement là aux cordes sensibles des États. La consommation de drogues dures, l'usage d'armes à feu, la capture et le rançonnement de ressortissants et le trafic de métaux indispensables à nos outils connectés et high-tech entraînent des surcroîts de criminalité et de dépendance dont le niveau peut devenir politiquement intolérable. Or, les États réagissent, et dans le cadre d'une coopération accrue. En juin 2021, Interpol ainsi que plusieurs dizaines de services de renseignements occidentaux – l'australien en fut le fer de lance – ont réussi à démanteler un immense réseau mafieux transnational ; un coup de filet historique réalisé en s'appuyant sur les techniques de localisation et d'écoute téléphonique dernier cri, autrement dit en retournant l'arme privilégiée des réseaux criminels modernes contre eux. « Bouclier de Troie » a permis d'appréhender plus de huit cents personnes et d'intercepter trente tonnes de drogue pour 300 millions de dollars. Des juges indépendants, des mercenaires, des chefs religieux, des chefs tribaux et de hautes personnalités morales n'auraient pu réaliser une telle opération. Seuls des États – ou plus précisément *les instruments de puissance d'États puissants* – le pouvaient. Du reste, Al Capone et les grands chefs mafieux du XXe siècle sont tombés soit sous les coups des États, soit sous ceux d'autres chefs mafieux rivaux. Ils disparaissent au fur et à mesure, mais les États demeurent. Ensuite, de toute façon, les mafias n'ont guère plus vocation que les collectifs tribaux ou confessionnels à se substituer aux États ni à en incarner de nouveaux. Les cas anciens et fantasmés des îlots caraïbes où s'établirent en proto-États des pirates au XVIIe siècle restent très marginaux, et, si les chefs mafieux contemporains raffolent des paradis fiscaux insulaires de la même région, c'est pour y garnir les coffres de leurs établissements bancaires aux secrets protégés et non y assumer un quelconque pouvoir étatique.

Seigneurs de la guerre

Enfin les seigneurs de la guerre, à peu près toujours mafieux mais usant de couverts idéologiques et pratiquant la mise en coupe violente et armée de territoires entiers, posent aux États un problème plus simple car d'ordre sécuritaire sinon militaire. Essentiellement subsaharien et de réapparition récente dans sa dernière mouture, le phénomène des seigneurs de la guerre se nourrit de la faiblesse et de l'impéritie des États dans lesquels ils évoluent, parfois de la protection d'États voisins qui les manipulent à des fins politiques ou économiques à la manière de vulgaires mercenaires. Il peut sembler de prime abord un peu baroque, mais de l'est de la République démocratique du Congo au Libéria en passant par l'Ouganda, le Sud-Soudan et la Centrafrique, il a provoqué la mort violente de millions de civils depuis les années 1980-1990. Les chefs sont souvent d'anciens officiers ou sous-officiers d'armées régulières désaffectés ou licenciés, qui recrutent des bandits ou de simples jeunes désœuvrés, leur imposant une discipline de fer et leur prodiguant les produits de leurs exactions. Massacres de villages, capture d'enfants-soldats (environ trois cent mille en Afrique noire en 2022 !), viols systématiques, esclavage classique ou sexuel, pillages de bétails et de biens. Les seigneurs de la guerre frappent rarement au cœur des États, jouant comme les terroristes sur la souplesse, la mobilité et la discrétion dans des terrains favorables, auxquelles s'ajoutent les menaces directes sur le terrain pour les populations soupçonnées de loyauté envers le pouvoir. Parmi les dizaines de groupes d'écorcheurs qui ont martyrisé notamment la région des Grands Lacs depuis les années 1990, mentionnons la pire, l'Armée de libération du Seigneur (Lord's Resistance Army) et son chef toujours en fuite à l'heure où s'inscrivent ces lignes, Joseph Kony. Ubuesque et halluciné, prétendant libérer le monde du mal et faire advenir le règne du Christ tout en appelant à créer un régime ougandais qui ne serait fondé que sur les dix commandements, il laisse un sillage d'horreurs au nord-est de la République démocratique du Congo (Ituri), à l'ouest de l'Ouganda, en Centrafrique et au Sud-Soudan, se dissimulant au cœur de géographies « qui servent d'abord à faire la guerre », défiant des armées nationales faibles ou peu empressées de se frotter à ses spadassins fanatisés.

Si tant de ces seigneurs de la guerre ont pu ravager une partie de l'Afrique, le plus souvent sans coup férir, ce n'est pas parce qu'ils avaient des États face à eux, mais parce que ces États étaient objectivement faibles.

Organisations terroristes

Le terrorisme est, pour les États, un fléau plus tactique que stratégique en ce sens qu'il n'est presque jamais en capacité d'en abattre un, même faible. Si l'on s'entend sur une définition classique et sommaire du phénomène, à savoir l'usage de la force létale contre des civils et des militaires indistinctement visés, pour des motivations idéologiques ou religieuses et en recherchant le maximum de publicité, alors on comprend que cette impuissance relative tient à deux manques : volonté et efficacité. Le terrorisme cherche à modifier les conditions d'un rapport de force avec un régime ou un gouvernement, à renverser parfois ce dernier, mais très rarement à détruire l'État. Lors des guerres dites de libération nationale, les terroristes de type nationaliste (ici dans l'acception indépendantiste et non forcément idéologique du terme) comme les Tigres tamouls sri-lankais, les Basques de l'ETA, les Irlandais de l'IRA ou les Palestiniens de l'OLP cherchaient même à en bâtir un sur une portion de l'État-cible existant ou à sa proximité. Il en va de même pour nombre de djihadistes parmi les terroristes islamistes, ceux de l'*État* islamique qui tentent de (re)constituer un *État* califal panislamique. À cet égard, autant les djihadistes d'Al-Qaida (la base) ont plutôt imité dans les années 2000 une forme de « trotskysme » de l'islamisme radical en imitant les *focos* latino-américains aux géographies imprenables *via* un fer de lance ultraformé et déterminé, et à créer les conditions du chaos afin que s'effondre le « camp des mécréants et des traîtres » (le *Dar al-Harb*, la maison de la guerre), autant Daesh a imité dans les années 2010 une forme de « stalinisme » de l'islamisme radical, assumant fort bien les structures traditionnelles de l'État telles qu'une armée, une monnaie, une industrie, une diplomatie et même des frontières s'apparentant (souvent, mais pas systématiquement, puisque ni la Jordanie ni la Turquie ne furent attaquées) à des fronts. Quant à la confrérie islamiste des Frères musulmans, elle a dérivé dès les années 1960 vers le terrorisme mais, là encore, avec pour objectif stratégique l'islamisation de l'intérieur ou le renversement de gouvernements « traîtres » dans l'ensemble du monde arabo-musulman – tentatives d'assassinat réussies ou échouées contre Nasser, Sadate, Moubarak et divers Premiers ministres et ministres arabes – plutôt que la destruction des États existants.

Les marxistes-léninistes violents tels les maoïstes du Sentier lumineux, dans le Pérou des décennies 1970-1990, ne rejetaient pas non plus la structure étatique, s'adossant du reste au soutien des États du bloc communiste ou d'États arabes autoproclamés progressistes, mais l'exigeaient débarrassée de sa nature « capitaliste » et/ou « fasciste » en attendant le grand soir et la Révolution prolétarienne mondiale. Cette guérilla dirigée par Abimaël Guzman (mort en septembre 2021) restera comme la plus meurtrière – avec à son actif plus de cent mille morts – et l'une des plus tenaces du XXe siècle ; et pourtant elle échoua et sa cible étatique existe toujours, inamovible. Reste l'exception des anarchistes et nihilistes de la fin du XIXe siècle dont la prétention était d'abattre les États existants par des attentats – cette « propagande par le fait » – mais qui demeurent dans l'histoire un épiphénomène dans le temps (années 1880-1910), dans l'espace (essentiellement sud-ouest-européen, russe et étasunien) et même dans l'histoire de la pensée anarchiste. Enfin l'Armée secrète arménienne de libération de l'Arménie (Asala) frappe-t-elle entre 1975 et 1984 des cibles turques mais – cas très original – moins pour des raisons indépendantistes (avant l'indépendance de 1991, la République autonome d'Arménie se trouve en URSS) ou politiques contre l'État turc que mémorielles ; il s'agit d'attirer l'attention sur la négation du génocide arménien de 1915 par Ankara, et, accessoirement, de faire libérer ses propres activistes incarcérés.

Peu de volonté donc finalement, mais pas davantage d'efficacité. Les groupes terroristes, par définition moins nombreux relativement aux forces de l'ordre policières et militaires des États, ne disposent pas de leur puissance de feu, sauf très exceptionnellement et en *one shot* quand ils utilisent des armes par destination tels des avions civils projetés sur des gratte-ciels. L'effet de surprise, la souplesse d'action, la rapidité d'initiative et la nécessité du secret leur interdisent des troupes pléthoriques et des lieux de regroupement trop considérables. Espaces contrôlés, personnels rares, armements non stratégiques, moyens limités ; comment acquérir, subtiliser et entreposer hélicoptères ou avions de combat, chars d'assaut ou navires de guerre ? Plutôt susciter la peur et le ressentiment de populations visées qui exigeront davantage de sécurité auprès de leur gouvernement, affaiblir celui-ci au profit de forces politiques démagogiques jouant la surenchère sécuritaire, affaiblir les finances publiques en contraignant l'État à des dépenses supplémentaires. Les terroristes savent et veulent faire, mais à bas coût et pas pour détruire l'État, ses institutions, ses finances, ses alliés et le fréquent attachement que lui témoigne la population qu'il encadre.

Après le 11-Septembre, quantité de compagnies aériennes, d'entreprises de tourisme et de loisirs ont fait faillite, entraînant dans leurs chutes des milliers de sous-traitants et privant d'emplois d'autres millions de gens à travers le monde. Mais combien d'États ont chuté ? Et combien auparavant sous les coups des Brigades rouges, de l'Armée rouge japonaise, d'Action directe et de la bande à Baader ? Combien jadis sous les coups de Caserio, de la bande à Bonnot, de Vaillant, de Ravachol, et combien encore sous ceux des terroristes parmi les séparatistes ou indépendantistes tamouls, basques, palestiniens, et irlandais ? Aucun. Le terrorisme affaiblit parfois mais ne subjugue pas. À telle enseigne qu'on peut inverser le problème et se demander s'il ne contribue pas dans certains cas au *renforcement* plutôt qu'à l'affaiblissement de l'État, quitte à fragiliser un gouvernement présidant à un instant T à ses destinées ? La IIIe République française à l'aube de la Première Guerre mondiale, l'Italie et l'Allemagne de l'Ouest (États considérés comme justement faibles alors) de la décennie de plomb ainsi que le Japon à la même époque, Népal et Pérou des décennies 1980-1990, la Russie du début des années 2000, l'Espagne de toutes les années ETA, l'Algérie de la terrible décennie 1990, Israël depuis sa création en 1948, les États-Unis du 11-Septembre ou la Ve République française depuis 2012. Sans comparer bien entendu les contextes ni la nature de ces États et pas non plus ceux de leurs vagues d'attentats respectives, force est de constater qu'ils ont tenu bon et qu'ils se sont renforcés, surtout les démocratiques d'entre eux puisque n'ayant pas abandonné cette « fragilité » intrinsèque. Leurs gouvernements ont-ils varié de ligne politique, économique ou stratégique sous la pression terroriste ? Sans doute dans une certaine mesure, avec parfois l'*hubris* de vengeance exprimée désastreusement, comme lors de la « *war on terror* » de Bush fils, mais pas si fondamentalement à regarder leurs alliances, entrées en guerre, traités de paix et systèmes institutionnels. Certes, les groupes terroristes ont d'abord les Blancs en termes échiquéens, soit un coup d'avance, et maîtrisent bien le piège de l'exaspérant moustique invitant le marteau à s'abattre sur lui afin de fracasser la porcelaine alentour, mais ce n'est guère nouveau. Ils furent jadis (les Assassins ismaéliens au XIIe siècle), sont aujourd'hui (islamistes radicaux) et seront demain des acteurs de la vie politique internationale. Mais pour l'heure, les États continuent de les surclasser assez aisément.

Qu'on s'en félicite ou s'en désole, l'État a donc encore de longs et beaux jours devant lui sous ses différentes formes, tout particulièrement comme véhicule et pourvoyeur de puissance. Si nombre d'Européens en doutent, c'est souvent fourvoyés par leur propre prisme déformant. Or, leur passion déclinante pour cette structure politique résistante aux temps longs et aux révolutions n'est pas partagée sur tous les continents, et des titans comme la Russie et la Chine le leur rappellent déjà quotidiennement et à chaque crise.

CHAPITRE 6

Fléaux dus au dérèglement climatique et Covid-19 : des acteurs ?

Anthropomorphiser des phénomènes naturels n'aide pas à la réflexion. On se gardera donc d'admettre une pandémie ou un rythme accru d'épisodes catastrophiques comme un acteur, mais l'on peut en revanche le poser en objet social et géopolitique. De gigantesques feux de forêts en Turquie dont le pouvoir, accusé à juste titre d'inconséquence par une part importante de la population (le président balança depuis sa voiture blindée lancée à toute allure des sachets de thé à des paysans ayant tout perdu dans les incendies !), accuse un vaste complot composé de la Grèce, du Parti des travailleurs du Kurdistan (PKK, marxiste) kurde et de l'exilé Fethullah Gülen, voilà qui dit quelque chose de sa politique, de ses stratégies, de ses ennemis, de sa fragilité, de certaines de ses représentations. Et il en va de même quand des chefs d'État et de gouvernement sud-africains faisaient du sida l'arme d'une conspiration blanche antinoire. Le Covid-19 n'aura pas échappé à la règle selon laquelle tout est bon à instrumentaliser pour certains pouvoirs politiques.

Migrations

Il n'est pas de migration heureuse et volontaire. Pour un individu ou une famille, quitter dans une précipitation plus ou moins grande ses biens mobiliers et immobiliers, son environnement urbain ou rural, ses voisins, ses habitudes alimentaires ou vestimentaires, des senteurs et des saveurs, son métier et, le cas échéant, sa langue n'a rien d'appréciable. Sauf exceptions, on s'exile, forcé par des circonstances dramatiques et souvent afin d'échapper à un sort funeste. Par ailleurs, au nord, on a fâcheusement tendance à se représenter les migrations comme provenant de toute éternité du sud et à destination du nord, un prisme entretenu par des populistes complotistes européens et américains. Et pourtant, depuis 1950, presque 90 % des migrations se sont opérées sur un axe sud-sud, majoritairement au sein de l'Afrique subsaharienne et dans le Sud et le Sud-Est asiatiques. Au nord toujours, présenter des flux migratoires comme nécessairement désastreux est insensé. Eu égard à leur volonté de poursuivre leur croissance économique et à leurs faibles taux de fécondité, les États nord-américains et européens ont cruellement besoin d'apports démographiques. Le cas allemand de 2015 – avec cet afflux prétendument humanitaire mais au moins aussi nécessaire du point de vue de la main-d'œuvre industrielle ! – est révélateur. De fait, même s'ils ne l'assument pas toujours pour des raisons politiques, ces États (sauf dans une Europe orientale portée à bout de bras par les fonds structurels européens…) permettent l'entrée d'étrangers sous différents statuts.

Certes, les exodes n'ont pas commencé au XXIe siècle, mais, d'une part, l'accélération de ceux liés aux dérèglements climatiques est très manifeste, d'autre part, gagner un autre territoire moins déshérité ou sinistré est devenu nettement plus difficile qu'autrefois, non du fait de la violence d'épisodes naturels plus catastrophiques mais à cause de politiques délibérées. Car une famine n'est pas un fléau naturel. Elle peut advenir du fait d'une catastrophe naturelle subite et particulièrement dévastatrice, mais elle sera atténuée si la population menacée peut transhumer, ne serait-ce que provisoirement. Dans le cas contraire, s'il y a entrave ou interdiction par un durcissement des frontières – car le plus souvent l'entrave provient d'un État souverain –, la famine et/ou les épidémies seront bien les conséquences de comportements humains. Or, aux catastrophes naturelles ponctuelles, récurrentes et inévitables sur les temps très longs succèdent déjà des catastrophes s'enchaînant à un rythme de plus en plus soutenu, et surtout une dégradation générale des écosystèmes issue des pollutions industrielles : acidification (poissons/ressources halieutiques) et pollution au plastique des océans, montée des eaux (îles et côtes inondées), sécheresses et épisodes pluvieux plus longs (récoltes perdues) ou encore gigantesques incendies (Méditerranée, Californie, Sibérie). On y reviendra : cette mutation brutale accélérera mécaniquement les migrations, mais pas leur acceptation. D'où, forcément, des tensions à prévoir.

L'affaire Covid-19, la géopolitique as usual…

Au moment où s'écrivent ces lignes, soit deux années après l'apparition présumée du Covid-19 en Chine (ou aux États-Unis, selon… la Chine !), la pandémie n'aura rien créé *ex nihilo*. En revanche, « fait social total » selon la célèbre formule de Marcel Mauss, elle aura *mis en relief* des phénomènes bien connus tels que la constance des frontières souveraines, le niveau de responsabilité des régimes politiques et des gouvernements les uns vis-à-vis des autres et leur sens respectif de l'intérêt collectif sinon de la vie humaine, et accentué l'écart entre États puissants et États faibles ainsi qu'entre populations socialement précaires et populations nanties. Prenons comme cas de figure de ce que *dit* le Covid-19 les trois réalités suivantes.

Le Covid-19 aura d'abord révélé de façon très brutale la nouvelle diplomatie chinoise. Non que la politique de développement économique, politique et à présent militaire tous azimuts soit nouvelle – on peut la faire remonter à 1978 – mais jusqu'à l'apparition en Chine de la pire pandémie depuis la grippe espagnole de 1918, ses approche et rhétorique diplomatiques étaient relativement pondérées, puisant dans toute l'imagerie de la nature et de la ménagerie, avançant ses prétentions et arguties de façon subtile. Depuis janvier-février 2020 et les exigences de transparence de la communauté scientifique internationale – et, dans la foulée, des chancelleries non encore inféodées à Pékin – c'est une autre histoire : accusations de génocides à tout-va contre les Occidentaux, insultes directes contre des chercheurs de la part d'ambassadeurs en poste, menaces explicites, etc. La meilleure défense étant l'attaque, il semble bien que la gestion au mieux erratique, au pire mensongère, des débuts de la pandémie par les autorités chinoises ait mis en difficulté ces dernières ; être pris en défaut devant le monde entier d'échouer quand on revendique une maîtrise totale (totalitaire ?) de l'ensemble des champs d'action dans tous les secteurs pose évidemment problème. D'où le choix manifeste de tomber le masque et d'assumer enfin mais avec virulence les nouveaux rapports de force. Mais cette agressivité sans précédent comporte deux risques majeurs : déciller les yeux des gouvernements et de nombre de citoyens-consommateurs sur les véritables objectifs stratégiques de Pékin, et entacher la réputation d'infaillibilité de la Chine, y compris quand elle confine implacablement et quand elle produit des vaccins… sans le succès définitif crânement proclamé.

Le Covid-19 *dit* aussi une nouvelle forme de diplomatie, celle du vaccin. En soi, il eut été étonnant qu'elle ne se déployât pas. Après tout, les chefs de collectifs ou d'institutions et les diplomates font feu de tout bois depuis la nuit des temps politiques – on l'a vu plus haut – pour servir leurs camps respectifs. S'ils peuvent monnayer des déclarations officielles, des entrées en guerre, des gains territoriaux, des vases précieux, des boycotts olympiques, de l'or, du pétrole ou encore des médailles, pourquoi ne pourraient-ils proposer, rejeter ou offrir des doses de vaccin par temps pandémiques ? Dans un premier temps, la course est lancée au prestige de l'État dont les laboratoires ont réussi à produire les premiers vaccins. Dans cet exercice, le régime chinois joue gros car il peine à détourner les forts soupçons de la communauté scientifique internationale quant aux premiers mois de mensonges et/ou d'erreurs, fin 2019. En effet, un vaccin chinois est rapidement mis en service – qui s'avérera de très faible efficacité – et ostensiblement livré à des États dont Pékin apprécie ou recherche la proximité : Indonésie, Brésil, Chili, Turquie, Sénégal ou encore Égypte. Or, non seulement ces donations se font au détriment de la population chinoise elle-même (après neuf mois de mise en service, seulement 28 % de la population était vaccinée !), mais encore la forfanterie de Pékin quant à sa capacité à mettre plus d'un milliard de citoyens sous un strict confinement se retourne contre le pouvoir ; le variant Delta s'immisce dans le pays (donc très faiblement vacciné), à peine dix-huit mois après ledit confinement… De son côté, la Russie, comme les autres États aux régimes autoritaires ainsi que certains dirigeants occidentaux qui fanfaronnent, tel Boris Johnson (jusqu'à son hospitalisation…) ou Jair Bolsonaro, minimise systématiquement les cas de Covid-19 et s'affirme précurseur vaccinal ; en effet, le laboratoire russe Gamaleïa coiffe au poteau ses homologues occidentaux, sachant néanmoins que la fiabilité des chiffres transmis par Moscou sur l'efficacité, la prévalence, les protocoles est contestable. Quoi qu'il en soit, dès les premières mises en service, la Russie offre son vaccin Spoutnik V aux États amis et alliés tels le Venezuela ou la Biélorussie. Au sein de l'UE, le membre le plus turbulent, la Hongrie, choisit le vaccin russe plutôt que les vaccins suédo-britannique d'AstraZeneca ou germano-américain de Pfizer-BioNTech. Pour certains gouvernements en effet, la fiabilité des vaccins existants compte sensiblement moins que leur origine étatique. Ainsi, par défiance vis-à-vis des Occidentaux, par souci de rapprochement avec Pékin ou Moscou (quand ce n'est pas par complotisme !) certains rejettent les Pfizer, Moderna et AstraZeneca ; le Palestinien Abbas boude le Pfizer massivement utilisé par les autorités israéliennes, le Vénézuélien Maduro ne jure que par le vaccin russe, le pouvoir sud-africain fait adopter les vaccins chinois, etc.

Le Covid-19 dit encore le sempiternel exercice des rapports de force, et, à cet égard, où que l'on porte le regard géopolitique, on retrouve les grandes constantes. Résumons : c'est au sein des principales puissances économiques ou militaires que sont découverts les vaccins (UE, États-Unis, Russie, Chine), ce sont les États les plus riches qui en acquièrent immédiatement des centaines de millions de doses, c'est dans l'un des principaux ateliers du monde qu'on les produit le plus (Inde), et ce sont les États *souverains* qui, *souverainement* et avec un sens de la solidarité extrêmement douteux, décident ici de se servir en premier (Royaume-Uni), là de servir leurs partenaires et alliés (Russie et Chine), ailleurs de livrer gratuitement des doses (France) à qui bon leur semble parmi l'immense cohorte des États nécessiteux. L'initiative internationale Covax, destinée à distribuer de grandes quantités de doses aux populations les plus pauvres, s'avérera décevante. *As usual*...

Enfin le Covid-19 *dit* l'impatience et surtout le manque de recul historique de nombre de citoyens et d'observateurs occidentaux accolant systématiquement les termes « avant » et « après » à celui de la pandémie. Nul ne peut prétendre lire dans le marc de café, mais on peut en revanche s'appuyer sur l'expérience des siècles passés, quand même ne serait-elle, selon Lao-tseu, « qu'une lanterne que l'on porte sur son dos et qui n'éclaire que le chemin parcouru[1] ». Les trois plus grandes pandémies connues de l'histoire de l'humanité, la peste justinienne du VIe siècle, la grande peste noire du XIVe siècle et la grippe espagnole du début du XXe, provoquèrent évidemment des conséquences immédiates mais ne révolutionnèrent ni les rapports de force entre États et institutions, ni les principaux modes d'exercice du pouvoir politique, ni les règles fondamentales de l'échange, ni les réseaux économiques et commerciaux, ni même les mythes spirituels et autres pratiques théologiques. Bien entendu, contrairement aux pandémies précédentes, pas un espace de la planète n'a cette fois échappé à celle du Covid-19, et des milliards de particuliers savent en temps presque réel ce que vivent d'autres milliards de leurs semblables. Mais cela constitue-t-il réellement un changement majeur, notamment s'agissant des frontières et de la puissance ? Les États puissants, même si leurs populations ont cruellement souffert (États-Unis, Europe occidentale), ont tenu bon et ont accru leurs capacités de recherche, rapatrié des compétences, relocalisé des productions sanitaires, contracté de mirifiques prêts communs (UE, 2020) ou débloqué des fonds sans précédent (États-Unis, UE) afin d'atténuer les effets sociaux de la crise à l'intérieur de leurs propres frontières.

Épisodes ou perspectives cataclysmiques ; quelques conséquences…

L'ampleur et le rythme de l'effondrement des conditions de vie humaine sur la planète sont tels qu'à moins d'un changement rapide et radical des modes de production, de développement et de consommation, la poursuite de la course effrénée à la puissance apparaîtra dorénavant anachronique, voire dérisoire. Les cyniques répondront non sans raison que les plus riches et conséquents parmi les plus puissants des acteurs – les États – pourront mieux et plus longtemps protéger leurs citoyens que ceux de leurs congénères moins chanceux. Ce qui adviendra en effet, à la condition toutefois d'une forte volonté politique et d'un sens aigu de l'intérêt collectif. Il conviendrait d'ajouter qu'au cours de

1. Cité *in* Javary J.-D. Cyrille, *Les Trois Sagesses chinoises. Taoïsme, confucianisme, bouddhisme*, Albin Michel, « Spiritualités vivantes », 2012.

la phase entamée de multiplication des épisodes chaotiques, on vivra une brutalisation des rapports interétatiques et intercollectifs (claniques, régionaux, ethniques, etc.) nécessitant de pouvoir se défendre. Sans nul doute s'agirait-il de coopérer davantage afin d'interrompre le cycle infernal des désastres mal prévus, mal endigués, mal réglés entraînant colère, frustration, révolte et complotisme.

On peut vouloir protéger des rivières et des forêts en en faisant des personnes morales dotées de droits et défendues par des avocats en cas de délits et de crimes à leur encontre, comme c'est déjà le cas en Suisse, ces éléments du vivant ne se doteront pas pour autant de pensées ni d'objectifs stratégiques. Il en va de même pour les effets de l'accélération du rythme des dérèglements climatiques ; on n'enrégimente ni une tempête tropicale, ni un épisode caniculaire, ni une inondation. La nature n'est pas actrice mais tout à la fois révélatrice d'attitudes et de volontés humaines et notamment politiques, et théâtre de déploiements de puissance en tant qu'à la manière de la géographie, elle « sert d'abord à faire la guerre ». De fait, les dérèglements actuels vont peser lourdement sur les États.

Dans le Grand Nord sibérien, le réchauffement climatique aura nécessairement, et quels que soient dorénavant les progrès réalisés en termes de lutte contre la pollution, deux conséquences majeures, l'une certaine et déjà d'actualité, l'autre plus incertaine mais possiblement cataclysmique. La première est énergétique et donc hautement stratégique. En Sibérie septentrionale, de fabuleux gisements de gaz naturel ont été mis à jour ces dernières années. Dans une perspective de moins en moins lointaine au fur et à mesure de la fonte prématurée des glaces de l'Arctique, la route dite du nord-est [sibérien] s'ouvre à un rythme accéléré. L'itinéraire principal qu'empruntaient jusqu'alors les méthaniers n'était qu'occidental : Scandinavie, îles Britanniques, puis l'Atlantique nord pour l'Amérique du Nord ou France, Gibraltar, Méditerranée, canal de Suez et enfin océan Indien, voire détroit de Malacca, pour approvisionner l'Asie du Sud. Or, la route du nord-est permet un gain moyen d'un tiers de temps et par conséquent une réduction substantielle des coûts d'acheminement, sachant qu'on compte parmi les principaux clients de la Russie le Japon, la Chine, l'Inde et l'Australie. Un État en particulier pâtira de ce phénomène climatique, l'Égypte, dont le canal de Suez constitue une rente essentielle à son économie, et dont les capacités de tonnage ont récemment été doublées… Son obstruction plusieurs jours durant par un supertanker ensablé, en mars 2021, a donné argument à Moscou en faveur de sa route est-sibérienne privilégiée.

Quand auront disparu des États archipélagiques des océans Indien et Pacifique comme les Maldives, les Marshall ou les Kiribati, que fera-t-on de leurs populations et de leur souveraineté ? Probablement, des États hébergeront-ils non seulement les rescapés climatiques, dont les effectifs sont globalement très faibles, mais encore accueilleront-ils les anciens États sur leurs propres territoires. L'Inde s'est déjà proposée, l'Australie pourrait le faire, la Chine aussi. Ces nouveaux États devenus « terrestres » seront ainsi diplomatiquement inféodés par la gratitude et la géographie à leurs puissants protecteurs. Restera la question de la tutelle étatique sur les hauts-fonds anciennement insulaires, puisque demeureront longtemps des rochers tout juste émergents et, par conséquent, des zones économiques exclusives (ZEE). Reviendront-ils à la « communauté internationale » sous instance onusienne ? Seront-ils confiés à des ONG protectrices de l'environnement aquatique ? Reviendront-ils en pleine souveraineté, en guise de compensation, aux États hébergeant ces archipels ? Nous tenons résolument pour la troisième hypothèse ; une fois encore, les États auront vraisemblablement le dernier mot…

Avec une augmentation de 2 °C de la température terrestre moyenne en 2100, perspective déjà quasiment incompressible même si l'on stoppait aujourd'hui l'essentiel des émissions de gaz à effets de serre, le Sahel – on l'a dit – connaîtra un état caniculaire permanent. Autrement dit, sauf pour les quelques pourcents de privilégiés que comptera cette zone accusant déjà une aridité, une pauvreté et une natalité parmi les plus importantes au monde, la vie quotidienne sera pratiquement insupportable et les moyens de subsistance agricoles quasiment réduits à néant. Reposons clairement la question : où iront d'ici là, épisode caniculaire après sécheresse aiguë, les quatre cents à cinq cents millions d'habitants prévisibles de Mauritanie, du Mali, du Niger, du Tchad, du Soudan et de régions voisines ? Dans les États limitrophes. C'est-à-dire au nord, au grand Maghreb dont les zones méridionales sont déjà désertiques et le seront davantage encore, ou au sud, donc vers des États soit en voie de surpeuplement (ou de grande densification des zones salubres, fertiles et/ou urbaines), soit très déshérités également, soit couverts de forêts, parfois les trois. La dernière hypothèse, et seule crédible en termes de sauvetage de ces populations, restera l'Europe, *via* les ports maghrébins et la Méditerranée.

Une alternative ? Si chaque État devait respecter scrupuleusement les recommandations non contraignantes de la COP 21 de 2015 et tenir sérieusement compte du rapport extrêmement alarmiste et circonstancié publié par le GIEC en août 2021 – surtout après l'échec du sommet de Glasgow en novembre –, certains d'entre eux paieraient un coût exorbitant qui grèverait leur PIB et donc une part de leur puissance ou de leur capacité à en incarner une. L'Allemagne, l'Inde, l'Australie, l'Indonésie ou encore la Pologne se convertiraient immédiatement et coûteusement au nucléaire (ou, pour cette dernière, au gaz... russe !), Chili, Pérou, Chine, États-Unis, République démocratique du Congo n'extrairaient plus de cuivre dans les conditions lucratives actuelles, les pétromonarchies du Golfe seraient renvoyées un siècle en arrière dans l'avant-pétrole et vivraient du négoce de camélidés, activité rendue prospère par la réduction drastique du nombre de véhicules à moteur... On ajoutera Venise, Paris, New York, la Grèce, la Tunisie ou la Croatie sans tourisme de masse, Islande et Norvège sans pêche industrielle, la France sans pesticides pour son agriculture intensive, etc. Finalement, la transition se paierait très cher pour les deux États les plus pollueurs au monde, la Chine et les États-Unis (rejoints bientôt par l'Inde) mais aussi les plus puissants, ceux sur lesquels aucune pression efficace ne peut par définition s'exercer, notamment à cause de leur production et consommation d'énergies fossiles et carbonées et de leur parc automobile gigantesque.

Sans des sacrifices substantiels de leur part, l'humanité ira au chaos. Un peu comme le malade dont les proches se réjouissent qu'il soit mort guéri, les grandes puissances pourront se réjouir d'être demeurées prédominantes jusque dans l'abîme...

Conclusion, brève et très provisoire…

Négociations tous azimuts

Il est en cette fin du premier tiers du XXIe siècle un authentique motif d'optimisme : *on n'a jamais autant négocié*. Le constat peut paraître évident si l'on considère, d'une part, la capacité technique à discuter, échanger, débattre, et – donc – négocier – grâce aux moyens de communication qui font de la planète un village dont quasiment chaque recoin est connecté et connectable aux autres et à la plupart des habitants, d'autre part, la quantité phénoménale d'échanges commerciaux grâce aux transports terrestres, aériens, maritimes et cybernétiques, à un nombre d'États considérables, et à un nombre d'humains, d'institutions et d'entreprises absolument inégalé. Mais il y a autre chose.

En premier lieu, c'est le nombre d'acteurs en offre ou en demande qui a littéralement explosé ; aux côtés des États se trouvent tous les acteurs, plus ou moins nouveaux, évoqués dans le développement de cet ouvrage et dont on ne refera pas la liste. Même les plus modestes d'entre eux, en termes de puissance, peuvent prétendre diffuser revendications et objectifs, en gênant, le cas échéant, les plus puissants. Civilisation de l'image aidant, ces derniers négocient donc beaucoup, de plus ou moins bonne grâce : États négociant avec les Gafam les taxes et montants d'imposition fiscale et les contenus en ligne, ONG humanitaires négociant avec des États les autorisations de soigner des vies en temps de crise, firmes multinationales négociant avec les États des droits d'exploitation *et* avec médias et ONG les conditions de leur image, juges des tribunaux pénaux internationaux négociant avec certains États des pièces juridiques afin de compléter des dossiers en cours de jugement, groupements d'alliances militaires ou groupements économiques négociant avec un État en vue de prévenir des sanctions à son encontre, villes négociant avec des régions et des États telle répartition du fardeau de la sécurité civile ou coûts d'un réseau de transports, acteurs cherchant à négocier discrètement avec des groupes terroristes pour éviter de constituer leur prochaine cible, etc. Les pourparlers se développent tous azimuts impliquant quasi systématiquement l'acteur-État, et il serait naïf de croire en l'absence d'interaction entre acteurs pour des raisons morales.

En second lieu, plus classiquement, entre États eux-mêmes, on négocie par intérêt – comme toujours à travers l'histoire – mais aussi par peur. En effet, la dissuasion n'a pas disparu avec la guerre froide dont elle était un élément constitutif (sans elle ce conflit Est-Ouest serait-il demeuré « froid » ou aurait-il pris la forme à la fois traditionnelle et apocalyptique d'une guerre totale ?), elle s'est juste déplacée ou, plutôt, démocratisée. Trois décennies après la chute de l'Union soviétique, elle joue son rôle d'épouvantail dans une multitude de cas de figure, y compris entre États fort modestes, où l'on hésite à deux fois avant de faire parler les armes. Entre Maroc et Algérie, entre Rwanda et Ouganda, entre Égypte (et Soudan) et Éthiopie, entre Inde et Pakistan, ne manquent ni les motifs concrets ni l'envie d'entrer en guerre, mais l'on craint son rapport coût/gains en croisant sagement divers paramètres et retours d'expérience chez les pairs, hier et ailleurs. Et lorsqu'éclate un conflit entre titans, à l'image du conflit sino-indien de l'été 2020, on s'y bat au pistolet *taser* électrique, à la barre de fer et aux poings, ou l'on se contente d'« éliminations extrajudiciaires » très ciblées, sur des ingénieurs nucléaires iraniens par exemple, ce qui n'entraîne en l'espèce de ripostes que symboliques (frappes de Téhéran sur une base US vide...). Et même quand on fait sérieusement la guerre, comme au Karabakh cette même année entre Arméniens et Azerbaïdjanais, on n'emploie pas l'intégralité de sa panoplie puisqu'on laisse ses chasseurs-bombardiers dans leurs hangars. En Libye et en Syrie, ce ne furent pas des militaires turcs et russes qui se joignirent à leurs alliés locaux respectifs en lutte mais des mercenaires, du reste assez modestement dotés en armements si l'on excepte quelques drones. La flotte de guerre chinoise, en croissance quantitativement exponentielle, multiplie les intimidations autour des Spratley, des Paracel et de Taiwan mais n'ouvre jamais le feu sur les navires occidentaux qui pourtant n'obtempèrent pas. On ajoutera que les tensions et conflits enregistrés depuis la décennie 2010 ne sont pour la plupart pas réellement nouveaux (sauf en Libye), et qu'il s'agit même parfois (Arménie/Azerbaïdjan, Israël/Hamas) d'un nouveau « round », d'une « simple » nouvelle bataille dans le cadre d'un conflit pérenne.

Le spectre de la « guerre totale » clausewitzienne semble ainsi devoir reculer, moins par une soudaine bouffée universelle d'humanisme que par souci des intérêts bien compris. Faute de mieux, on négocie donc, en amont ou en aval. Car même quand les armes parlent, on garde contact et l'on se réfère à un tiers, en général l'un des membres permanents du Conseil de sécurité. Bien entendu, négocier n'évite pas mécaniquement le conflit armé, d'abord car certains chefs d'État ou chefs de guerre ont intérêt à simuler (à des fins préparatoires ou par ruse afin de faire croire à l'adversaire à une position de faiblesse, tel Napoléon Ier la veille d'Austerlitz), ensuite parce que les pourparlers peuvent échouer faute d'efforts suffisants d'un ou de plusieurs antagonistes, enfin car un brutal changement contextuel peut intervenir, qui rendra caducs ou inopérants tels cessez-le-feu, armistice, convention de désengagement ou de désescalade, voire authentique traité de paix fraîchement signé. Toutefois, faire état de ses griefs, revendications, lignes rouges et menaces, ce n'est pas encore ouvrir le feu, provoquer des dégâts, marquer psychologiquement, susciter la vengeance ou contraindre à la riposte à la vue de cercueils recouverts de drapeaux sur des tarmacs d'aérodromes militaires. Au fond, à condition qu'on conçoive un intérêt objectivement raisonnable à éviter de risquer le sort des armes, telle apparaît la vertu première de la négociation : éviter de perdre davantage qu'en jouant le compromis.

Les réalités, pas la *Realpolitik* !

On ne redira jamais assez qu'en matière de diplomatie, de géopolitique et de relations internationales, le réalisme le plus intransigeant doit prévaloir sous peine de graves revers. Quoi de pire que la pensée magique, *l'hubris* des sentiments, l'aveuglant désir d'assouvir une vengeance, l'invocation des signes métaphysiques ou l'emploi de la boule de cristal, la certitude paresseuse de rejouer la même scène (de « se baigner deux fois dans le même fleuve », pour paraphraser Héraclite), ou encore le goût trop prononcé pour le lyrisme ou l'esthétique des champs de bataille jonchés de héros rimbaldiens arborant « deux trous rouges au côté droit » ? C'est le sens des réalités, leur vraie connaissance, leur fine appréhension – fussent-elles désagréables à la bonne marche des intérêts de leurs États et armées respectifs – qui guidèrent presque toujours les grands stratèges et les chefs politiques considérables. Assurément, on l'a dit, le réalisme procède des voies de la puissance.

Reste que trop de promoteurs militants autoproclamés du sacro-saint réalisme se fourvoient en le confondant avec l'immobilisme. Ils rappellent à juste titre que la réalité est ce qui est, mais négligent une… réalité bien plus éternelle encore : rien n'est jamais définitivement figé, et certainement pas dans les comportements humains, la marche des institutions, les politiques gouvernementales, les phénomènes collectifs d'exaltation et d'exaspération, les variations économiques et leurs effets sociaux, les découvertes techniques et leurs conséquences multiples, les variations climatiques, les pandémies, les « effets papillon » de fracas intervenant aux antipodes… Au nom du réalisme, tenir compte du caractère despotique d'un gouvernement ne devrait pas signifier nécessairement l'adouber et moins encore l'admettre comme perpétuel. Prendre en considération les ressources pétrolières dont dispose un régime hostile ne devrait pas impliquer mécaniquement de choisir d'en dépendre. Constater objectivement le poids démographique, économique ou militaire d'un État ou d'un groupe d'États ne devrait pas contraindre à s'allier à lui ou à eux. On aura ici l'élégance de ne rappeler que deux cas de figure sur lesquels le schéma binaire des « réalistes » vint s'échouer : les prétendues pérennité et solidité du bloc communiste et celles du monde arabe. Le premier s'effondra subitement, rapidement et définitivement en 1989-1991, et le second démontra sa fragilité si ce n'est son inexistence géopolitique avec, successivement, ses graves déchirures internes, le Printemps arabe de 2010-2011, et les récents accords israélo-arabes dits d'Abraham de 2020. Faire œuvre de réalisme authentique, c'est admettre la réalité selon laquelle les réalités changent, et tenter de prévoir les (et de s'adapter aux) nouvelles réalités qui surgiront des présentes, même lorsqu'elles ne plaisent pas.

Il y a plus grave. Outre l'immobilisme érigé en vertu, les « réalistes » se satisfont de situations humainement tragiques ou de politiques assassines sous prétexte et couvert, là encore, de réalisme, en substance et sur le mode « Que voulez-vous ma brave dame, les gens sont vraiment méchants mais l'on n'y peut rien ». Là, le « réalisme » n'incarne plus qu'un artifice rhétorique et se pare des atours commodes permettant de ne pas intervenir face aux pires cruautés, y compris les génocides, et de justifier cette non-intervention constante. *Or une chose est de constater des politiques criminelles contre l'humanité, une autre est de s'en satisfaire sinon d'en tirer indirectement bénéfice. Les observations géopolitiques et autres exercices du magistère qui ne tiennent compte des réalités objectives n'ont guère de valeur analytique ou prédictive, ceux qui se résolvent passivement aux pires atrocités sous couvert de ces réalités objectives n'ont ni hauteur morale ni efficacité à terme.*

En attendant, plutôt que de casser le baromètre, en l'espèce les sempiternelles et si humaines frontières et quêtes de puissance, soyons bien inspirés, non seulement, de créer de meilleurs et de plus nombreux motifs de coopération entre collectifs, mais aussi de limiter mieux encore les prétextes à l'usage de la violence. Tout cela de façon pragmatique, c'est-à-dire en tenant compte de cette chaîne d'irréductibles fondamentaux : les hommes vivent en collectivités, ces collectivités s'organisent, ces organisations poursuivent des intérêts tendant vers un *toujours plus* ou un *plus l'infini*, et presque jamais le recours à la guerre n'est tout à fait exclu. Apprentissage précoce du respect, culture de l'estime, quête de conciliation et effort de compréhension sont absolument nécessaires mais insuffisants, car, toujours, un démiurge peut advenir. Afin de le dissuader de déchaîner sa violence et pour favoriser la paix, mieux vaut ne jamais abandonner la possession des attributs de la puissance.

Bibliographie sélective

Allison Graham T., *Vers la guerre. L'Amérique et la Chine dans le piège de Thucydide*, Odile Jacob, 2018.

Ancel Jacques, *Géopolitique*, Delagrave, 1936.

Andrew Christopher, *The Secret World. A History of Intelligence*, Yale University Press, 2018.

Araud Gérard, *Passeport diplomatique. Quarante ans au Quai d'Orsay*, Grasset, 2019.

Argounès Fabrice, *Théories de la puissance*, CNRS Éditions, 2018.

Aron Raymond, *Paix et guerre entre les nations*, Calmann-Lévy, 1962.

Aron Raymond, *Les Dernières Années du siècle*, Julliard, 1984.

Aubry Émilie, Tétart Frank (dir.), *Le Dessous des cartes*, Tallandier, 2021.

Ayad Christophe, *Géopolitique de l'Égypte*, Éditions Complexe, 2002.

Badie Bertrand, *Un monde sans souveraineté*, Fayard, 1999.

Badie Bertrand, *Inter-socialités. Le monde n'est plus géopolitique*, CNRS Éditions, 2020.

Badie Bertrand, *Les Puissances mondialisées*, Odile Jacob, 2021.

Badie Bertrand, Smouts Marie-Claude, *Le Retournement du monde. Sociologie de la scène internationale*, Presses de la Fondation nationale des sciences politiques, 1992.

Barr James, *Une ligne dans le sable. Le conflit franco-britannique qui façonna le Moyen-Orient*, Perrin, 2017.

Barnavi Élie, *Dix Thèses sur la guerre*, Flammarion, 2014.

Battistella Dario, *Théories des relations internationales*, Les Presses de Sciences Po, 2015.

Bauer Alain, *L'Avenir du terrorisme*, Institut Diderot, 2016.

Baverez Nicolas, *Raymond Aron. Un moraliste au temps des idéologies*, Flammarion, 1993.

Beaufre André, *Le Drame de 1940*, Perrin, 2020.

Billard Hugo (dir.), *Mon atlas de prépa*, Autrement, 2021.

Blanc Pierre, Chagnollaud Jean-Paul, *Violence et politique au Moyen-Orient*, Presses de Sciences Po, 2014.

Boucheron Patrick (dir.), *Histoire mondiale de la France*, Seuil, 2017.

Boulanger Philippe, *La Géographie, reine des batailles*, Perrin/Ministère des Armées, 2020.

Bozarslan Hamit, *Crise, violence, dé-civilisation*, CNRS Éditions, 2019.
Bozo Frédéric, *La Politique étrangère de la France depuis 1945*, Flammarion, 2012.
Branaa Jean-Éric, *Joe Biden*, Nouveau Monde, 2020.
Braudel Fernand, *La Méditerranée*, Flammarion, 1985.
Brun Alexandre, Lasserre Frédéric, *Le Partage de l'eau. Une réflexion géopolitique*, Odile Jacob, 2018.
Brzezinski Zbigniew, *Le Grand Échiquier*, Hachette, « Pluriel », 1997.
Buhler Pierre, *La Puissance au XXIe siècle. Les nouvelles définitions du monde*, CNRS Éditions, 2011.
Buisson Jean-Christophe, Hecht Emmanuel, *Les Grands Vaincus de l'histoire*, Perrin, « Tempus », 2020.
Buzzati Dino, *Le Désert des Tartares*, Robert Laffont, 1949.
Camus Albert, *Les Justes*, Gallimard, 1950.
Castex Raoul, *Théories stratégiques*, Economica, 1997.
Cattaruzza Amaël, *Géopolitique des données numériques. Pouvoirs et conflits à l'heure du Big Data*, Le Cavalier Bleu, 2019.
Chaliand Gérard, *Des guérillas au reflux de l'Occident*, Passés composés, 2020.
Charillon Frédéric, *La France peut-elle encore agir sur le monde ?*, Armand Colin, 2014.
Chélini-Pont Blandine, Dubertrand Roland, Zuber Valentine, *Géopolitique des religions. Un nouveau rôle du religieux dans les relations internationales ?*, Le Cavalier Bleu, 2019.
Chaunu Pierre, *3 millions d'années, 80 milliards de destins*, Hachette, 1996.
Clausewitz Carl von, *De la guerre*, Flammarion, 2014.
Claval Paul, *Espace et pouvoir*, PUF, 1981.
Cohen Eliot, *The Big Stick. The Limits of Soft Power & the Necessity of Military Force*, Basic Books, 2018.
Colossimo Jean-François, *Aveuglements. Religions, guerres, civilisations*, Cerf, 2018.
Conesa Pierre, *La Fabrication de l'ennemi. Ou comment tuer avec sa conscience pour soi*, Robert Laffont, 2011.
Coppolani Antoine, *Richard Nixon*, Fayard, 2013.
Contamine Philippe, *La Guerre au Moyen Âge*, PUF, 1980.
Courmont Barthelemy, Mottet Éric, *L'Asie du Sud-Est contemporaine*, Presses de l'Université du Québec, 2020.
Coutau-Bégarie Hervé, *Traité de stratégie*, Economica, 1999.
Daguzan Jean-François, Lorot Pascal, *Guerre et économie*, Ellipses, 2003.
Defay Alexandre, *La Géopolitique*, PUF, « Que sais-je ? », 2005.
Delpech Thérèse, *La Guerre parfaite*, Flammarion, 1999.
Dieckhoff Alain, Kastoryano Riva, *Nationalismes en mutation en Méditerranée orientale*, CNRS Éditions, 2002.
Donnet Pierre-Antoine, *Le Leadership mondial en question. L'affrontement entre la Chine et les États-Unis*, Éditions de l'Aube, 2020.
Drévillon Hervé, *Penser et écrire la guerre. Contre Clausewitz, 1780-1837*, Passés composés, 2021.
Duclos Michel, *La France dans le bouleversement du monde*, Éditions de l'Observatoire, 2021.
Duroselle Jean-Baptiste, *La Décadence, 1932-1939*, Seuil, « Points », 1986.

Duroselle Jean-Baptiste, *Tout Empire périra. Théorie des relations internationales*, Armand Colin, 1992.
Eltchaninoff Michel, *Dans la tête de Vladimir Poutine*, Actes Sud, 2015.
Ekman Alice, *Rouge vif. L'idéal communiste chinois*, Éditions de l'Observatoire, 2020.
Escudé-Joffres Camille (dir.), *Les Régions de l'Arctique*, Atlande, 2019.
Ferguson Charles D., Perry William, Scowcroft Brent, *U.S. Nuclear Weapons Policy*, Council on Foreign Relations, 2009.
Filiu Jean-Pierre, *Le Milieu des mondes. Une histoire laïque du Moyen-Orient de 395 à nos jours*, Seuil, 2021.
Frankopan Peter, *Les Nouvelles Routes de la soie*, Nevicata, 2018.
Foucher Michel, *Le Retour des frontières*, CNRS Éditions, 2016.
Frachon Alain, Vernet Daniel, *L'Amérique des néo-conservateurs. L'illusion messianique*, Plon/Perrin, « Tempus », 2010.
Fukuyama Francis, *La Fin de l'histoire et le dernier homme*, Flammarion, 1992.
Gautier Louis, *Face à la guerre*, La Table ronde, 2006.
Giblin Béatrice (dir.), *Les Conflits dans le monde. Approche géopolitique*, Armand Colin, 2016.
Girard René, *Achever Clausewitz*, entretiens avec Benoît Chantre, Flammarion, 2011.
Glucksmann André, *Le Discours de la guerre*, L'Herne, 1969.
Gnesotto Nicole, *L'Europe : changer ou périr*, Tallandier, 2022.
Godement François, Vasselier Abigaël, *La Chine à nos portes. Une stratégie pour l'Europe*, Odile Jacob, 2018.
Golub Philip, *Une autre histoire de la puissance américaine*, Seuil, 2011.
Gomart Thomas, *L'Affolement du monde. 10 enjeux géopolitiques*, Tallandier, 2019.
Gomart Thomas, *Guerres invisibles*, Tallandier, 2021.
Goutalier Marc, *Quand le printemps brouille les cartes. Une histoire stratégique des frontières arabes*, Éditions du Félin, 2017.
Goya Michel, *S'adapter pour vaincre. Comment les armées évoluent*, Perrin, 2018.
Gracq Julien, *Le Rivage des Syrtes*, José Corti, 1951.
Gracq Julien, *Un balcon en forêt*, José Corti, 1958.
Grataloup Christian (dir.), *Atlas historique mondial*, Les Arènes/L'Histoire, 2021.
Gray Colin S., *La Guerre au XXIe siècle*, Economica, 2008.
Grosser Pierre, 1989. *L'année où le monde a basculé*, Perrin, 2019.
Grotius Hugo, *Le Droit de la guerre et de la paix*, PUF, 2012.
Gueniffey Patrice, *Napoléon et de Gaulle. Deux héros français*, Perrin, 2017.
Haass Richard, *The World. A Brief Introduction*, Penguin Press, 2020.
Harari Yuval Noah, *Sapiens. Une brève histoire de l'humanité*, Albin Michel, 2015.
Hassner Pierre, *La Violence et la paix*, Seuil, 2000.
Haushofer Karl, *De la géopolitique*, Fayard, 1986.
Hecker Marc, Elie Tenenbaum, *La Guerre de vingt ans*, Robert Laffont, 2021.
Heisbourg François, *Retour de la guerre*, Odile Jacob, 2021.
Hoop de Scheffer Alexandra, *Hamlet en Irak*, CNRS Éditions, 2007.
Hugeux Vincent, *L'Afrique en face. Dix clichés à l'épreuve des faits*, Armand Colin, 2010.
Huntington Samuel, *Le Choc des civilisations*, Odile Jacob, 1996.
Ibn Khaldûn, *Le Livre des exemples* (2 t.), Gallimard, « Bibliothèque de la Pléiade », 2012.

Kagan Robert, *The Jungle Grows Back. America and Our Imperiled World*, Alfred A. Knopf, 2018.
Kahn Sylvain, *Géopolitique de l'Union européenne*, Armand Colin, 2006.
Kaspi André, *Les Américains* (2 t.), Seuil, « Points », 2014.
Keegan John, *Histoire de la guerre*, Dagorno, 2000.
Kepel Gilles, *Fitna. Guerre au cœur de l'islam*, Gallimard, 2004.
Kepel Gilles, *Le Prophète et la pandémie. Du Moyen-Orient au jihadisme d'atmosphère*, Gallimard, 2021.
Kepel Gilles, *Sortir du chaos. Les crises en Méditerranée et au Moyen-Orient*, Folio/Gallimard, 2021.
Kershaw Ian, *La Fin. Allemagne 1944-1945*, Seuil, 2012.
Kissinger Henry, *Diplomatie*, Fayard, 1994.
Kissinger Henry, *L'Ordre du monde*, Fayard, 2014.
Jaffrelot Christophe, *New Delhi et le monde. Une puissance émergente entre realpolitik et* soft power, Autrement, 2008.
Jaffrelot Christophe, *Inde, l'envers de la puissance. Inégalités et révoltes*, CNRS Éditions.
Josseran Tancrède, Louis Florian, Pichon Frédéric, *Géopolitique du Moyen-Orient et de l'Afrique du Nord. Du Maroc à l'Iran*, PUF, 2012.
Lacoste Yves, *La Géographie, ça sert d'abord à faire la guerre*, Maspero, 1976. (rééd. La Découverte, 2013).
Lacoste Yves, *Questions de géopolitique*, Le Livre de poche, 1988.
Lacoste Yves (dir.), *Dictionnaire géopolitique*, Flammarion, 1995.
Lacoste Yves, *Géopolitique de la Méditerranée*, Armand Colin, 1996.
Lacoste Yves, *Aventures d'un géographe*, Équateurs, 2019.
Laïdi Ali, *Le Droit. Nouvelle arme de guerre économique*, Actes Sud, 2019.
Larroque Anne-Clémentine, *Géopolitique des islamismes*, PUF, « Que sais-je ? » (2e éd.), 2019.
Lasserre Isabelle, *Le Paradoxe saoudien*, L'Archipel, 2019.
Laurens Henry, *La Question de Palestine* (5 t.), Fayard, 2020.
Le Drian Jean-Yves, *Qui est l'ennemi ?*, Cerf, 2016.
Lefebvre Maxime, *La Politique étrangère de la France*, PUF, « Que sais-je ? », 2019.
Lewandowski Cédric, *Le Nucléaire*, PUF, « Que sais-je ? », 2021.
Lincot Emmanuel, *Chine et terres d'islam. Un millénaire de géopolitique*, PUF, 2021.
Louis Florian, *Les Grands Théoriciens de la géopolitique*, Flammarion, 2020.
Loyer Barbara, *Géopolitique. Méthodes et concepts*, Armand Colin, 2019.
Luttwak Edward, *Le Rêve en danger*, Odile Jacob, 1995.
Maalouf Amin, *Le Naufrage des civilisations*, Grasset, 2019.
Machiavel Nicolas, *Le Prince*, Perrin, 2013.
Mackinder Halford, « The Geographical Pivot of History », *The Geographical Journal*, vol. 23, n° 4, 1904.
Mahan Alfred Thayer, *The Interest of America in the Sea Power. Present and Future*, Brown & Co., 1897.
Malis Christian, *Guerre et stratégie au XXIe siècle. Enjeux mondiaux, armes futures : quelle ambition pour la France ?*, Fayard, 2014.
Makarian Christian, *Généalogie de la catastrophe. Retrouver la sagesse face à l'imprévisible*, Cerf, 2021.

Martinez-Gros Gabriel, *L'Empire islamique. VIIe-XIe siècle*, Passés composés, 2021.
Merchet Jean-Dominique, *Une histoire des forces spéciales*, Jacob-Duvernet, 2010.
Mimouni Rachid, *Une peine à vivre*, Stock, 1991.
Minassian Gaïdz, *Les Sentiers de la victoire*, Passés composés, 2019.
Moïsi Dominique, *La Géopolitique de l'émotion*, Flammarion, 2008.
Moreau Defarges Philippe, *Introduction à la géopolitique*, Seuil, 2009.
Morgenthau Hans, *Politics among Nations. The Struggle for Power and Peace*, Knopf, 1985.
Motte Martin (dir.), *La Mesure de la force. Traité de stratégie de l'École de guerre*, Tallandier, 2018.
Nardon Laurence, *L'Amérique de Trump en 100 questions*, Tallandier, 2018.
Nye Joseph, *Soft Power. The Means to Success in World Politics*, Public Affairs, 2004.
Orwell George (1948), *1984*, Gallimard, 1982.
Owen Taylor, *Disruptive Power. The Crisis of the State in the Digital Age*, Oxford University Press, 2015.
Papin Delphine, Tertrais Bruno, *L'Atlas des frontières*, Les Arènes, 2021.
Pelopidas Benoît, Ramel Frédéric (dir.), *Guerres et conflits armés au XXIe siècle*, Les Presses de Sciences Po, 2018.
Pelletier Philippe, *L'Invention du Japon*, Le Cavalier Bleu, 2020.
Piton Florent, *Le Génocide des Tutsi du Rwanda. 1994*, La Découverte, 2019.
Pitte Jean-Robert, *La Planète catholique. Une géographie culturelle*, Tallandier, 2020.
Renterghem Van Marion, *C'était Merkel*, Les Arènes, 2021.
Ratzel Friedrich, *La Géographie politique. Les concepts fondamentaux*, Fayard, 1987.
Rémond René, *Histoire des États-Unis*, PUF, 2013.
Rigoulet-Roze David, *Géopolitique de l'Arabie saoudite*, Armand Colin, 2005.
Roche Nicolas, *Pourquoi la dissuasion*, PUF, 2017.
Rougier Bernard, *Les Territoires conquis de l'islamisme*, PUF, 2021.
Sartre Jean-Paul, *Le Diable et le bon dieu*, Gallimard, 1951.
Semelin Jacques, *Purifier et détruire. Usages politiques des massacres et génocides*, Seuil, 2012.
Servent Pierre, *Cinquante Nuances de guerre*, Tempus, 2021.
Schmid Dorothée, *La Turquie en 100 questions*, Tallandier, 2017.
Spykman Nicholas, *America's Strategy in World Politics. The United States and the Balance of Power*, Archon Books, 1942.
Sun Tzu, *L'Art de la guerre* (présentation de F. Encel), Librio, 2019.
Sur Serge, *International Law, Power, Security and Justice. Essays on International Law and Relations*, Hart Publishing, 2010.
Tellenne Cédric, *Introduction à la géopolitique*, La Découverte, 2019.
Tenenbaum Élie, *Partisans et centurions. Une histoire de la guerre irrégulière au XXe siècle*, Perrin, 2018.
Tertrais Bruno, *La Revanche de l'histoire*, Odile Jacob, 2016.
Testot Laurent, *Cataclysmes. Une histoire environnementale de l'humanité*, Payot, 2017.
Thual François, *Contrôler et contrer. Stratégies géopolitiques*, Ellipses, 2004.
Thucydide, *La Guerre du Péloponnèse*, Gallimard, 2000.
Tulard Jean, *Napoléon chef de guerre*, Tallandier, 2015.
Vaïsse Julien, *Zbigniew Brzezinski. Stratège de l'empire*, Odile Jacob, 2015.

Vaïsse Maurice, *Les Relations internationales depuis 1945*, Armand Colin (17e éd.), 2021.
Valantin Jean-Michel, *L'Aigle, le dragon et la crise planétaire*, Seuil, 2020.
Vandermeersch Léon, *Ce que la Chine nous apprend*, Gallimard, 2019.
Védrine Hubert, *Face à l'hyperpuissance*, Fayard, 2003.
Véron Jacques, *Faut-il avoir peur de la population mondiale ?*, Seuil, 2020.
Vermeren Pierre, *La France en terre d'islam. Empire colonial et religions (XIXe-XXe siècles)*, Belin, 2016.
Waltz Kenneth, *The Use of Force. Military Power and International Politics*, Rowman & Littlefield Publishers, 2009.
Welzer Harald, *Les Guerres du climat. Pourquoi on tue au XXIe siècle*, Gallimard, 2009.
Wihtol de Wenden Catherine, *Les Nouvelles Migrations. Lieux, hommes, politiques*, Les Presses de Sciences Po, 2013.
Zajec Olivier, *Introduction à l'analyse géopolitique. Histoire, outils, méthode*, Éditions du Rocher, 2013.

Table

TROISIÈME PARTIE

Face à l'État, de nouveaux acteurs ?

Inscrivez-vous à notre newsletter !

Vous serez ainsi régulièrement informé(e)
de nos nouvelles parutions et de nos actualités :

https://www.odilejacob.fr/newsletter

Cet ouvrage a été composé
en Electra et en Whitney
par Nord Compo
à Villeneuve-d'Ascq (Nord).

N° d'édition : 4150-0112-8 – N° d'impression : 173136
Dépôt légal : février 2022

Imprimé en France par CPI